《饶学研究》编委会

名誉主编　林伦伦

副主编　殷学国　陈伟

主编　赵松元

饶学研究

第五卷

暨南大学出版社
JINAN UNIVERSITY PRESS

中国·广州

图书在版编目（CIP）数据

饶学研究 . 第五卷/赵松元主编；殷学国，陈伟副主编 . —广州：暨南大学
出版社，2022. 12
ISBN 978 - 7 - 5668 - 3485 - 0

Ⅰ.①饶… Ⅱ.①赵… ②殷… ③陈… Ⅲ.①饶宗颐（1917—2018）—人
物研究—文集 Ⅳ.①K825. 4 - 53

中国版本图书馆 CIP 数据核字（2022）第 154373 号

饶学研究（第五卷）
RAOXUE YANJIU（DI-WU JUAN）
主　编：赵松元　副主编：殷学国　陈　伟

出 版 人：张晋升
责任编辑：王莎莎
责任校对：刘舜怡　孙劭贤　陈皓琳
责任印制：周一丹　郑玉婷

出版发行：暨南大学出版社（511443）
电　　话：总编室（8620）37332601
　　　　　营销部（8620）37332680　37332681　37332682　37332683
传　　真：（8620）37332660（办公室）　37332684（营销部）
网　　址：http：//www. jnupress. com
排　　版：广州市天河星辰文化发展部照排中心
印　　刷：广州方迪数字印刷有限公司
开　　本：787mm×960mm　1/16
印　　张：14. 25
字　　数：270 千
版　　次：2022 年 12 月第 1 版
印　　次：2022 年 12 月第 1 次
定　　价：59. 80 元

（暨大版图书如有印装质量问题，请与出版社总编室联系调换）

目 录

叁　华学研究

肆　岭东人文研究

壹

饶宗颐研究

劳动法研究

论饶宗颐艺术史论的文化精神

——以《画𩑡——国画史论集》探论为中心*

怀化学院文学与新闻传播学院　郭景华

韩山师范学院文学与新闻传播学院　殷学国**

摘要：《画𩑡——国画史论集》作为饶宗颐有代表性的中国传统艺术史论著，比较集中地反映了饶宗颐独特的艺术史观与独特的艺术阐释路径和方法。饶宗颐从文化史视野出发，采用历史文化还原方式，对传统艺术的历史性、连续性作了非常精细的精神考索，从而极大地张扬了传统艺术在形塑当代民族文化认同方面的价值和意义。饶宗颐阐释古典艺术的文化精神，应该被视为对民族文化之根的追寻，对一个国家、民族文化记忆的守护。

关键词：饶宗颐；艺术史论；文化认同

引　言

饶宗颐（1917—2018），粤籍香港著名学者、艺术家。饶宗颐长期潜心致力于中国传统学术研究，其治学领域十分广泛，涉及文、史、哲、艺各领域，且每一研究领域均成就斐然。中山大学历史系姜伯勤教授曾撰文高度评价饶宗颐在传统学术研究上的继承、开拓与首创精神，从 19 个方面指出了饶氏学术研究的着人先鞭，并从学术谱系角度，概述了饶宗颐学术的渊源，从敦煌学、甲骨学、词学、史学、目录学、楚辞学、考古学、金石学及书画九个学科门类论述了饶宗颐治学的特色。同时姜伯勤指出："然而，综观饶先生的全部学术，却应是一种分割不开的整体，其中贯穿着对中国文化精神的探求。"

---

* 本文系广东省"十二五"哲学社会科学规划项目"饶宗颐诗学研究"课题（GD13XZW13）系列成果之一。

** 作者简介：郭景华（1971—　），湖南新晃人，怀化学院文学与新闻传播学院副教授，文学博士，主要研究方向为中国文化诗学、中外艺术史比较研究；殷学国（1973—　），安徽界首人，韩山师范学院文学与新闻传播学院教授，文学博士，博士后，主要从事中国诗学研究。

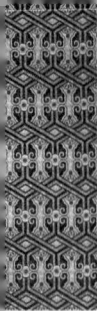

相对饶宗颐在敦煌学、甲骨学、简帛学、楚辞学方面的研究成果在海内外学术界的影响，其在中国古典艺术理论方面的建树光芒要暗淡一些，因此学界关注不多，但这并不意味着饶宗颐在中国古典艺术方面的阐释和理解在其学术研究之链条上是无关紧要的一环。1991 年，饶宗颐的《文辙——文学史论集》① 一书出版，他明确地在该书"小引"中说明此论文集是为"中国精神史探究之一"；1993 年，《画颖——国画史论集》② 出版，作为反映饶宗颐艺术史论的最重要成果，他又在其扉页上题为"中国精神史探究之二"。在 20 世纪的学术大家里，饶宗颐不是一个以哲学思辨见长的学者，但他又绝不是一个没有自己的学术抱负和理想的学者。关于自己的学术旨趣和取径，饶宗颐曾夫子自道："念平生为学，喜以文化史方法，钩沉探赜，原始要终，上下求索，而力图其贯通。"③ 由此可见，饶宗颐的艺术史研究的目标与其他人文学科领域的研究一样，都是在为探究我们中华民族的精神史而预设的，我们也只有从这个方面去阐释、理解、把握饶宗颐的艺术史研究，才能比较贴近他的学术心灵，也才能领会他在海外学术追求的苦心孤诣，在此基础上，也才能比较准确地考量他的中国艺术史研究意义。

20 世纪以来，中国学者对于本民族传统艺术的研究基本沿着两种路向进行：一是运用西方（包括受西方影响的日本）的哲学、美学、艺术理论来整理、阐释中国古典艺术文献，这又大致可以分为两个阶段：上半叶受日语、德语写作的艺术理论影响较大，其中陈师曾、潘天寿、朱光潜、滕固、邓以蛰、宗白华等学者可以视为代表，康德、黑格尔、沃尔夫林等人的理论风行一时；④ 下半叶则是在新时期"文化热""方法热"的学术背景中，在再次接续、巩固、强化上半叶就已经引进的一些艺术理论的同时，又大力译介了以英、美后现代文化理论为代表的西方学术资源，受此影响的学者不胜枚举，曾一度造成中国学术界思想的大震荡，被人惊呼为中国学界的理论"失语"。二是承继清代学术传统的研究路向，这是非主流、被边缘化的一种研究路向，

---

① 饶宗颐：《文辙——文学史论集》，台北：学生书局 1991 年版。

② 饶宗颐：《画颖——国画史论集》，台北：时报文化出版企业有限公司 1993 年版。

③ 饶宗颐：《文辙——文学史论集》，台北：学生书局 1991 年版。

④ 现在学界一般都认为，在中国美术学科初创时期，也即 20 世纪 20、30 年代的美术史、绘画史写作，受日本学者影响很大，例如陈师曾、潘天寿等人的画史著作。而朱光潜、宗白华、滕固的德国学术背景更是为学界周知。

学者不多，早期有启功、童书业，后期有阮璞。① 这些学者，立足自己的民族文化传统，充分运用各类古文献（包括画史资料），考证、还原中国古典艺术史原貌，从而厘清了中国艺术史研究中一些似是而非的命题、观点，② 这些学者的艺术史的研究方法，可称为传统的历史考据法。从饶宗颐的学术渊源和古典艺术批评实践来看，饶氏无疑也是继承了明清以来的朴学研究学术传统，但学术上的超人禀赋和频繁的海外汉学交流语境，却使饶宗颐的古典艺术阐释在很大程度上克服了上述两种古典艺术研究路向的局限，逐渐形成了以实证与诠释参伍以求、交互为用的古典艺术阐释原则和方法。同时，饶宗颐的古典艺术史论，某种程度上也彰显了其一贯的文化精神。

一

当今史学界有学者断言："今日史家所重视的早已不仅是材料的真伪和完整，而是要考察材料在何种情形下因何目的并经何途径怎样留存下来，以及这样留存下来的材料在多大程度上能使后人了解或认识到历史事物的'真实'发生发展过程。越来越多的史家已在反省研究者本身的生活经历、文化背景以及意识形态等对研究的影响。"③ 虽然说这一论断多少反映了一般史学研究的现状，但是，这一断言对于艺术史研究领域却是不适合的。正如有美术史学者所言："在漫长的历史过程中，中国美术积累了浩瀚的书画史论等文献资料，但是客观地说，具有科学意义的中国美术史学在当代还是一个新的学科，它还处在一个探索的阶段。"④ 饶宗颐也认为："近年大量丰富的出土文物，使古史景象完全改观。我们不能不正视历史的真实面貌。以前对于古史的看

---

① 阮璞于《画学丛证》"自序"中谓："余治美术史，致力于中国画学研究，颇有取于清代考据学家无征不信之治学方法。盖缘深有慨乎自晚明以迄清末，画学著述全由'文人画派'文人秉笔为之，坐此而明清文人一种束书不观、游谈无根、玄言相煽、实学尽捐之恶习，遂由其所作、所编、所诠释、所点窜之画学著述，周遍浸润于举世画学学风之中，其影响所及，至今尚犹荧惑视听，为害甚烈。故余不得已而乞灵于考据学家之征实学风，庶几以实救虚，对症投药，或者于今日画学界不为无裨乎？"见阮璞：《画学丛证》，上海：上海书画出版社1998年版。

② 例如启功、童书业等人对传统"文人画""南北宗"概念的清理和批判；阮璞对历来美学史中的一些命题如"中国诗画中表现的空间意识""作画称'写'高于称'画'""宋代画学以古人诗句命题试士""咏画题画诗中之意即是画中之意"等都作了详尽考证和解说，澄清了一些似是而非的观念。分别参见张连、[日]古原宏伸：《文人画与南北宗论文汇编》，上海：上海书画出版社1989年版；阮璞：《画学丛证》，上海：上海书画出版社1998年版。

③ 罗志田：《编序》，《20世纪的中国：学术与社会》（史学卷），济南：山东人民出版社2001年版，第20页。

④ 李青：《艺术文化史论考辨》，西安：三秦出版社2007年版，第132页。

法，是把时间尽量拉后，空间尽量缩小。我们不能再接受那些理论。"①

在中国古典艺术史研究领域，由于中国正史对绘画艺术的偏见，艺术史上的艺术家及其作品，大都没有留下记载，即使是那些在正史中有所记载的艺术家，一般也是因为事功而被载于史册，史臣对他们的艺术事迹的叙述往往是只言片语，顺笔带过；甚至一些在艺术史上声名显赫的大画家的生平事迹也只能在小说、笔记、野史等材料中寻得一鳞半爪的信息。② 中国艺术史上的艺术家及其作品资料，幸得一些文人雅士的搜集、整理，留存于今可得一观，但是由于著述缺乏规范，大多冗沉不堪卒读。而历史上的艺术品，由于毁损、迁移、临摹、改制等原因，为我们当下去探求艺术品创造的原初意义、理解艺术主体当时的审美趣味，造成了很大障碍。因此，运用各种实证材料对艺术品进行文化的还原，才能理解艺术品所承载的历史的、审美的含义。真正学术意义上的艺术史研究领域的文化还原，不仅要尽量还原艺术品原初的风格、形式，还必须探求它得以生成的具体历史语境，必须在特定的历史情境中去把握艺术主体产生某件或一组艺术品的思想状态、文化立场、审美趣味，才能理解他在绘画中所采取的视觉形式及构图方式，因为"艺术家的倾向是看到他要画的东西，而不是画他所看到的东西"③。艺术家这种总是能动地选取他所愿意采用的视觉形式去表现对象的创作倾向，使得后来的研究者只能在对创作者持"了解之同情"时，才能与之进行对话，准确地评鉴其艺术作品。对于 20 世纪以来的历史研究路向，饶宗颐曾发表了如下看法：

有些未来主义者，着眼于将来，热情去追求他所虚构的理想。其实，如果对过去没有充分清楚的认识，所得到的，徒然是空中楼阁。"未来"必须建筑在"过去"历史的基础之上；否则，所有的虚拟假设，其目标与方向，往往是不正确的误导。反思过去史学界，从洋务运动以后，屡次出现这种过失，不免患了幼稚病。所有新与旧之争，伪经、疑古之争，本位文化与全盘西化之争，都是走许多冤枉路的。回头是岸，现在应该是纳入正轨的时候了。④

---

① 饶宗颐：《论古史的重建》，《饶宗颐二十世纪学术文集》（卷1），北京：中国人民大学出版社 2009 年版，第 72 页。

② 参阅严善錞：《文人与画——正史与小说中的画家》，南京：江苏教育出版社 2005 年版。

③ ［英］E. H. 贡布里希著，林夕等译：《艺术与错觉——图画再现的心理学研究》，杭州：浙江摄影出版社 1987 年版，第 101 页。

④ 饶宗颐：《论古史的重建》，《饶宗颐二十世纪学术文集》（卷1），北京：中国人民大学出版社 2009 年版，第 5－6 页。

正是出于这种历史研究方法论的反思，饶宗颐认为，在历史研究的方法和态度上：

我们要避免使用一套外来的不切实际的理论去堆砌主观架构，来强行套入，作出未能惬心餍理的解说，这是懒惰学究的陈腐方法。我们亦要避免使用旧的口号，像"大胆假设"之类，先入为主地去作一些"无的放矢"的揣测工夫，这是一种浪费。总而言之，我们要实事求是，认真去认识历史。①

作为广泛意义上的历史研究的一种延伸，饶宗颐的古典艺术史研究，同样非常注意围绕研究对象，对牵涉研究对象的一系列实物材料进行文化还原。大体而言，在其上古艺术研究中，由于传世艺术文献严重不足，饶宗颐比较注意充分利用他所能见到的地下遗物，甚至有时完全依靠分析地下遗物图像得出自己的结论。例如在《中国绘画的起源》一文中，饶宗颐充分利用了近代考古发掘出土的大量骨器、铜器、漆器、帛画资料，尽量给我们复原了中国早期艺术发展的风貌和特色；在《楚绘画四论》一文中，地下文物与地上文献并举，有力揭示了此一时期各艺术门类相互影响的事实，如楚辞写作和绘画、雕塑的关系。在传世文献相对充裕的元、明艺术史阶段，他比较重视对于各种相关传世文献材料的搜集、比勘、整理、综合，因此解决了艺术史上许多疑难点，例如运用正史、诗人别集、笔记、画史、题跋、方志、佛典、道藏等材料，对元、明画家的生平、思想、交游进行了考证，从而为我们还原了一系列画家的生活史和心态史。② 在《读渐江画随记》一文里，饶宗颐根据美国哈佛大学 Fogg 美术馆收藏的一幅龚贤的山水画的题记，③ 考得清初画坛已有"天都"一派的称呼，这个派别的领袖人物就是程嘉燧，其人比渐江大四十余岁，习画以倪瓒为宗，他很赏识渐江及其绘画，于是经常在渐江画上给予题跋，并作高度评价。渐江受程嘉燧影响，画风也朝疏简一路发展。据此可以判断，近世画史家把渐江推为黄山派的开创者是不确切的，渐江只

---

① 饶宗颐：《饶宗颐二十世纪学术文集》（卷1），台北：新文丰出版社2003年版，第7-8页。
② 这类研究论文可见《李结云溪渔社图及其题识有关问题研究》《黄大痴二三事》《墨竹画僧方厓考》《读渐江画随记》《至乐楼藏八大山人山水册及其相关问题》《淮安明墓出土的张天师画》《张大风及其家世》《谈李云甫的家世》《方以智之画论》等，这些论文均收入《画䫜——国画史论集》。
③ 该幅山水画题记云："孟阳开天都一派，至周生始气足力大。孟阳似云林，周生似石田仿云林。孟阳程姓，名嘉燧；周生李姓，名永昌，俱天都人。后来之方式玉、王尊素、僧渐江、吴观岱、汪无瑞、孙无益、程穆倩、查二瞻，又皆学此二人者也。诸君子并皆天都人，故曰天都派。"引自饶宗颐：《读渐江画随记》，《画䫜——国画史论集》，台北：时报文化出版企业有限公司1993年版，第559页。

不过是这一派中成就最特出者罢了。由此而进，饶宗颐又引诸同时画人评价，[1] 点出渐江在绘画上"以文心开辟"的独创性，从而让我们更加深切地理解了渐江这位明亡前曾"读五经，习举子业"的画僧及其艺术，而像渐江这样先习儒业，然后因为家国剧变而寄迹于山水者是很多的，这样以小见大，通过渐江，我们可以稍稍领略一代儒生在异族入主中原时的复杂"心史"。

又如《至乐楼藏八大山人山水册及其相关问题》一文，主要探讨的是八大山人与程京萼（经学家程廷祚之父）的关系及二人跟其他文人、画家交游的问题。[2] 由此文之考证，可知世称程京萼为"真隐"乃是名不虚传。程京萼与八大山人，在明清之际，彼此投契，惺惺相惜。他们之间的这种交游，不过是明清之际广大遗民思想、生活状态的一种缩影。明清之际那些真正以遗民气节自居者，是能够安贫固穷，不改其志，并彼此在交往中相互砥砺、扶持的。[3] 饶宗颐通过八大山人的交游而引出遗民画家普遍因为经历相近、志趣相似而彼此扶持者，可谓为明清之际文人交往的一个值得频频回首的话题。

另外，针对艺术史研究对象的特殊性质，饶宗颐在自己的艺术史研究过程中，一般均以实物作为立论基础，引出话题。例如，在上古艺术史研究中，就以楚墓出土帛画为出发点，考察了楚辞学及楚文化；对于黄公望、八大山人及其他晚明画家作品与理论的研究，都是充分利用了当时所能见到的公私收藏。当然，最为人所称道的就是他利用巴黎博物馆所藏敦煌书卷来研究敦煌白画。有学者如此评论说："总起来看，饶宗颐《敦煌白画》一书所取得的成绩是空前的，其对敦煌白画之研究，既有简明扼要的概念分析，又有全面详尽的内容介绍，更有深入细致的技法探讨，代表着目前敦煌白画研究的新水平。"[4]

二

饶宗颐在其艺术史批评实践过程中，经常关注中国考古学界的考古发现和研究进展，并把考古学界及史学界对于考古发掘、发现及研究的成果积极

---

① 程邃："吾乡画学正脉，以文心开辟，渐江称独步。"（《黄山山水册》跋）

② 饶宗颐：《至乐楼藏八大山人山水册及其相关问题》，《画𩱭——国画史论集》，台北：时报文化出版企业有限公司1993年版，第443–451页。

③ 据《清史稿》列传二百八十八"遗逸二"载：（徐枋）卒，以贫不能葬。一日，有高士从武林来吊，请任窀穸，其人亦贫，而特工篆、隶，乃赁居郡中。鬻字以庀葬具，只售百钱。积两年，乃克葬枋于青芝山下，而以羡归其家。语之曰："吾欲称贷富家，惧先生吐之，故劳吾腕，知先生所心许也。"葬毕即去，不言名氏。或有识之者，曰："此山阴戴易也！"

④ 林家平、宁强、罗华庆：《中国敦煌学史》，北京：北京语言学院出版社1992年版，第677页。

运用到自己的学术研究中去，同时又很重视纸上文献的整理和挖掘。这种充分利用、结合地下材料和地上文献的研究方法，直接促成了其异常宏阔的艺术史研究格局，加上他融通的视角与文化比较的方法，因此进入他研究视野的艺术史研究资料就极为丰富，通过对这些研究资料的溯源式追究，由此及彼，左右逢源，也就对艺术史研究材料作了很大的开进。不仅大大延伸了中国的艺术史研究上限，而且对海内外艺术史学者已经展开广泛研究的元、明、清绘画及其理论，作了极大的精深拓展。例如海外汉学家通过对元、明、清绘画进行研究，形成了如下看法：

> 传统中国绘画的表现手法虽然丰富多彩，但主题范围却比西方绘画狭窄得多。西方艺术家所描述的主题五花八门，略举几例来说：战争、多种形式的暴力、死亡、城市景象、生活阴暗面、裸体等等。这些东西作为绘画主题在中国画家的笔下都是不可思议的（有极少数例外）。描述这类事物并不是他们绘画的目的所在。[1]

事实上，通过饶宗颐及其他学者的研究，其实中国早期绘画对于战争、死亡主题的表现还是很丰富的，至于元、明、清文人画对这些主题的摒弃，只能从中国审美文化的嬗变这个角度去理解：宋、元以后的中国文人，对于战争、死亡这些社会重大主题，似乎大都留给了诗歌，而对于主体在非常岁月的心灵感伤，却大多都留给了词与画。[2] 因此，对于元、明、清文人画的价值，如果单纯从题材、主题的表现是否丰富去判定其历史价值和审美价值的高下，也就真的多少有些隔膜。

具体来说，在对传统艺术史料的开拓上，如果说饶宗颐早期的艺术源头研究还比较多地停留在对地下考古文物的发现和研究成果的借鉴上，那么在近古元、明、清绘画艺术的研究中，他则针对文人画成为主流，传世的名家作品较多，名作在流传褫藏中迭经历代画家传摹，画家在朝代兴替中的身世

---

① ［美］迈克尔·苏利文：《中国艺术及其对西方的影响》，［美］罗溥洛主编，包伟民、陈晓燕译，《美国学者论中国文化》，北京：中国广播电视出版社1994年版，第266页。

② 有论者这样断言："明末清初的百十年，也是中国历史上较为动荡的年头，发生了不少惊天动地的历史事件，其中更有着一些戏剧性的变化，但是奇怪的是，这个时期反映现实政治的作品几乎没有。……笔者本来认为，长期以来的绘画政治教育功能的丧失应在此种阶段、此一群体的绘画中得以申明，但，事实是在那样一个大变革的时代，竟然没有留下什么现场场面的绘画，也实在是可惜！"（付阳华：《明遗民画家研究》，石家庄：河北教育出版社2006年版，第138页。）笔者认为，明遗民画家重大现实题材的缺乏，可能至少出于两个原因：一是清初文网密织，即或有也可能遭到毁损；二是明遗民画家写意笔法对于表现此重大题材、展现恢宏场面尚有困难。事实上，关于明末清初重大民族蒙难史实，许多文人的诗歌、笔记、野史都有些或隐或显的记载。

浮沉，画家皈依宗教对于主体绘画思想的影响等这些重要艺术史实，充分利用公私收藏，从作品入手，以题跋与文献和作品互证，并运用文化史、思想史、佛教史、道教史的广泛学识和方方面面的文献载籍，因画及人地研究画家个案，无论道徒文人画、禅僧文人画，还是士大夫文人画，他都从生活方式、老庄思想、禅宗思想、诗词书画方面去深入，知人论世地揭示出特殊时代的画论思想与绘画风气，时出精彩之论，绝去无根之谈，为重建历史的真实、钩沉历史的内在联系、探讨画法笔墨发展，作出了引人注目的建树。如此，也就大大突破了以前艺术史研究比较集中在元、明、清文人画，以画论、作品风格、技巧分析为探讨重点的研究路向，而这一切学术成果的取得，又与他对艺术史材料的拓展和丰厚的学术积累分不开。例如在《黄公望及富春山居图》一文中，饶宗颐并没有像常规的艺术史研究那样，对元末社会政治、经济、文化状况作普通的背景介绍，而是在对黄公望生平考证的基础上，直接引出黄公望与当时全真教的关系，并通过考索同时人的一些诗、文、画跋以及文人间的交游，抉发出了当时"三教合流"思想对元末文人的巨大影响，从而从思想文化层面上揭示出以"四大家"为首的元代文人画创作之所以被后世当作典范的动因；而在晚明以八大山人、龚贤为中心的画家个案研究中，饶宗颐先是以深厚的佛学知识素养对八大山人禅画的思想渊源、题字、构图技巧等作了引人入胜的解读，这是历来八大山人研究史上从"俗谛"到"道谛"阐释的又一大飞跃，发人深省之处颇多；而其对龚贤的研究，则重点以龚贤具有拨乱反正性质的绘画流派、品第理论立论，其主旨在于探讨明清之际画坛的审美趣味和品评风尚，这在晚明"南北宗"绘画理论几成陈词滥调的批评现状中，确实别具只眼，但又不是故作惊人之论，而是大有深意，由此深入扩展，确实能够让人感觉到明清之际文人心态的一些转换信息。

三

钱穆曾经指出："近人治学，都知注重材料与方法。但做学问，当知先应有一番意义。意义不同，则所采用之材料与其运用材料之方法，亦将随而不同。即如历史，材料无穷，若使治史者没有先决定一番意义，专一注重在方法上，专用一套方法来驾驭此无穷之材料，将使历史研究漫无止境，而亦更无意义可言。黄茅白苇，一望皆是，虽是材料不同，而实使人不免有陈陈相因之感。……研究历史，所最应注意者，乃为在此历史背后所蕴藏而完成之文化。历史乃其外表，文化则是其内容。"① 近代画学大家于中国艺术史之研究，很少有不用文化史眼光看待艺术史者，盖自近代以来，中、西、古、今文化之比较态势使然。在早期绘画史撰写中，艺术史家非常注重从绘画与其他文化因素相互影响、互动去判定各个时期的绘画总体风貌，如 20 世纪 20、30 年代，潘天寿、郑午昌就在他们的绘画史写作中，把绘画的发展分为实用时期、礼教化时期、宗教化时期、文学化时期四个阶段。② 作为思想史家的徐复观则作了如此论断："中国艺术精神的自觉，主要是表现在绘画与文学两方面，而绘画又是庄学的'独生子'。"③ 饶宗颐在《画䫆——国画史论集》篇首"小引"中云：

> 昔圆悟禅师拈语略云："至简至易，往还千圣顶颥头。弹指圆成八万门，一超直入如来地。"严沧浪论诗，截断众流，亦云："此乃是从顶领上做来。"诗家得力于是，以之论画，何独不然。熟读禅灯之文，于书画关捩，自能参透，得活用之妙。以禅通艺，开无数法门。董香光之"小中见大"、八大之"八还"，取自《愣严》，均见其证也。④

显然，饶宗颐是比较欣赏那种"一超直入如来地""截断众流"的艺术批评方式的，严沧浪的"以禅喻诗"，董其昌的"以禅喻画"，说明中国的诗画意义，超越形式之外，文人之画，更不宜以形式批评简单处理，文人画形式背后，自有一番大自在。中国文人画，是传统文人把文化消融于美的创造，因此不把握中国传统文化在历史河流的演进，不理解这种文化演进对于艺术家的影响，而仅仅只是从艺术技巧、风格等形式方面去理解，那就只能了解艺术的皮相。"艺术之所以能超越历史，正由于它投身于历史之中。因此，如果对艺术家的历史环境没有全面的了解，要想从批评的角度去理解他的创造性是不可能的。"⑤ 囿于艺术史本身对绘画作品或画论的简单罗列，将之从文化史之中剥离出来进行"提纯"研究，虽然在叙事上简洁明快，但对于艺术

---

① 钱穆：《中国历史研究法·序》，台北：东大图书公司 1978 年版。

② 郑午昌、潘天寿的四阶段具体时段划分差别不大。郑的实用时期为史前初民绘画，礼教化时期为唐虞三代秦汉时期，宗教化时期为汉末至唐宋，文学化时期为元明清；潘只是把文学化的开端向前推进到两宋。郑午昌同时还指出，此四时期之划分，并非绝对，其间互有出入，大抵就与绘画之进展或直接或间接发生影响及效力而比较重要者言。见郑午昌：《中国画学全史》，北京：东方出版社 2008 年版，第 3 页；潘天寿：《中国绘画史》，上海：上海人民美术出版社 1983 年版，第 3 页。

③ 徐复观：《中国艺术精神·自序》，桂林：广西师范大学出版社 2007 年版，第 6 页。

④ 饶宗颐：《画䫆——国画史论集》，台北：时报文化出版企业有限公司 1993 年版，第 6 页。

⑤ ［意］里奥奈罗·文杜里著，迟轲译：《西方艺术批评史》，南京：江苏教育出版社 2005 年版，第 239 页。

精神实质的把握则大打折扣，以图像为线索的艺术史书写虽然也满足了"读图时代"的审美饥渴，但是它只能是本质表象的历史，充其量只呈现了"是什么"的问题，而不回答"何以是"的提问。割断艺术本身得以生成的历史文化逻辑，从表象至表象回答艺术史疑问，注定只能是缘木求鱼，徒劳无功。而且，由于要从历史文化逻辑演进之因中寻找艺术史现象的逻辑之果，任何现代学科的分类都只会使研究的视野蔽于一隅，甚至还干扰着正常研究思路的视线，因此，打破学科分类，对艺术史作多维的文化透视，就成为必然选择的研究进路。饶宗颐正是认识到这一点，所以他在进行研究的时候，能够把相关的各种艺术研究史料彼此打通、融合，并不断突破艺术史和其他人文学科之间的阈域，融会贯通。运用文化史的眼光来观察、考量艺术史中的艺术家、艺术品及艺术现象，可以使这些研究对象获得一种丰厚的阐释文化背景。正是借助于这种会通的视野，各个研究史料之间建立起了有机的联系，相互阐发，不断激发、拓展着意义的空间。从文化史的眼光出发，我们看到，一定时期的艺术家的思想及其创作不能突破自己的历史局限和思想局限，即使在某个特定时期出现一些带有先锋性的艺术家，可能突破陈陈相因的艺术创作规范，但是毕竟不会有很大的普适性，对于我们全面理解一定历史时期的时代精神和艺术精神，并没有造成审美判断上的颠覆性影响。

　　饶宗颐之所以有这样一种研究视野和眼光，这同他的文化史学家身份有关，与其对"史理学"追求有关。"'史理学'就是贯穿于历史事实中的道理。我早年读史书的时候，就有这么一个感觉，一个国家精神的维系，不光光是知识的东西，还有一个理。知识只是一些拉杂的学问，理才是其中的精要。在史学中，就要讲'史理'。"① 中国的古代史学，是讲史理的，如对正统论、对正朔的区分等。因此，饶宗颐的学术，虽境域异常阔大，但绝无枝蔓繁复之感。作为一般历史研究的方法论，饶宗颐的艺术史研究中当然也贯穿着追求"史理"的目标。尽管饶氏治学的看家本领之一就是考据学，尽管他的艺术史研究当中实现了对传统考据方法的突破，采用"多重证据法"，从而获得了对于艺术史一系列经典知识的确立，但显然这不是饶宗颐艺术史研究的最终目标。他的最终目标是运用文化史的眼光，作中国精神之考索。而要追索古人的"心"，阐释的手段是必不可少的。余英时曾认为，要"知古人之言"，"见古人之心"，"惟以实证与诠释参伍以求、交互为用"，方能克服

---

① 周少川：《治史论学六十年——饶宗颐教授访谈录》，《史学史研究》1995 年第 1 期，第 30 页。

阐释中的"凭空逞意"，①饶宗颐的艺术史研究，正是采用实证与诠释相结合的研究方法，不断拓宽艺术史研究境域，并通过对史料的考证和阐释，使自己采信的多重证据获得确证的同时也建立了生动的紧密联系，证据与证据之间相互阐发，不断地突破研究主体的"先见"，从而也就超越了传统考据那种以孤立的经典知识获得为研究旨趣的朴学方法。

　　而艺术史研究的迹象表明，"我们可以看到比较固定的中国传统语汇是怎样像筛子一样只允许已有图式的那些特征进入画面。艺术家会被可以用他的惯用手法去描绘的那些母题所吸引。他审视风景时，那些能够成功地跟他业已掌握的图式相匹配的景象就会跃然而出，成为注意的中心。风格跟手段一样，也创造了一种心理定向，使得艺术家在四周的景色中寻找一些他能够描绘的方面。绘画是一种活动，所以艺术家的倾向是看到他要画的东西，而不是画他所看到的东西"②。贡布里希卓有成效的艺术心理学研究表明，艺术家在对所要表现的对象选择上是有心理倾向的。而且中国宋元以来的艺术家在艺术图式选择上的强烈表现性、抒情性，更使追问艺术家的创造情境显得十分必要。正是在对艺术创作主体发问方式的意义的追问与理解中，我认为，饶宗颐对于艺术对象的阐释和研究，凸显出很强的现实针对性。正如我们前面所看到的那样，饶宗颐非常反对那种"先入为主"式的以某种理论架构去规范对象的阐释行为，而是积极运用自己的学术积累，围绕艺术家主体的创作思想，对研究对象展开全方位的证据考索，并让所引用的材料相互印证、激发，在对所接触的材料进行分析、排比、归纳的基础上，抽引出最后的研究结论。这样一来，即使我们对于饶宗颐在对具体材料的分析、总结、申发上所得出的结论或形成的观点持有异议，但我们如果要对同样问题进行追问的话，支撑其观点得以形成的那些考证材料或经典知识却早已构成我们在继续追问之途中不容回避的基础标识。正是借助于这些标识，我们迅速地进入文本视野，向文本提问，期望文本的回答；也以此标识为基础，我们和饶宗颐进行对话，理解着饶宗颐。

---

　　① 余英时认为，清代以来之正统考证大抵以西方所谓实证方法为主体，"此盖与所考之对象有关。典章、文物、制度、事迹、年代之类皆历史之外在事象也。故必待证据坚明而后定论"。《方以智晚节考》可谓余英时实证与诠释相结合的典范之作，"本书所考者，则古人之心也，……然清初遗民之隐语方式，因人因事而异，系统各别且与当时史事与古典传统皆密切相关，故又非凭空逞臆所能通解，惟以实证与诠释参伍以求、交互为用，庶几有以知古人之言，而见古人之心耳"。参见余英时：《方以智晚节考》，北京：生活·读书·新知三联书店 2004 年版，第 3 - 4 页。

　　② ［英］E. H. 贡布里希著，林夕等译：《艺术与错觉——图画再现的心理学研究》，杭州：浙江摄影出版社 1987 年版，第 101 页。

结　语

　　饶宗颐的艺术史研究，以文化史的眼光为探灯，以考证艺术主体创作思想为中心，以汇通的手法处理艺术对象，实现文、史、哲、艺的相互交融，彼此触发，给我们以强烈的历史整一性、连续性。这种对艺术史研究的连续性、整一性追求，显示出强烈的文化自觉、文化自省、文化认同的精神，对当代艺术史乃至于整个学术史的研究，具有深刻的现实意义。

　　目前，在当前的美术史（含绘画史）研究与书写中，有一种受西方后现代文化影响很大的观点，也就是在美术史写作中，有些学者主张不要再去写那种上下数千年、东西几万里的中国美术史，因为这类宏观叙事不过是现代启蒙主义和进化论影响下的"民族国家"的神话，如果有人在"后现代"的今日继续追求这种历史叙事就不免会有民族沙文主义之嫌。持这种见解的学者因此以解构古代中国美术史为己任，在抛弃了宏观历史框架后着眼于对地方文化多样性的研究。这种主张，正如巫鸿所评论的：

　　但问题是"地方"的概念往往还是跳不出后人的眼光，而且一个四川就超过了英国和意大利的面积总和。因此"地方"仍然需要不断解构，多样性的背后有着更多的多样性。其结果是最终抛弃一切晚出的和外部的历史文献，把观察和解释的框架牢牢地限定为确切有据的考古材料。……以"文化多样性"全面否定历史连续性不过是提供了另一种教条。否定的态度越是激烈，其本身的意识形态也就越为明显；因为排除其他学术的学术最终不免成为权力话语的工具。①

　　由此，巫鸿提出一种开放式的中国美术史研究，即有关美术史书写的"开"与"合"观念，②在我看来，饶宗颐在上古艺术史研究中，其"内向观"与"外向观"的文化研究视角，就已经包含有类似的因素；而在元、明、清文人画家的研究中，对于艺术作品的风格考察已经退居其次，其重点在于

---

①　巫鸿：《美术史十议》，北京：生活·读书·新知三联书店 2008 年版，第 66 页。
②　据巫鸿的解释，"开放"有多种意义，可以是观察对象和研究方法的多元，也可以是对不同阐释概念和历史叙事模式的开发。因此在艺术史的叙事模式上采取"开"与"合"相结合的方式。作为一种历史叙事模式，"合"的意思就是要把中国美术史看成是一个基本独立的体系，美术史家的任务就是追溯这个体系（或称"传统"）的起源、沿革以及与中国内部政治、宗教、文化等体系的关系。相对而言，"开"则是对这种线性系统的打破，以超越中国的空间联系代替中国内部的时间延续作为首要的叙事框架。

考察传统以儒、释、道为主体的文化思想在具体的历史语境中究竟如何对艺术主体各自产生影响，以及这种影响又如何导致了艺术主体在特定时段对于艺术构图、作品品评诸方面的不同追求。

进一步说，饶宗颐艺术史研究中对于历史整一性、连续性的理解追求，并不是必然和历史多样性、断裂性的理解追求相矛盾。饶宗颐的艺术史研究实践业已表明，中国的艺术发展，在不同的历史阶段所呈现出来的面貌及其特质确实是有一定差异的。况且，对于艺术文化多样性的探求，在当今学术研究的语境中应该是值得大力表彰的学术态度，尤其是在中国学术遭受到多年从上至下的意识形态控制之后，鼓励实证精神，重新发掘和解释历史证据，进行从下至上的逐级历史重构就显得弥足珍贵。但就中国文化同西方文化分属于不同的文化系统而言，这些艺术史研究中的多样性追求只不过是在中国独特的文化系统这个"大同"前提下的"小异"，我想，中国艺术自身的系统也应该作如此理解，稍有点文艺常识的都知道，中国的古典艺术传统同西方的是有相当差别的，但在其内部，其连续性又是显而易见的，中国的艺术家基本上都是以复古为特色的，即使是那些在中国艺术史上最富有创造精神的艺术主体，也多半是扛着"以复古为革新"的旗帜。

因此，从当代中国学术独立、民族文化认同这些大处着眼，我也认为，对于艺术史研究的历史连续性追求十分必要。虽然整个 20 世纪上半叶学者在其文化建构中充满功利性，但是这种功利性由于是同民族国家的文化认同紧密相连，其意义就在于，针对"天朝大国"及其文化体系崩溃的历史时刻，努力寻找人类一切有创造生命活力的文化，改造中国国民性，重新聚拢涣散的人心，正如费孝通所说："20 世纪前半叶中国思想的主流一直是围绕着民族认同和文化认同而发展的，以各种方式出现的有关中西文化的长期争论，归根到底只是一个问题，就是在西方文化的强烈冲击下，现代中国人究竟能不能继续保持原有的文化认同？还是必须向西方文化认同？"① 事实上，在人文学科研究中，要想排除价值判断几乎是不可能的。据一些学者介绍，当代西方学术主流已经走向文化研究，"'文化研究'已成为了一个全球范围的关于'后现代'和'后殖民'问题与理论之后的又一个时髦词藻"②，"它所涉及的研究领域主要包括对文化本身的价值问题的探讨，对文化身份或文化认同的研究，对各种文化理论的反思和辨析，对传统的文学研究者所不屑的那些'亚文化'以及消费文化和大众传播媒介的考察和研究，以及对当今的后

---

① 费孝通：《关于"文化自觉"的一些自白》，《群言》2003 年第 4 期，第 18 页。
② 王宁：《文化研究：今日西方学术的主流》，《超越后现代主义》，北京：人民文学出版社 2002 年版，第 156 页。

现代、后殖民、女性或女权主义的研究、区域研究、第三世界及少数民族话语的研究，等等"①。然而据另一些学者考察，这些文化研究的各种主张的背后，都有深刻的民族文化思想根源，② 因此，对于有学者所宣称的人类文化已经由后现代走向"全球化"，我是一直有怀疑的。而对于学术独立的倡扬和民族文化秉性的维护，在今天也不是以"文化保守主义"的标签所能涵盖的。它应该被视为一种对民族文化之根的追寻，对一个国家、民族文化记忆的守护。我想，饶宗颐的古典艺术阐释的文化精神，也应作如是观。

① 王宁：《文化研究：今日西方学术的主流》，《超越后现代主义》，北京：人民文学出版社 2002 年版，第 159 页。

② 例如关于西方文化研究中的"后殖民"问题，甘阳就认为，其比较深刻的问题原型实际上是欧洲 19 世纪的"犹太人问题"，而所谓的"犹太人问题"又是一个现代性的问题：法国大革命从政治上解放了犹太人，犹太人获得了公民权，但这种政治解放的代价是犹太人必须放弃其族群宗教身份，以"个人身份"成为现代欧洲的公民，即犹太人必须放弃自己的信仰，才能融入基督教主流社会。第一代犹太人接受了这种"文化同化"，但是自 19 世纪后期以来，新一代的犹太知识分子开始有了反抗这种"文化同化"的自觉，从卡夫卡、本雅明到德里达，都以这种文化反抗作为其思想特征。

饶宗颐的 《文心雕龙》 探源研究

安庆师范大学文学院　叶当前*

摘要： 饶宗颐的《文心雕龙》研究，虽没有专论巨著，却在国际汉学视野下与梵学、音韵学、宗教学、敦煌学等结合在一起，着力探索《文心雕龙》的文字、思想与文论渊源，从训诂角度探索《文心雕龙》重要用字的来源，从佛学出发对比推断《文心雕龙》的佛学思想，从文论总集梳理《文心雕龙》直接理论来源。结论虽并非不刊之论，但角度新颖，论证有力，洵为"龙学"的一大家。

关键词： 饶宗颐；《文心雕龙》；佛学

饶宗颐学术研究领域宽广，著述等身，其中的刘勰及其《文心雕龙》研究可独列一类，学界推之为香港"龙学"代表，在《文心雕龙》研究史上自是一家。陈国球《香港〈文心雕龙〉研究概况》以饶宗颐《〈文心雕龙〉与佛教》作为香港《文心雕龙》研究的开山之作[①]；张少康等《文心雕龙研究史》、张文勋《文心雕龙研究史》、陈民镇《饶宗颐先生古典文学研究述略》、郭景华《饶宗颐〈文心雕龙〉研究述略——〈20世纪饶宗颐学术文集〉阅读札记之一》等对饶氏"龙学"成果有所述评。综合起来看，饶宗颐《文心雕龙》研究既有对唐写本、元至正本等新材料的版本著录，又有联系梵学展开的独特思考，还有围绕《文心雕龙》进行的文本教学与集释考证；其在文学、宗教学、敦煌学等领域研究中常以刘勰及其《文心雕龙》作为一个学术联结点，或征引，或联类，彰显了《文心雕龙》在饶先生知识体系中的要路津位置。

吴承学指出："饶先生一些研究，尤其是对新发现的材料，往往有感即

---

*　作者简介：叶当前（1972 — ），安徽太湖人，文学博士，安庆师范大学文学院教授，硕士生导师。

① 杨明照主编：《文心雕龙学综览》，上海：上海书店出版社 1995 年版，第 34 页。

录，敏锐而简要地提出问题，点到为止，近乎读书札记，吉光片羽之中，包含闪光的思想。后来有些问题得到深化或修订，有些则由于兴趣转移或无暇顾及。"①饶宗颐的《文心雕龙》研究亦以随时发现即时考论为主，虽无完整体系却不绝如缕。先生的《文心雕龙》研究起始于20世纪50年代在香港中文大学任教期间，1954年在《民主评论》第5卷第5期发表《〈文心雕龙〉与佛教》一文启其端；1962年在《文心雕龙》课堂教学基础上编撰《文心雕龙研究专号》集其成；1984年出席复旦大学主办的中日学者《文心雕龙》学术讨论会提交《〈文心雕龙·声律篇〉与鸠摩罗什〈通韵〉——论四声说与悉昙之关系兼谈王斌、刘善经、沈约有关诸问题》论文；1988年出席广州《文心雕龙》国际研讨会提交《文心与阿毗昙心》论文，比较研究梵学与《文心雕龙》声律论的关系，创见新颖；1984年研讨会后邮寄王元化《元至正本〈文心雕龙〉跋》一文，考证版本新材料。随着饶先生研究疆域的拓展，梵学、敦煌学等研究更有不少涉及《文心雕龙》的交叉成果。综合起来看，饶先生的"龙学"贡献主要体现在《文心雕龙》篇章集释、佛学思想探源、文论溯源等方面。

一、篇章集释，考辨词句源流

《〈文心雕龙〉集释稿》"壬寅盛夏李直方记"曰："饶宗颐师仍岁讲《文心》于上庠，别树新帜，尝阐论《文心》与佛教之关系，近又撰专文，探《文心》之源流，考其时之文论佚书，探赜钩沉，条分缕析，固远迈前贤。年前于授课之余，诱导二年级同学重作注释，并亲注《原道篇》以示范。吾侪遂勉为操觚，研几探奥，集各家之言以为约注，间亦旁搜远绍，窃附己意，增补缺略。自己亥季冬，迄庚子盛夏，阅时八月，于彦和书五十篇，均曾措意。"②参加工作的29位同学，从1959年冬至翌年夏，历时八个月，完成了《文心雕龙》五十篇集释，其中饶先生《原道篇》集释为范文，与黄继持《征圣篇》《宗经篇》，李直方、徐缘发合作《正纬篇》，李直方《辨骚篇》等文之枢纽部分的集释稿一起编入《文心雕龙研究专号》。

《原道篇》集释稿共出注90条，考辨词源是集释的重点，与前人注释相较颇有独到之处。如"文之为德也大矣"是《文心雕龙》开篇的一句话，要理解这句话，关键是要弄清"文德"的含义。章太炎《国故论衡·文学总略篇》概论文德之流变："文德之论，发诸王充《论衡》，杨遵彦依用之，而章

---

① 吴承学：《饶宗颐的中国文学研究》，《文学评论》2018年第4期，第47页。
② 饶宗颐编著：《文心雕龙研究专号》，台北：明伦出版社1971年版，第35页。

学诚窃焉。"① 范文澜注征引章论，并为疏解，认为章氏所论"文德"意"与彦和文德之意不同。按《易·小畜·大象》'君子以懿文德'。彦和称文德本此。王、章诸说，别有所指，不与此同"②。的确如此，章太炎在这里并没有论及《文心雕龙》的"文德"观，范注征引这段文字只能算是比较法。饶氏则详细注释"德""文德"及这句话的句法来源，认为"文之为德也大矣"与《中庸》"鬼神之为德，其盛矣乎"句法略同，在列举训诂学上"德"训"道"、训"升也"、训"惪，外得于人内得于己也"、训"得"、训"性"等多种意义后，判断"彦和所谓文之为德，盖兼文之体用言之"，即刘勰此处的"德"是兼指内外与体用的。③ 詹锳《文心雕龙义证》持论即与饶注相似，在句法上除引《中庸》外，还引《论语·雍也》"中庸之为德也，其至矣乎"；亦谓"德即宋儒'体用'之谓，'文之为德'，即文之体与用，用今日的话说，就是文之功能、意义。重在'文'而不重在'德'。由于'文'之体与用大可以配天地，所以连接下文'与天地并生'"④。为解释"文德"一词，饶先生首先泛览经传，博引《易·小畜》《诗经·江汉》《左传·襄公二十七年》《论语·季氏》《伪大禹谟》等"文德"连用的句子，又征《易·大有·象辞》、《尚书·舜典·洛诰》"文祖"孔传、《诗经·江汉》"告于文人"毛传等文德他称的注解，指出"经传所见'文德'二字之义，盖指文教德化而言也"。再就汉人析言"文""德"展开辨析，从扬雄《法言·君子篇》分文德为内外，到王充《论衡》的《书解篇》《佚文篇》的敷陈，再到北齐杨遵彦《文德论》与清代章学诚《文史通义·文德篇》的专论，梳理"文德"论的学术流变，认为"凡此之言文德，谓著为丽辞者，须有德操，使外形与内诚，两相符会，合道德文章而一之"。不可否认，饶氏征引文献梳理"文德"论发展线索借鉴了章太炎《国故论衡》与范文澜《文心雕龙注》，结论同样注意到经传子史之"文德"与刘勰提法的区别："若彦和所论之文德，则兼贯天人，盖以道术言，而非以德艺言，更为弘通也已。"⑤ 饶先生虽然没有对"文德"予以确切解释，却明确了自己的意见，即"文之为德也大矣"属于古代常用的句式，经广泛的词源比较发现《原道篇》与经传子史中"文德"的运用有所区别，为着重在"文"字上探讨这句话的意义指明了新的思路。王元化先生以过往注"德"为"德行""意义"者为失解，认为此句是"文

① 章太炎：《国故论衡》，上海：上海古籍出版社 2003 年版，第 55 页。
② 范文澜：《文心雕龙注》（卷 6），北京：人民文学出版社 1958 年版，第 6 页。
③ 饶宗颐编著：《文心雕龙研究专号》，台北：明伦出版社 1971 年版，第 37 页。
④ 詹锳：《文心雕龙义证》，上海：上海古籍出版社 1989 年版，第 2 页。
⑤ 饶宗颐编著：《文心雕龙研究专号》，台北：明伦出版社 1971 年版，第 37 页。

之所由来的意思"①；杨明在细致辨析学界三种解释的基础上认为"文之为德"这个语式重点在"文"字而不在"德"字，认为"文之为德也大矣"这句话是刘勰的一句宽泛、笼统的感叹。② 二者的阐述与饶先生的注释有相通之处，且走得更远。然而，学术界对刘勰"文德"的阐释，多是从章太炎或范文澜处接着说，似乎忽略了饶宗颐的集释，今后若综述"文德论"学案，理应记上饶先生一笔。

又如，在注释"与天地并生者"一句时，范注从《原道篇》内部求证，以"人文之元，肇自太极"解释"与天地并生"的原因。饶宗颐则从《庄子·齐物论》说起，认为刘勰此处乃推庄子以论"文"，将词源追溯到《庄子》；又引陆机《文赋》"同橐籥之罔穷，与天地乎并育"发掘刘勰此语的文论来源及其意义，陆机用《老子》的"橐籥"观来论证文章的发生发展，"谓文章与天地并生而同流，盖自天地剖判以来，宇宙间事事物物，秩然粲然，无非文章也"③，可见老庄宇宙观对中国古代文论的影响。饶先生如此溯源，刘勰论文章与天地并生的线索就很清晰了。

由此看来，博集前代文献资料为《文心雕龙》释义，并随文疏解，令读者直观刘勰用词造句的来源脉络，是饶先生集释的一大标准。与范注比较，饶先生《原道篇》集释稿增加了很多文献条文，疏解也更丰富一些。如"玄黄色杂"的注释，饶注比范注多引证了《周礼·考工记》"玄黄"析而分释的句子、《易·系辞》原文及《史记正义》关于玄黄相间为文的材料，又分析"勿""物""色"等字的本义与引申义，最后得出结论："是故杂文曰文，杂帛曰勿，杂色曰物，三义相承，所谓'物相杂故曰文'者，可了然矣。言玄黄色杂，色杂，即指文章物采也。"④ 集释稿在厘清"玄黄"意思外，还辨析了"色杂"的含义，对今天注释《文心雕龙》仍有参考价值。

当然，饶先生的集释没有忽视前人"龙学"注释成果，在《原道篇》集释稿择要集录了黄叔琳注、纪昀评、孙诒让《札迻·文心雕龙》、李详补注、范文澜注、刘永济校释、王利器新书、杨明照校注拾遗等的相关条目。但是，在材料的遴选去取上，饶先生都经过仔细斟酌，而不是全部照单收录，对前人注解亦有一定的判断评析。如注"雕琢性情"句，李详引司马迁《报任安书》"雕琢曼辞"为注，饶先生断其"未当"，而引《周礼·考工记·梓人》"以为雕琢"、《荀子·王制》"使雕琢文采"、《诗经·棫朴》毛传"金曰雕，

---

① 王元化：《文心雕龙讲疏》，上海：上海古籍出版社 1992 年版，第 27 页。
② 杨明：《〈文心雕龙·原道〉"文之为德"解》，《上海大学学报》2007 年第 5 期，第 65–69 页。
③ 饶宗颐编著：《文心雕龙研究专号》，台北：明伦出版社 1971 年版，第 37 页。
④ 饶宗颐编著：《文心雕龙研究专号》，台北：明伦出版社 1971 年版，第 38 页。

玉曰琢"等为刘勰"雕琢"一词的来源,① 这些文献较司马迁时代更远,当然更为合适。范注乃至后出许多注本只注意"性情""情性"的校勘考释,而忽略"雕琢"一词的注解,而饶先生集释稿二者兼注,是有必要的,值得借鉴。又如《原道篇》解题对"道"字的理解,范注谓"彦和所称之道,自指圣贤之大道而言,故篇后承以《征圣》《宗经》二篇,义旨甚明"②。饶先生持不同意见,判断范注此说"昧其本根,义未周浃",认为刘勰深受晋宋以来体道通玄治学风气的影响,如孙绰的《喻道论》、谢灵运的《辨宗论》都是"远出道家,近参释氏",刘勰生逢其时,"熏沐玄风,自莫能外;又精释典,务达心源",所以刘勰之"道"与玄释相关,"自为当时'穷宗极''探心源'之学术风气下之产物"③。虽然刘勰思想的学术论争各执一词,各有理据,但饶宗颐先生抓住时代语境发掘其发生学缘由,成一家之说,在刘勰思想研究史上导夫先路,不容忽视。

　　《〈文心雕龙〉》集释稿》由饶宗颐先撰范篇,再指导学生撰著,最后亲自"芟删订定",可惜仅刊布了前五篇,未成全帙,但其学术贡献已得到学界承认。张少康等《文心雕龙研究史》认为:"在其《原道篇》的九十条注中,新见颇多,至今乃不失为对《原道篇》极有学术价值的重要注释。从对《文心雕龙》原文的注释来说,他在范文澜注释的基础上更进了一步,侧重于对原著理论思想的发挥,但这些阐发又有极为丰富的资料依据。"④

　　另外,饶先生于《文心雕龙研究专号》最早公布了东洋文库所摄《唐写文心雕龙景本》显微胶卷,后又至伦敦核对敦煌原物。此后二十余年,先生一直关注敦煌唐写本《文心雕龙》整理进展,阅读了户田浩晓、潘重规、林其锬、陈凤金等的研究著述,后总结自己对唐写本的贡献为:"然拙作实为唐本首次景印公之于世之本,于《文心》唐本流传研究虽不敢居为首功,然亦不容抹杀,滋生误解。"⑤饶先生又指导李直方撰写《近五十年文心雕龙书录》,著录国内著述 7 本、国外著译 4 本、国人论文 40 篇、日人论文 18 篇。不辞辛劳,中外奔波,搜集敦煌写本与研究资料,可见先生的《文心雕龙》探源工作有着宽广的国际汉学视野。当今《文心雕龙》校注集成工作非常重视国际汉学成果,饶先生的"龙学"成果自当纳入集成之列。

---

① 饶宗颐编著:《文心雕龙研究专号》,台北:明伦出版社 1971 年版,第 44 页。
② 范文澜:《文心雕龙注》(卷 6),北京:人民文学出版社 1958 年版,第 4 页。
③ 饶宗颐编著:《文心雕龙研究专号》,台北:明伦出版社 1971 年版,第 37 页。
④ 张少康、汪春泓、陈允锋等:《文心雕龙研究史》,北京:北京大学出版社 2001 年版,第 222 页。
⑤ 饶宗颐:《饶宗颐二十世纪学术文集》(文学),台北:新文丰出版股份有限公司 2003 年版,第 1020 页。

二、参照内典，论证佛学渊源

《文心雕龙》的佛学思想已被许多学者发掘，然最先全面集中论证者当推饶宗颐。先生 1954 年发表《〈文心雕龙〉与佛教》，1956 年以《刘勰文艺思想与佛教之关系》为题载《香港大学中文学会会刊》。1962 年由陈妮梨笔记整理刊发于《文心雕龙研究专号》，题为《刘勰文艺思想与佛教》；1962 年 3 月重改本又载于当年 7 月《新亚文化讲座录》，题为《〈文心雕龙〉与佛教》，后见录于陈新雄、于大成编《文心雕龙论文集》，较陈妮梨笔记版更为详细。

饶宗颐归纳刘勰文艺思想与佛教的关系主要有三点，一是《文心雕龙》以"神"为文学创作源泉的理论来源于佛教的"神"，具体来说是基于晋宋以来佛经"祛练神明"的"神"，是释道安、慧远、支道林、竺僧敷等所论的"神"；刘勰关于文学的"神理说"有两个要点，即"神为文本"和"神与形别"，深受齐梁之际佛家与文人论神说的影响。① 二是认为《文心雕龙》在思想方面与印度逻辑思维相关，主要有五个契合点，即全书体例如佛家之有"界品"与"门论"；常用带数法，源于印度悉昙六合释之一；立言必征圣，与印度"圣言量"相似；以"心"字名书，与佛典常以"心"为名有关；以立体藏用对言，亦濡染于佛学。三是以佛学知识解说文学问题，《文心雕龙》虽不言佛，却自含佛理，刘勰论文学声律亦由梵唱体会而出。② 这些推论为此前学者关于《文心雕龙》渗透佛学思想的判断提供了丰富论据。此后，饶宗颐学习梵文，钻研佛典，研究敦煌文献，专题论述了《阿毗昙心》、鸠摩罗什《通韵》等与《文心雕龙》的关系，从梵语与声律、佛经与《文心雕龙》篇章的对比中论证了"刘勰文艺思想渊源于佛教"论题的成立。

王利器《文心雕龙校证·序录》亦从四个方面论证了《文心雕龙》的佛学思想，首先从《刘勰传》中刘勰依沙门僧祐及为文长于佛理等史实证成《文心雕龙》源于佛学，再从刘勰在《论说篇》《练字篇》分别运用"般若""半字"这两个内典用语证明《文心雕龙》的佛学渊源，又从范文澜《序志篇》注文佐证《文心雕龙》受到了印度佛学科条分明的思想方法的影响，最后指出《文心雕龙》篇末赞语是"运用了佛偈的体裁来'总历本意'"，在形式上受到了内典的启发。③ 的确如此，佛门渊源、佛典用语、佛学逻辑、文章结构等四个方面与《文心雕龙》的关系已被学界反复论辩，饶宗颐亦表赞同，

---

① 陈新雄、于大成编：《文心雕龙论文集》，台北：西南书局有限公司 1979 年版，第 173 – 174 页。
② 饶宗颐编著：《文心雕龙研究专号》，台北：明伦出版社 1971 年版，第 17 – 18 页。
③ 王利器：《文心雕龙校证》，上海：上海古籍出版社 1980 年版，序录第 18 – 21 页。

其《刘勰文艺思想与佛教》文后附记曰："年前曾草《〈文心雕龙〉与佛教》一文，友人取刊于《民主评论》第 5 卷第 5 期。流传未广，日本广岛大学中国文学教授斯波六郎博士，来函索取。会有巴黎之行，未有以应也。在法京，曾见一九五一年七月出版王利器《文心雕龙新书》，其引论亦曾指出《文心》之作，颇受佛教之影响，深喜鄙说与之暗合。会为诸生讲《文心雕龙》，复及此问题，曾由陈妮梨君加以笔录，缀为此文，今者有《文心雕龙》专号之刊，因重加删订。而斯波墓有宿草，末由请益，为之泫然。"① 据附记知饶先生论《文心雕龙》与佛教关系的论文引起一定反响，后在查阅资料时阅王利器《文心雕龙新书》进一步肯定自己的观点，又在课堂教学中不断完善，故有此改作。

刘勰的佛徒身世是学术界考证《文心雕龙》思想渊源的依据之一，范文澜揭示刘勰虔诚佛教信徒身份与《文心雕龙》严格儒学思想之间的悖论，从反面为学者探索《文心雕龙》佛学思想开辟了门径，王利器比较系统的论证则提供了实证依据，饶宗颐大胆的判断与日后长期的求证则打开了《文心雕龙》佛学思想研究的诸多法门。饶先生在六朝中印文化交流大背景下指出，要考究刘勰文艺思想的根源，"当先明其与佛教相关之处"，认为"著作者长于内典，乃取资佛氏之科条，以建立文章之轨则，故此书不特大有造于艺林，抑亦六朝时代我国与印度文化交流下之伟大产品也""其因道而敷文，穷神以阐理，则由浸淫佛学者深，用能发挥众妙"。② 由此看来，讨论刘勰文艺思想，需要在佛门与仕宦、内典与文论的比较中展开。

刘勰具有精深的佛学修养，已见本传，其《灭惑论》亦是实证，杨明照《〈梁书·刘勰传〉笺注》则揭示了很多刘勰佛门生活的细节。饶宗颐洞悉此点，认为"欲论《文心雕龙》一书与佛家的关系，应先明了刘氏本人与佛教因缘的历史和他对于佛教的著述"③，佛教与刘勰相关的庙宇、僧徒主要有定林寺、僧祐、竺僧度、竺法汰、释宝亮等，与刘勰相关的佛教著述有《灭惑论》、僧祐《出三藏记集》、《高僧传》及寺塔、名僧碑志等。这些因缘材料中，饶宗颐致力最勤的是僧祐及其《出三藏记集》。

饶宗颐早期认为《出三藏记集》"题僧祐名，可能出勰之手。其中不少论文，可视为刘氏所作，或至少可代表他的意见，不妨取与《文心雕龙》比较研究"④。甚至由《出三藏记集·梵汉译经同异记》（即卷一《胡汉译经文字

---

① 饶宗颐编著：《文心雕龙研究专号》，台北：明伦出版社 1971 年版，第 19 页。
② 饶宗颐编著：《文心雕龙研究专号》，台北：明伦出版社 1971 年版，第 17 页。
③ 陈新雄、于大成编：《文心雕龙论文集》，台北：西南书局有限公司 1979 年版，第 172 页。
④ 陈新雄、于大成编：《文心雕龙论文集》，台北：西南书局有限公司 1979 年版，第 172 页。

推断刘勰在与高僧大德往来之际略懂梵文，故《文心雕龙·练字篇》论字形单复问题中的"半字""单复"可以与《梵汉译经同异记》一文相互参看，梵汉文字虽然不同，处理方法却可相通，从而证明《文心雕龙》论文字的内容受到了梵文影响。兴膳宏从吉川幸次郎处得知《出三藏记集》一书，1982年发表《〈文心雕龙〉与〈出三藏记集〉：论两者的内在关系》一文，推测刘勰可能参与《出三藏记集》的编撰，或在此书中"补充自己的意见"，因此认为从《出三藏记集》来研究《文心雕龙》与佛教的关系是解决问题的重要线索。① 兴膳宏先以《出三藏记集》对照《文心雕龙》，归纳《出三藏记集·序》后半段遣词造句与《文心雕龙》相关处多达11条，推断此序与《文心雕龙》文体接近；分析此序的理论结构常以名数概括事理，与《文心雕龙》论证逻辑相似。从大量的列举实例中，兴膳宏总结出"佛经文体的风格与《出三藏记集》之序文、《文心雕龙》有着共通点"②。又逐段分析《胡汉译经文字音义同异记》，从中寻找刘勰的影子，认为从理论、语汇、文体等各方面可以看出此文与序文和《文心雕龙》的关联。再从《文心雕龙》审视《出三藏记集》，反复发掘二者之间的内在关系。兴膳宏在论证中数次致意饶宗颐，以更加丰富的论据材料证实了饶先生的创新之见。陶礼天赞同"从僧祐之学及当时京师（包括定林寺）高僧们的所学进探刘勰之殖学及其撰述《文心雕龙》的思想方法"，其《〈出三藏记集〉与〈文心雕龙〉新论》一文在参考兴膳宏、饶宗颐、苏晋仁等论著基础上，考辨《出三藏记集》有最初的"十卷本"及后来修订增补的"十五（或作十六）卷本"两个版本，刘勰在撰写《文心雕龙》之前读过十卷本，故"《出三藏记集》中的'经序'等篇章内容所阐发的佛学思想、形成的'四科'体例等等，对刘勰能够产生重大影响是客观存在的事实"，进而揭示僧祐的学术思想对刘勰产生了重大影响，从一个侧面证明了刘勰更大程度上是受到了中国化佛教的影响。③ 学界诸多研究《文心雕龙》佛学思想的专论，都要从饶先生的论文说起，可见先生此论在学术史上的重要地位。

随着研究的深入，饶宗颐对《出三藏记集》的著作权问题有了新认识，对《文心雕龙》中的佛教词汇、相关篇目的佛教对读有了新的理解。先生在北京大学首届"汤用彤学术讲座"上的演讲"论僧祐"认为不能仅仅从《出

---

① ［日］兴膳宏著，萧燕婉译注：《中国文学理论》，台北：联经出版事业股份有限公司2014年版，第160页。

② ［日］兴膳宏著，萧燕婉译注：《中国文学理论》，台北：联经出版事业股份有限公司2014年版，第186页。

③ 陶礼天：《〈出三藏记集〉与〈文心雕龙〉新论》，《安徽师范大学学报》1999年第3期，第339－346页。

三藏记集·序》中撷取若干字眼，与《文心雕龙》作比较，以其字句相近而遽断为《出三藏记集》出自刘勰之手；至于《文心雕龙·练字篇》用到的"半字"一词，实是当时常识，"刘勰但借用其名耳"；而有些学者认为《胡汉译经文字音义同异记》与《灭惑论》《文心雕龙·练字篇》主题雷同问题，经过分析亦可见"僧祐与刘勰所论，取途各不相干"①。饶先生的考论算是对自明人曹学佺以来刘勰代笔论的一个澄清，亦是对学术界一味寻找《文心雕龙》佛学线索的一种回应吧。然而，先生还是确信《文心雕龙》受到佛学的影响，更确切地说是受到僧祐等佛教大师的影响，如《文心雕龙》中的《铭箴篇》《哀吊篇》《诔碑篇》，"其资料必有取资于僧祐者"，因为《隋书·经籍志》著录有僧祐《箴器杂铭》五卷、《诸寺碑文》四十六卷、《杂祭文》六卷，"祐所集碑文多至四十六卷，当日勰必曾襄助为理，多所观摩，可以想见"②。

现在看来，饶宗颐论证《文心雕龙》的佛学思想是一个不断搜集材料、不断论证完善的过程。他从 20 世纪 50 年代开始，40 多年间不断发现新材料，从僧祐与刘勰、《文心雕龙》与《阿毗昙心》、《文心雕龙·声律篇》与鸠摩罗什《通韵》的比较中证实自己的观点。《文心雕龙》佛学探源亦与饶先生的佛学、梵学、敦煌学研究密不可分，是先生学术渊薮中的一个有机组成部分。

三、由古及今，探索文论来源

《文心雕龙》佛学渊源的研究是饶宗颐"龙学"的一条主线，同时，文学理论渊源亦得到先生的高度重视。关于《文心雕龙》的文论来源，前人有弥纶因袭说。《文心雕龙》中六次提及"弥纶"一词，分别为"弥纶群言"（《论说篇》《序志篇》）、"弥纶彝宪"（《原道篇》）、"弥纶一代"（《史传篇》）、"弥纶一篇"（《附会篇》）、"共相弥纶"（《总术篇》），可见刘勰重视汲取借鉴经典、众说、文术等成文成说用于文学创作。具体到《文心雕龙》本身，当然也是博采众长、弥纶众家的结果。故黄侃《序志篇·札记》谓："同异是非，称心而论，本无成见，自少纷纭。故《文心》多袭前人之论，而不嫌其钞袭，未若世之君子必以己言为贵也。即如《颂赞》篇大意本之《文

① 饶宗颐：《饶宗颐二十世纪学术文集》（宗教学），台北：新文丰出版股份有限公司 2003 年版，第 289 - 305 页。
② 饶宗颐：《饶宗颐二十世纪学术文集》（宗教学），台北：新文丰出版股份有限公司 2003 年版，第 299 页。

章流别》，《哀吊》篇亦有取于挚君，信乎通人之识，自有殊于流俗已。"① 王利器《〈文心雕龙新书〉跋尾》② 对刘勰继承文学批评遗产问题有若干比对与论证，从《文心雕龙》中找到了刘氏内证，如《事类篇》"唯贾谊《鹏鸟赋》，始用《鹖冠子》之说；相如《上林》，撮引李斯之书；此万分之一会也。及扬雄《百官箴》，颇酌于《诗》《书》；刘歆《遂初赋》，历叙于纪传，渐渐综采矣。至于崔、班、张、蔡，遂捃摭经史，华实布濩，因书立功，皆后人之范式也"③，《序志篇》"及其品列成文，有同乎旧谈者，非雷同也，势自不可异也"④，既指出了前人文章弥纶因袭旧作的案例，又表达了自己对弥纶因袭的理解。故王利器认真比对，找出了《文心雕龙》因袭前代文章的若干句例。为了直观，现将《〈文心雕龙新书〉跋尾》一文的句例列表如下：

序号	《文心雕龙》	前人文论	备注
1	及羊公之辞开府，有誉于前谈；庾公之让中书，信美于往载。《章表篇》	裴公之辞侍中，羊公之让开府，可谓德音矣。（《翰林论》）	
2	及陆机断议，亦有锋颖，而谀辞弗剪，颇累文骨，亦各有美，风格存焉。（《议对篇》）	陆机议晋断，亦各其美矣。（《翰林论》）	刘勰袭用前人之说而不说明来源
3	如宋画吴冶，刻形镂法，丽句与深采并流，偶意共逸韵俱发。（《丽辞篇》）	夫宋事吴冶，刻形镂法，乱修曲出。（《淮南子·修务篇》）	
4	籍者，借也。岁借民力，条之于版，《春秋》司籍，即其事也。（《书记篇》）	籍者，借也。犹人相借力助之也。（《孟子·滕文公》上赵岐注）	
5	古人云："形在江海之上，心存魏阙之下。"神思之谓也。文之思也，其神远矣。（《神思篇》）	属文之道，事出神思。感召无象，变化不穷。（萧子显《南齐书·文学传论》）	"神思"是"六朝人恒言"

① 黄侃：《文心雕龙札记》，上海：上海古籍出版社 2000 年版，第 221 页。

② 王利器：《〈文心雕龙新书〉跋尾》，《社会科学战线》编辑部编：《古典文学论丛》（第 1 辑），济南：齐鲁书社 1980 年版，第 62－74 页。

③ 杨明照：《增订文心雕龙校注》，北京：中华书局 2000 年版，第 473 页。

④ 杨明照：《增订文心雕龙校注》，北京：中华书局 2000 年版，第 611 页。

序号	《文心雕龙》	前人文论	备注
6	风归丽则，词翦稊稗。（《诠赋篇》）	诗人之赋丽以则。（《扬子法言·吾子篇》）	班固《汉书·艺文志·诗赋略》、左思《三都赋序》亦有相似说法

无论从刘勰本人的学术思想，还是从《文心雕龙》的敷陈行文，都能够找到弥纶群言的实证。若以经学家注经方式逐字逐句笺释《文心雕龙》，大约能找到大多数词句的来源。然此类考镜，在没有直接文献依据的情况下，亦容易讹误。如范文澜在《序志篇》注谓"《宗经篇》取王仲宣成文，不以为嫌"①，便不太确切。关于这段因袭文字的详细情况，见范文澜《宗经篇》注一五：

> 陈先生曰："《宗经篇》'《易》惟谈天'至'表里之异体者也'二百字，并本王仲宣《荆州文学志》文。"案仲宣文见《艺文类聚》三十八，《御览》六百八。②

饶宗颐《文心雕龙探原》一文指出陈汉章此说为讹，考证所谓王粲《荆州文学志》的这段文字乃误辑，曰："今按仲宣《荆州文学记官志》，宋绍兴本《艺文类聚》三十八，及宋本《御览》六〇七并引之，俱无此段，惟严铁桥《全后汉文》所录有之，实为误钞。考《御览》卷六〇八（学部二：叙经典）末段引《文心雕龙》曰：'自夫子删述，而大宝启耀'讫'此圣文之殊致，表里之异体者也'，明系彦和之语；文章风格，与仲宣亦不相类。陈氏误据严辑，未检类书，此应为之平反，庶免辗转传讹，以厚诬古人也。"③ 可见依据文句前后因袭的句例为《文心雕龙》探源，还不同于训诂笺释，亦存在风险。然则，饶宗颐在肯定刘勰文论弥纶旧说的基础上，另辟溯源蹊径，亦得出诸多新见。

首先，饶宗颐认为《文心雕龙》的文体分类乃得益于当时丰富的分体总集。《隋书·经籍志》著录了大量的诗集、乐府集、赋集、颂集、赞集、铭箴

---

① 范文澜：《文心雕龙注》（卷6），北京：人民文学出版社1958年版，第744页。
② 范文澜：《文心雕龙注》（卷6），北京：人民文学出版社1958年版，第26页。
③ 饶宗颐编著：《文心雕龙研究专号》，台北：明伦出版社1971年版，第1页。

集、碑集、吊文集、杂文集、隐书、俳谐文集、子抄、论集、策集、诏集、杂檄文、杂封禅文、书集等，这些分体总集"至于宋齐，各体皆备，彦和广其成规，但加品骘而已，无庸搴择而归纳之也"，且"其时各体文均有专集行世，疑有序引，可供采撷。如颜竣之书，且有例录，则论列亦非难事。是彦和此书上半部之侈陈文体，自非空所依傍，自出杼轴；其分类之法，乃依循前规，排比成编"①。今天，这些分体总集多数亡佚，集前是否有序引，不得而知。果真如饶先生所推断，则刘勰撰《文心雕龙》当事半功倍。

其次，饶宗颐认为可以从经传与南朝文论家理论中探索到刘勰文学见解的渊源，如宗炳的画论与颜延之的文论可重点对比。先生认为刘勰论文，实承袭传统文学观念而来，"不独主'合文质''同德艺'，且'兼文武'，可谓为综合之广义文学观"②。至于《文心雕龙》各篇的取材，亦有所揭示。先生认为《原道篇》法《淮南子·原道训》，《征圣篇》本颜延之《庭诰》，《宗经篇》借鉴桓谭《新论》"正经篇"，《明诗篇》关于五言四言的意见本于《庭诰》，《铨赋篇》引用了《新论》"道赋篇"，本篇对历代赋家的排比列举则合皇甫谧、挚虞之说而折中之，《颂赞篇》大致采自挚虞，《铭箴篇》可与蔡邕《铭论》、崔瑗《叙箴》对读，等等。简要列叙，清晰交代了《文心雕龙》22 篇的取材对象与借鉴角度，阅读或注解《文心雕龙》时，可按图索骥。

最后，饶宗颐还梳理了刘勰以前及其同时文论，考辨了一批佚书，这些材料也是《文心雕龙》的直接理论来源。这些佚书包括：《文检》六卷、傅祗《文章驳论》、荀勖《杂录文章家集叙》十卷、郭象《碑论》十二篇、挚虞《文章流别志论》二卷、李充《翰林论》三卷、顾恺之《晋文章记》、张防《四代文章记》一卷、颜延之《庭诰》、王微《鸿宝》、张率《文衡》十五卷、明克让《文类》四卷、徐绲《文笔驳论》十卷、《文章义府》三十卷、杜正藏《文轨》二十卷等，饶先生《刘勰以前及其同时之文论佚书考——六朝文论摭佚》③一文为之著录，具有较高的目录学价值。

饶宗颐的《文心雕龙》研究，虽没有专论巨著，却与梵学、音韵学、宗教学、敦煌学等结合在一起，用宏大、宽厚的知识体系来论证《文心雕龙》，开阔了"龙学"视野，究其着力点仍在《文心雕龙》探源之上，即从字句训诂探索其字义来源，从佛学对比推断其思想渊源，从文论总集揭示其理论来源。饶先生的结论虽并非不刊之论，但角度新颖，论证有力，洵为"龙学"的一大家。

---

① 饶宗颐编著：《文心雕龙研究专号》，台北：明伦出版社 1971 年版，第 2 - 3 页。
② 饶宗颐编著：《文心雕龙研究专号》，台北：明伦出版社 1971 年版，第 6 页。
③ 饶宗颐编著：《文心雕龙研究专号》，台北：明伦出版社 1971 年版，第 13 - 16 页。

马王堆帛书《要》篇中的天文意义述论

——兼说饶宗颐先生关于《要》篇研究的得与失*

韩山师范学院文学与新闻传播学院　王亚龙**

摘要： 马王堆帛书《要》篇中，孔子对于《损》《益》二卦进行了比较详细的讨论，并涉及古人对天文的认识，学者对此多有研究，但是对其中有些词句，学者此前的理解还存在一些问题，本文即对这些意见进行评述。在对各家意见进行充分讨论后，本文认为，将"长日之所至"和"长夜之所至"两句等同于"二至"的意见似乎不够准确，而应如一些学者所说，将其理解为一段时间而非"二至"定点；再者，"产（生）之室"一句中的"室"字应读为"节"的意见更为合理。本文最后还探讨了帛书《要》篇与"卦气说"的相关问题。

关键词： 帛书；《要》；损益；天文

马王堆汉墓帛书《要》篇中有一段孔子论《损》《益》二卦的话，其中涉及古代天文学的知识，十分重要，也引起了学者很多的讨论。这些意见往往得失互见，有必要进行一番清理。为方便讨论，我们先将有关释文抄录如下：

《益》之为卦也，春以授夏之时也，万物之所出也，<u>长日之所至也</u>，产（生）之室也，故曰19下《益》。授〈《损》〉者，秋以授冬之时也，万物之所老衰也，<u>长夜之所至也</u>，故曰【《损》】。产（生）道穷焉而产（生）道产（生）焉。20上①

---

* 本文为作者参加"饶宗颐学术名著导读——第三期饶学研修班"学习成果。本文版权归中山大学饶宗颐研究院所有。

** 作者简介：王亚龙（1987—　），河南周口人，文学博士，韩山师范学院文学与新闻传播学院讲师。

① 裘锡圭主编：《长沙马王堆汉墓简帛集成》（叁），北京：中华书局2014年版，第118－119页。释文用宽式。

一、关于"长日之所至"和"长夜之所至"的旧说

《要》篇中"长夜之所至"的"夜"字帛书残损，以往的研究者多补释作"长夕之所至"，如李学勤先生说："'夕'据残笔补。末'损'字原脱，由文例推定。《损》《益》二卦与'时'的观念有关，见于《彖传》。"① 不过，裘锡圭先生则认为："'长夜'之语在古书中习见，此处似以补'夜'字为较妥……校按：'长'下二字皆有残画，'之'字可以释出，其上一字从残画看可能是'夜'字，不大可能是'夕'字。"② 后来陈剑先生在《长沙马王堆汉墓简帛集成》中也赞同了裘锡圭先生的说法，将其释作"夜"字。所以，我们这里也以"长夜"的释文为准。

关于这里的"长日之所至"和"长夜之所至"究竟所指为何，学者有很多讨论，如日本学者池田知久先生首先指出："'长日之所至也'，《吕氏春秋·仲夏纪》有'是月也，日长至。阴阳争，死生分'。"③ 陈鼓应先生也说："'长日之所至'即'日长至'，也即'夏至'，'长夕之所至'即'日短至'，也即'冬至'。'日长至''日短至'分别见于《礼记·月令》和《吕览·四季》。而《要》之'长日至''长夕至'即是'日长至''日短至'的换言，《吕览·仲夏纪》毕沅校云：'日长至，旧本作长日至。'今见《要》篇，知旧本作'长日至'确有所本。《要》之撰作当在《吕览》之后。"④ 赵建伟先生亦指出："'长日至'及下文的'长夕至'即《吕览》的'日长至'（夏至）、'日短至'（冬至）。"⑤ 学者们是基本都将其理解作"夏至"和"冬至"。

饶宗颐先生对此曾有过较为详细的论述，他说："本篇用时节的观念来解释益、损二卦，涉及长日所至的夏至和长夕所至的冬至，冬至是一年之中夜最长的日子，夏至恰相反是一年中日最长的日子。冬至一阳生，夏至一阴生。古人有养日养夜之说，《夏小正》云：'五月时养日；十月时养夜。'养或读

---

① 李学勤：《帛书〈要〉篇的〈损〉〈益〉说》，中国文物研究所编：《出土文献研究》（第3辑），北京：中华书局1998年版。收入李学勤：《周易溯源》，成都：巴蜀书社2006年版，第384页。

② 裘锡圭：《帛书〈要〉篇释文校记》，陈鼓应主编：《道家文化研究》（第18辑），北京：生活·读书·新知三联书店2000年版，第279–310页。收入《裘锡圭学术文集·简牍帛书卷》，上海：复旦大学出版社2012年版，第239–260页。

③ ［日］池田知久著，牛建科译：《马王堆汉墓帛书〈周易〉之〈要〉篇释文（下）》，《周易研究》1997年第3期，第8–21页。

④ 陈鼓应：《〈二三子问〉〈易之义〉〈要〉的撰作年代以及其黄老思想》，朱伯崑主编：《国际易学研究》（第1辑），北京：华夏出版社1995年版，第95页。

⑤ 赵建伟：《出土简帛〈周易〉疏证》，台北：万卷楼图书有限公司2000年版，第272–273页。

为羡，即永日、永夜。"① 即也是认为这里是在讲一年中的"二至"——冬至和夏至，并引用很多材料以说明古人对"二至"的认识由来已久，如他说"日长至与短至的区别，在古代农业社会，是生活上必需的普遍知识"，"古人重视二至，以长日、长夕作为定点，以建历术"。② 饶公从"二至"的认识出发，揭示了古人对天文现象的准确理解，并认为帛书《要》篇论损益之道的主旨乃在于损、益即代表二至，故"能先明白天道，施之人事，自可迎刃而解了"。③ 这是对《要》篇论《损》《益》二卦之主旨很好的诠释。

二、《损》《益》二卦分属四时与对"产之室"的理解

饶公对于帛书《要》篇中的天文意义十分关注，并以其深厚的文献功底和对相关概念的敏锐理解，发挥出《要》篇中蕴含的古人关于天文的认识，尤其是其关于"二至"的论述十分精到。不过，帛书《要》篇此段的真正难解之处其实还不是"长日之所至"和"长夜之所至"之所指（当然，这两句以往诸家的解读可能也存在一些问题，详见下文），而是对"产之室"这句话的理解。学者一般都认为这里的"产"应读为"生"，但是对于"室"的读法则有不同意见。如郭沂先生认为是"处所"："'产之室也'，万物产生、成长的处所。"④ 丁四新先生则读"室"为"窒"，谓："'室'，读作'窒'，《说文》：'窒，塞也。'然'窒'与'穷'，义不同。《尔雅·释天》'月阳'名：'月在甲曰毕，在乙曰橘，在丙曰修，在丁曰圉，在戊曰厉，在己曰则，在庚曰窒，在辛曰塞，在壬曰终，在癸曰极。'邢昺《疏》：'此辨以日配月之名也……七月得庚，则曰窒相……十月得癸，则曰极阳。'"⑤ 连劭名先生认为："地载万物，'产之室'如言'产之地'，《释名·释宫室》云：'室，实也，人物实满其中也。'《淮南子·原道训》云：'兽跖实而走。'高诱注：'实，地也。'"⑥

在《长沙马王堆汉墓简帛集成》中，陈剑先生则指出："裘锡圭《由郭

①　饶宗颐：《论帛书〈要〉篇损益的天文意义——产道与产气》，《饶宗颐二十世纪学术文集》（简帛学），北京：中国人民大学出版社 2009 年版，第 64 页。

②　饶宗颐：《论帛书〈要〉篇损益的天文意义——产道与产气》，《饶宗颐二十世纪学术文集》（简帛学），北京：中国人民大学出版社 2009 年版，第 64 页。

③　饶宗颐：《论帛书〈要〉篇损益的天文意义——产道与产气》，《饶宗颐二十世纪学术文集》（简帛学），北京：中国人民大学出版社 2009 年版，第 64 页。

④　郭沂：《帛书〈要〉篇考释》，《周易研究》2004 年第 4 期，第 36 - 56 页。

⑤　丁四新：《马王堆帛书〈周易〉》，北京大学《儒藏》编纂与研究中心编：《儒藏》（精华编·第 281 册·出土文献类），北京：北京大学出版社 2007 年版，第 290 页。

⑥　连劭名：《帛书〈周易〉疏证》，北京：中华书局 2012 年版，第 412 页。

店简〈性自命出〉的'室性者故也'说到〈孟子〉的'天下之言性也'章》（收入《裘锡圭学术文集·简牍帛书卷》，上海：复旦大学出版社2012年版，第378-388页）引帛书《十六经·观》中'时挃三乐'一语《国语·越语下》作'时节三乐'为证，认为郭店简《性自命出》'室性者故也'之'室'（上博竹书《性情论》作'室'下加'心'之形）和此'挃'字皆应读为'节制'之'节'。准此，疑帛书此'室'字也应读为'节'，'产（生）之室（节）'即'生长的季节'。"① 后来刘彬先生又认为："'产之室'之'室'，既非表示空间之词，也不必以假字'窒'或'节'释之。按《释名·释宫室》：'室，实也，人物实满其中也。'故'室'有实满之义……《要》篇所言'春以授夏之时'，正是生之实满、强盛之时，故曰'产之室'。"② 可见大家对此一直没有形成比较一致的意见。

我们回到帛书原文来看，《要》篇此段论《损》《益》二卦，前后的结构似乎对称，但细看又并不是完全对称，前面说《益》卦是"产（生）之室也"，但是后面论《损》卦却没有与之对应的结构，这也是导致这一句难解的原因。我们仔细分析文义，从后文"产（生）道穷焉而产（生）道产（生）焉"这句来看，《益》卦对应的是"产（生）"，则《损》卦很有可能对应的是"穷"。饶宗颐先生也指出："《杂卦》云：'损益，盛衰之始也。'韩康伯注：'极损则益，极益则损。'这与《要》言损者，产道之穷，义正相符。"③ 李学勤先生亦谓："帛书云《益》为'万物之所出'，《损》为'万物之所老衰'，可能同《杂卦》'《损》《益》，盛衰之始也'有关。《益》为盛之始，万物所出，由春到夏，夏至为其极点，故言'长日之所至'；《损》为衰之始，万物所老衰，由秋到冬，冬至为其极点，故云'长夕之所至'。《系辞》称：'天地之大德曰生'，四时是万物生成的过程，而《益》表示生的起始，故为'产（生）之室'。"④ 都将帛书此处论《损》《益》之语与今本《杂卦》之说联系起来，这是很正确的。今本《系辞》云"天地之大德曰生"，与帛书此处说"产（生）道"也正相符合，其实都是对于天地之道的观察和体悟。

而帛书的特别之处在于将《损》《益》二卦分属四时，《要》篇中明言

---

① 裘锡圭主编：《长沙马王堆汉墓简帛集成》（叁），北京：中华书局2014年版，第119页。

② 刘彬、孙航、宋立林：《帛书〈易传〉新释暨孔子易学思想研究》，北京：中国社会科学出版社2016年版，第257-258页。

③ 饶宗颐：《论帛书〈要〉篇损益的天文意义——产道与产气》，《饶宗颐二十世纪学术文集》（简帛学），北京：中国人民大学出版社2009年版，第67页。

④ 李学勤：《帛书〈要〉篇的〈损〉〈益〉说》，中国文物研究所编：《出土文献研究》（第3辑），北京：中华书局1998年版。收入李学勤：《周易溯源》，成都：巴蜀书社2006年版，第384页。

"《益》之为卦也，春以授夏之时""《损》者，秋以授冬之时"，就是说《益》代表春夏生长之季，而《损》则代表秋冬凋萎之季。相比之下，今本《易传》虽也说"损刚益柔有时，损益盈虚，与时偕行"（《象传下·损》）、"益动而巽，日进无疆，天施地生，其益无方。凡益之道，与时偕行"（《象传下·益》），但都没有明确表示《损》《益》二卦与四时之间的具体关系。所以《要》篇的作者想必对于天文有着更为深刻的认识。

既然明白了这一点，那么我们认为还是陈剑先生读"产之室"为"产（生）之节"的意见比较可取。这里就是在强调《益》卦代表的是生长的季节，是《要》篇的作者从对天文现象的认识出发而对《周易》作出的解读。

三、"长日之所至"和"长夜之所至"的合理解释与卦气说

正如前文所述，《要》篇中的"长日之所至"一句，研究者多认为是指夏至，而"长夜之所至"则多被认为是指冬至。[①] 近来刘彬先生则提出一种新解，他认为："《要》篇'长夜之所至'，是说从秋分第二天起至冬至第一天止这一段时间到了。因此，'春以授夏之时''长日之所至'，应是指从二月春分第二天起至五月夏至第一天止的一段时间；'秋以授冬之时''长夜之所至'，应是指从八月秋分第二天起至十一月冬至第一天止的一段时间……以现有的卦气说资料，《损》《益》两卦与时的相配，还没发现这种配法。"[②]

他将"长日之所至"和"长夜之所至"都理解作一段时间而非之前学者普遍认为的"二至"定点，这一意见很值得重视。因为我们仔细分析文义可以发现，所谓"长日之所至"与大家所理解的"日长至"含义的确有所不同，此前的学者似乎并没有注意到这一点，而将其径直等同于夏至和冬至的定点，现在看来就不是很妥当。在这一点上，饶公虽已经意识到了"产气"的运动往复的过程，但依然囿于"二至"看法的成见，没能将"长日之所至"和"日长至"之间的细微差别进行厘清，这是很遗憾的。

事实上早期也曾有学者提出过《要》篇《损》《益》二卦相配的是春秋二季的说法，如井海明先生从卦象分析认为："《益》，内卦为震；震，卦象为雷，为春。外卦为巽；巽，卦象为风，为夏初。内震（春）与外巽（夏初）

---

① 按，饶宗颐先生的看法则与此不同，他认为："冬至之日，产气开始萌生，故《要》篇谓'长日之所至也，产之室也，故曰益'。"（见饶宗颐：《论帛书〈要〉篇损益的天文意义——产道与产气》，《饶宗颐二十世纪学术文集》（简帛学），北京：中国人民大学出版社 2009 年版，第 66 页。）

② 刘彬、孙航、宋立林：《帛书〈易传〉新释暨孔子易学思想研究》，北京：中国社会科学出版社 2016 年版，第 258－259 页。

相结合而成为《益》。《益》，是正月卦，气应在立春，故'春以授夏之时也'。从《损》卦的卦象看，《损》卦，内卦为兑；兑，卦象为秋。外卦为艮；艮，卦象为尾，为终，为冬末。内兑（秋）与外艮（冬末）相结合而成为《损》。《损》，为七月卦，气在处暑，已过立秋，故'秋以授冬之时也'。"[1] 井海明先生没有从"长日之所至"入手，而是直接分析卦象，所得到的结论与刘彬先生不谋而合，只是可惜并没有受到大家的重视。

另外，将"长日之所至"和"长夜之所至"理解为一段时间也正好与文中的"产（生）之室（节）也"一句相合，从春分到夏至的一段时间，正是所谓的"生长的季节"，这也正好印证了将"室"读为"节"意见的正确。

当然，古人对于"二至"节气认识是很早的，一般认为，《尚书·尧典》中的仲春、仲秋、仲夏、仲冬就是指春分、秋分和夏至、冬至，也就是后世二十四节气形成的初始阶段。《左传》中多次提到分、至、启、闭，应该就是指立春、立夏、立秋和立冬这"四立"。一直到《吕氏春秋》中都还只有这八个节气，其中夏至称"日长至"，冬至称"日短至"，即前文所述大多数学者据以解释《要》篇"长日之所至"和"长夜之所至"的文献依据。

古人观察天文，主要是为了服务于农业生产，同时也是礼制的需要，二者相辅相成。《淮南子·诠言训》云："阳气起于东北，尽于西南。阴气起于西南，尽于东北。阴阳之始，皆调适相似，日长其类以侵相远，或热焦沙，或寒凝冰，故圣人谨慎其所积。"饶宗颐先生已指出这里的"积"其实是一个天文专门名词。《石氏星经》称："鬼宿四星在井东。"《正义》称："鬼宿四星，东北一星主积马，东南主积兵，西南主积布帛，西北主积金玉。"[2] 所以《淮南子》的说法也是从对天文的认识出发来体察人间的事物，这跟《要》篇以时节观念解释《损》《益》二卦，并以此指导治国理政是一致的，其文曰："故明君不时不宿，不日不月，不卜不筮，而知吉与凶，顺于天地之心，此谓易道。"

又《史记·封禅书》引《周官》曰："冬日至，祀天于南郊，迎长日之至；夏日至，祭地祇。皆用乐舞，而神乃可得而礼也。"即以天文节气安排礼制，祭祀天地，其本质上仍是农业文明语境下的政治行为。

说回到《要》篇，此处以时节的变化配合《损》《益》二卦，已经明显带有了卦气说的色彩。一般认为卦气说的开创者是西汉时的孟喜，据《新唐书·志第十七上·历三上》记载："十二月卦出于《孟氏章句》，其说《易》本于气，而后以人事明之。京氏又以卦爻配期之日，坎、离、震、兑，其用

① 井海明：《简论帛书〈易传〉中的卦气思想》，《周易研究》2002年第4期，第49页。
② 参看陈遵妫：《中国天文学史》（上），上海：上海人民出版社2016年版，第254页。

事自分、至之首，皆得八十分日之七十三。"按照孟喜、京房一系的卦气说的说法，与《损》卦相配的节气应该是处暑，与《益》卦相配的则是立春，所以学者才指出帛书《要》篇的这种配法在现存的文献中还没有见到过。这种情况可能由两个原因导致，一个是二十四节气的体系尚未完备，另一个则是卦气说体系尚未成熟。学者已经指出过，卦气说虽正式形成于西汉，但卦气思想其实渊源很早，即如帛书《要》篇中以"《损》《益》二卦配春、秋二季，就是典型的四象卦气的例子"①。当然，这种卦气思想仍然十分朴素，离形成系统完备的卦气说还甚远，所以在后世与卦气说有关的材料中找不到这样的配合也是很自然的。

四、小结

总体来看，帛书《要》篇对《损》《益》二卦的论述说明《要》篇的作者具备一定的天文知识，对于节气和卦气思想都有一些了解。《要》篇的这段材料是阴阳、时节学说与《周易》融合最终形成卦气说的影子，对我们了解卦气思想的渊源很有帮助。

学者们在对这段文字的研究中也都注意到了其中的天文意义，但是有一些解读则不够准确，对其中卦气思想的揭示也还不够深入。孟喜卦气说的核心思想在于把《周易》与阴阳二气的消长结合，以服务于当时天人感应的政治学说。这种趋势在帛书《要》篇中其实已经能看得出来，如《要》篇最后云"损益之道，足以观天地之变，而君者之事已"，正是将易卦、天文和政治结合起来的一次尝试。

① 井海明：《简论帛书〈易传〉中的卦气思想》，《周易研究》2002 年第 4 期，第 49 页。

道德文章　一脉相承

——饶宗颐的薛侃研究述评

潮州市饶宗颐学术馆　陈伟明*

摘要：汉学泰斗饶宗颐先生自幼留心乡邦文献，对前贤尤为推崇。特别对于明代大儒薛中离先生的研究，持续不断，并屡有著述。通过撰写《薛中离年谱》、点勘《廷鞫实录》等事例，可以看出饶先生对儒家精神的继承和弘扬，道德文章与之前后遥相契合。

关键词：饶宗颐；薛中离；儒学

薛侃（1486—1545），字尚谦，因曾讲学于中离山，世人称中离先生。明代潮州府揭阳凤陇（今隶潮州市潮安区）人。薛侃富有文才，明武宗正德十二年（1517）中进士后，即以侍养归，偕其弟俊、侨和侄宗铠等至江西赣州拜王阳明为师，归传阳明学，为岭表大宗。薛侃著有《中离集》。薛侃是明代中叶著名理学家，受学于王阳明先生，得闻良知之旨。后在潮州筑宗山书院，广泛传播"王学"，岭东士风为之一变。黄宗羲在《明儒学案》中将薛氏一门之学归入"粤闽王门学案"中。饶宗颐先生自幼留心乡邦文献，对前贤尤为推崇。特别对于薛中离先生的研究，持续不断，并屡有著述。饶宗颐先生从续修《潮州艺文志》时收录和考证其著作，到撰写《薛中离年谱》、点勘《廷鞫实录》，以至2010年为惠州作《挂榜阁记》提到其《西湖记》，跨时七十余载。下文通过饶先生对薛侃的研究成果进行归纳，以探索两者之间的渊源。

一、撰写《薛中离年谱》

潮州自古人才辈出，代不乏人。但饶先生为先贤撰写年谱者，却只有薛

---

*　作者简介：陈伟明（1961—　），广东潮州人。潮州市饶宗颐学术馆馆长，副研究员。

中离和郭之奇二人。可知他对这两位前贤推崇心仪之至。饶先生所撰写的《薛中离年谱》共五万余言，在此之前，尚未见到为薛中离先生撰写年谱者。根据《薛中离年谱·跋》中的记载：

> 比者，广东文献馆将刊行《广东文物》特辑，叶玉虎、简驭繁两先生征文于余，以中离思想事迹为题，乃于凤陇薛家假得《薛氏族谱》，参以先生《文集》，撰次为谱，著其行事，系年纪要。[1]

叶玉虎即叶恭绰（1881—1968），字裕甫（玉甫、玉虎、玉父），又字誉虎，号遐庵，晚年别署矩园，室名宜室。叶恭绰为广东番禺人，著名书画家、收藏家、政治活动家。早年毕业于京师大学堂仕学馆，后留学日本，加入孙中山同盟会。曾任北洋政府交通总长，孙中山广州国民政府财政部部长，南京国民政府铁道部部长。1927年出任北京大学国学馆馆长。鼎革后任中央文史研究馆副馆长，第二届全国政协常委。简驭繁即简又文（1896—1979），字永真，号驭繁，笔名大华烈士，斋名猛进书屋。中国当代史学家，著名的太平天国史专家，广东新会人，曾任冯玉祥军中政治部主任，广州市教育局局长，立法委员，广东文献馆主任，香港大学东方文化研究所研究员。叶玉虎、简驭繁二人当年主持广东文献馆，都是介于文坛与政界之间的大有力者。由以上材料可知当年广东文献馆将刊行《广东文物》特辑时，叶玉虎、简驭繁二人向饶宗颐先生征稿，饶先生以中离思想事迹为题撰写年谱，这是他撰写《薛中离年谱》的原因；而最重要的因素则是饶先生受前贤的高风亮节所感召，志在发扬前贤的潜德幽光，保存乡邦之文献。

在撰写年谱的过程中，饶先生旁征博引，上至国史，下至家传，引用了《薛氏族谱》《家传》《王阳明全书》《稽愆集》《知非记》《传习录》《翁襄敏东涯集》《林东莆集》《图书质疑》《明史》《潮州府志》等文献资料。其间饶先生曾借阅《薛氏族谱》，大大丰富了年谱自身的原始资料，使年谱中关于中离先生的先祖昭穆、昆仲兄弟、后嗣子孙等皆有详细的记载，勾勒出一幅完整而又清晰的凤陇薛氏世系图。

对于中离先生的道德学问，饶先生尤为推崇，他评价说：

> 中离先生为王门高弟，首钞《朱子晚年定论》，刻《传习录》，于师门宗旨，多所敷发。阳明居赣州，先生偕兄俊及群子弟往问业。由是杨骥、鸾兄

---

① 饶宗颐：《薛中离年谱》，《饶宗颐二十世纪学术文集》（卷9），北京：中国人民大学出版社2009年版，第991页。

弟，黄梦星、林文、余善、杨思元、陈明德、翁万达、吴继乔辈，闻风兴起。王学盛行于岭南，论者咸推功于先生焉。先生之学，有入门、有归宿，一生气魄，百折不回。①

饶先生对薛中离师从王阳明，并使王学盛行于岭南，评价甚高。另外，此年谱详略得当，其中关于中离先生到各地讲学的记载尤详。从正德十三年（1518），中离先生与同门讲学不辍，到嘉靖二十三年（1544）居玉壶洞，日质经传。其间曾讲学于中离山、筑书院于宗山、留处浙江青原书院、结斋于梅林、留居惠州寻乐堂、迁丰山永福寺等地，让我们看到了一位传播理学、知行合一的大儒形象。而年谱中关于中离先生的学说和廷鞫经过的记载则从简，原因在于学说皆体现在《薛中离先生全书》二十卷中，而廷鞫经过见于叶蕚《廷鞫实录》。由此可见，饶先生在撰写年谱时，对于材料的甄选和取舍有所侧重，使年谱能够全面概括谱主的生平，而又重点体现其不为人知的事迹，发挥了年谱钩沉补佚的功能。因此，《薛中离年谱》也为后世撰写年谱者提供了典范和借鉴。

二、点勘《廷鞫实录》

嘉靖十年（1531），中离先生受彭泽、张孚敬陷害，向皇帝上《复旧典以光圣德疏》，请嘉靖帝在未有子嗣时，先择亲王之贤者居京师，因而触怒嘉靖帝，遂下大狱，受严刑拷打，但他铁骨铮铮，宁死不屈。后皇帝审明实情，才放薛侃出狱，削职为民。《廷鞫实录》是明代惠州大儒叶蕚记录中离先生在明嘉靖十年因上疏建言，而下狱廷鞫之事。中离先生莅惠讲学时，叶蕚曾侍讲席。因此对于薛侃被鞫之事了解颇详。《廷鞫实录》虽然区区五千余字，但为后世了解明代中期朝廷纷争提供了珍贵的资料。自问世以来，流传未广，几成绝响。在明末尚有刊本，到了清初，已很难得见。饶先生在1932年曾访潮州城南书庄，从中检得明本的《廷鞫实录》，此书刊自崇祯戊寅（1638）间，是中离先生的曾孙薛茂梣所刻。饶先生得见此书喜出望外，"披卷摩挲，如获玙璧，篝灯讽览，恍接忠仪"②。饶先生博采群书，对《廷鞫实录》进行校订，广泛收集殊闻，分辨异同。之后再过两年，饶先生又对《廷鞫实录》

---

① 饶宗颐：《薛中离年谱》，《饶宗颐二十世纪学术文集》（卷9），北京：中国人民大学出版社2009年版，第991页。

② 饶宗颐：《廷鞫实录序》，《饶宗颐二十世纪学术文集》（卷14），北京：中国人民大学出版社2009年版，第271页。

重加点勘。在《廷鞫实录序》中，饶先生对中离先生给予极高的评价和赞誉：

> 揭阳薛侃先生，诞禀中虚之质，体受怀刚之性，有陈宓信道之笃，兼屠
> 嘉守节之贞；立脚圣门，敛手权路，信目思谦，披心尚隐。大明际逆瑾怀异
> 之日，城王出封；先生当储事讳言之秋，独议复典。一疏恳恼，早具折槛之
> 忱；九天蔽蒙，终却犯颜之谏。乃由大奸在位，虞并肩之夺宠；爰构机罟，
> 兴锦衣之大狱。①

在《廷鞫实录》中，记载了中离先生以"质虚之体"遭受了"吊""掠"
等残酷刑罚，仍然一词不改，不欺良心。此事迹当能惊天地、泣鬼神。饶先
生在《薛中离年谱》中对此有详细的记载："二十八日，先生被提，次日廷
鞫。(《廷鞫实录》)拷掠备至，先生独自承。累日狱不具，泽挑使引言。先
生瞋目曰：'疏，我自具。趣我上者，尔也。尔谓张少傅许助之，言何豫?'
给事中孙应奎、曹汴揖孚敬避，孚敬怒。应奎等疏闻，诏并下言应奎、汴诏
狱，命郭勋、翟銮及司礼中官会廷臣再鞫，具得其实。帝乃释言等，出孚敬
密疏二示廷臣，斥其忮罔，令致仕。先生为民，泽成大同。(《明史》本
传)。"② 后来其曾孙薛茂杞在《中离集·跋》中写道："每读遗集，辄恍惚
音容如睹；然至廷鞫之变，泪辄泫泫下也。"③ 今读斯言，尤令人黯然神伤。
百世之下，必定有感于《廷鞫实录》此文者。张明弼《中离集·序》概括为
"讯七次，榜掠万端，公毙而复苏者数四，终不变，可谓杀身成仁"④。饶先
生对中离先生在廷鞫事件中大义凛然的表现也有概括："先生七次被鞫，一词
弗易，屹若泰山，硬如锻铁，幽有鬼神，明有君父，玄首可断，赤志无欺，
浩然之气，亦云伟矣。"⑤ 此语也成为对中离先生的气节最为中肯而精辟的
评价。

---

① 饶宗颐：《廷鞫实录序》，《饶宗颐二十世纪学术文集》(卷14)，北京：中国人民大学出版社
2009 年版，第 271 页。
② 饶宗颐：《薛中离年谱》，《饶宗颐二十世纪学术文集》(卷9)，北京：中国人民大学出版社
2009 年版，第 970 页。
③ 饶锷、饶宗颐：《潮州艺文志》，《饶宗颐二十世纪学术文集》(卷9)，北京：中国人民大学
出版社 2009 年版，第 431 页。
④ 饶锷、饶宗颐：《潮州艺文志》，《饶宗颐二十世纪学术文集》(卷9)，北京：中国人民大学
出版社 2009 年版，第 429 页。
⑤ 饶宗颐：《廷鞫实录序》，《饶宗颐二十世纪学术文集》(卷14)，北京：中国人民大学出版社
2009 年版，第 271 页。

三、道德文章遥相契合

古往今来，"德"和"学"一直是作为衡量和评判人的行为标准。饶先生在《薛中离年谱》跋中写道："先生之学，有入门、有归宿，一生气魄，百折不回。"①"有入门、有归宿"即指文章学问方面，与《廷鞠实录序》中的"立脚圣门"相一致，皆言中离先生能继圣贤之道，以明"良知"之旨。在《潮州艺文志》中，收录的关于中离先生的著作或后世整理的总集共有十种，分别为《图书质疑》《易传性理》《经传论义》《鲁论真诠》《西湖记》《研几录》《阳明则言》《乡约》《训俗垂规》《薛中离先生全书》。从以上书目可见，中离先生对于学问的阐发是植根于传统的儒家经典，不曾脱离儒家轨道，如《易传性理》《经传论义》《鲁论真诠》。而饶先生的评价所提到的"一生气魄，百折不回"，即指道德节操方面，尤其以廷鞠事件最为突出，饶先生对此的评价不可谓不高。再从廷鞠事件来看，中离先生上《复旧典以光圣德疏》，提出建立皇储之策，乃为明室的社稷着想，不料为奸臣构害，下狱廷鞠，终致削职为民。后来明世宗在敕谕中也承认这份奏疏是"发不讳之言，据其言似忠谋远虑"。因此，上疏建言体现了中离先生敢于直谏的大无畏精神，而廷鞠不屈则体现了其作为儒者所具有的正气和节操。

饶宗颐先生幼耽儒家经典，深受儒家思想的影响，自然与传统的文人学者有着诸多相似之处。除了文章师承古人之外，其精神也与儒家文化一脉相承。如抗战期间，饶先生任无锡国专教职，奔走桂林，入大瑶山，历经艰辛，犹不忘借诗词抒发忧国忧民之情思，故而有《瑶山集》问世。再如20世纪70年代，饶先生执教新加坡国立大学，其间，曾讲学于美国耶鲁大学。虽身处异国他乡，但他的家国之思，每每见于笔端，如《冰炭集》《榆城乐章》等。从饶先生这两个时期所写诗词中，我们可以感受到饶先生满怀浓厚的爱国思乡之情结和强烈的忧患意识。这种情操与中离先生匡时济世、心忧黎庶的精神何其相似，这和两者都深受儒家文化影响有着密不可分的联系。最后，我们回归到中离先生和饶先生的"德"和"学"两方面，可以看出二位大学者虽相隔400余载，但在道德文章方面却有一种隔代相传、遥相契合的内在关系。

---

① 饶宗颐：《薛中离年谱》，《饶宗颐二十世纪学术文集》（卷9），北京：中国人民大学出版社2009年版，第991页。

四、结语

　　薛中离先生和饶宗颐先生古今两位大儒，同出于岭东，皆吾潮之翘楚。中离先生既为王门学派之余脉，又为岭东理学开山之祖，饶先生受前贤精神和事迹的影响，为之撰写年谱、点勘《廷鞫实录》，辨正著作的版本源流，如其所言："用表往哲謇正之操，藉匡末世狂简之习。"① 其实这也是他对儒家精神的继承和弘扬。纵观饶先生治学的领域和成就，陶熔古今，学贯中西，涉及甲骨学、简帛学、敦煌学、文学、史学、中外关系史等，但儒学对他的影响最为深刻。儒家的精神文化和气节情操贯穿他治学的一生。

① 饶宗颐：《廷鞫实录序》，《饶宗颐二十世纪学术文集》（卷14），北京：中国人民大学出版社2009年版，第271页。

《南山诗》与《大千居士六十寿诗》

韩山师范学院文学与新闻传播学院　赵松元

喀什大学人文学院　常娜娜*

摘要： 韩愈《南山诗》以其不拘一格之个性突破诗歌"温柔敦厚"的传统审美特质，而成唐诗特出之作。其峻拔奇伟、秀丽清美两兼的庞大意象群，在诗人高旷豪迈的气度和极尽铺排的赋家笔法下参与诗篇整体风格的塑造，丰富了诗篇的审美内蕴。时隔千年，饶宗颐先生追和《南山诗》，步其一百又二韵成《大千居士六十寿诗》，在诗歌体式、用韵、赋法铺排之技巧及精神气度方面对韩诗有所承继，但又不尽相同。饶诗语言不似《南山诗》之生涩怪奇和节奏密集，而以平易疏朗出之；在诗歌形式上，饶诗较之韩诗的特殊之处在诗歌主体之外的带有学术性质的小序；诗法技巧方面，《南山诗》在长篇铺排摹写南山状貌之后集中性地进行议论和颂赞，饶诗亦乃"以文为诗"，但叙写中间发议论，属夹叙夹议。总体观之，饶诗在承继韩诗的基础之上亦实现了自身的创变。

关键词： 意象；追和；承变

一、引言

韩愈自幼刻苦学儒，"日记数千百言，比长，尽能通六经、百家学"①。这种出入于经史百家，熟稔于六义经典的深厚学养与其尚奇弘通的性格融会贯通，使诗文呈现出沉雄高迈的气度。此外，韩愈为文主张"惟陈言之务去"②，其诗歌创作亦不离此一影响。清代叶燮言其诗乃"唐诗之一大变，其

＊ 作者简介：赵松元（1961— ），湖南武冈人，韩山师范学院文学与新闻传播学院教授、饶学研究所所长；常娜娜（1992— ），甘肃嘉峪关人，丽江文化旅游学院教师。

① （宋）欧阳修、宋祁：《新唐书》，北京：中华书局1975年版，第5225页。

② （唐）韩愈著，马其昶校注：《韩昌黎文集校注》，上海：上海古籍出版社2018年版，第200页。

力大，其思雄，崛起特为鼻祖"①，这种新奇创变在其《南山诗》里可尽窥一斑。千年之后，在韩文公治潮的流风余韵里成长起来的饶宗颐先生，以其不凡胸襟次《南山诗》一百零二韵成《大千居士六十寿诗》，以此祝贺画家张大千六十寿辰。此诗虽为祝寿和韵之作，但在承继韩诗的基础上融入学问思理，实现了出新求变，并使此一和韵之作另具价值和意义。

二、《南山诗》略说

（一）有别传统之体制

由《诗三百》起源，中国传统诗歌历经了千载的长途远道。孔子于《论语·阳货》篇曰"诗，可以兴，可以观，可以群，可以怨。迩之事父，远之事君，多识于鸟兽草木之名"②，又云："入其国，其教可知也。其为人也，温柔敦厚，《诗》教也。"③ 由此而后，三百余篇先民的即兴表唱不再只是单纯的表情达意之作，而是被赋予了体物抒怀、美刺教化等实用功效。后至《楚辞》，浪漫奇诡且想象飞腾的风格又另开一诗域光景，屈子《离骚》可谓内容幻漫奇极而情感至深。再有"皆感于哀乐，缘事而发，亦可以观风俗，知薄厚"的两汉乐府诗和五、七言文人诗，④ 这其中以游子羁旅情怀和思妇闺阁愁怨为基本内容的文人五言诗——《古诗十九首》，将幽微细致的情思感慨和人生世理表现得质朴深刻而动人悱恻。诗至魏晋，"三曹"⑤、"七子"⑥ 共同撑起建安诗坛，成就了文学史上受人追摹瞻仰的"建安风骨"；此外，"竹林七贤"⑦ 饮酒服药谈玄说理，"太康八诗人"⑧ 诗风迥异。此一时期陶渊明

---

① （清）叶燮撰，蒋寅笺注：《原诗笺注》，上海：上海古籍出版社 2014 年版，第 69 页。

② （三国魏）何晏注，（宋）邢昺疏：《论语注疏》，李学勤主编：《十三经注疏》（标点本），北京：北京大学出版社 1999 年版，第 237 页。

③ （汉）郑玄注，（唐）孔颖达疏：《礼记正义》，李学勤主编：《十三经注疏》（标点本），北京：北京大学出版社 1999 年版，第 1368 页。

④ （汉）班固撰，陈国庆编：《汉书艺文志注释汇编》，北京：中华书局 1983 年版，第 184 页。

⑤ "三曹"：三国时期魏武帝曹操与其子魏文帝曹丕、陈思王曹植的合称。

⑥ "七子"：文学史上一般指汉建安年间的七位文学家：孔融、陈琳、王粲、徐幹、阮瑀、应玚、刘桢，合称"建安七子"。

⑦ "竹林七贤"：文学史上一般指三国魏正始年间的七位名士：嵇康、阮籍、山涛、向秀、刘伶、王戎、阮咸七人。因其常于当时之山阳县竹林间诗酒集会，故而以此合称。

⑧ "太康八诗人"：文学史上一般指西晋太康年间有突出诗才的八位文学家，即张载、张协、张亢；陆机、陆云；潘岳、潘尼及左思。钟嵘《诗品序》中将其并称为"三张""二陆""两潘""一左"。详见（南朝梁）钟嵘著，曹旭集注：《诗品集注》，上海：上海古籍出版社 2011 年版，第 24 页。

的诗歌在延续魏晋古朴之风的同时又辟一方田园风光，扩展了诗歌题材的范围。南北朝诗歌发展除去民歌，以山水诗的发展和齐梁声律论的提出最为瞩目，极力描摹，追求声色，是这一时期山水诗的突出特点。刘勰《文心雕龙·明诗》言谢康乐的山水诗"情必极貌以写物，辞必穷力而追新"①，宫体诗对声律、辞藻、用典和对偶的穷力追求等亦是此种特点之体现。到李唐王朝，经过历代积累，诗歌发展无论是在题材范围之扩展还是在声调格律之成熟，抑或是在诗人诗作之丰富上都夺人眼目，成就了气势恢宏的"盛唐气象"。

由此而观，传统诗歌一路行至中唐，尤其是从魏晋至唐中叶，"这是五七言古诗繁荣发展并达到鼎盛的阶段，也是五七言近体诗兴起、定型并达到鼎盛的阶段"②。诗歌形式基本上经历了一个由四言句式至五七言近体诗的发展过程，诗歌的情感表达也大多呈现出"温柔敦厚"之态。然至中唐诗坛之韩愈，以其豪劲开阔的气魄锐意创新，营造出一片怪奇雄肆之诗域，开唐诗之新貌。《唐才子传》言其"至若歌诗累百篇，而驱驾气势，若掀雷走电，撑决于天地之垠。词锋学浪，先有定价也"③，这一特点在其《南山诗》中有突出体现。关于《南山诗》，尽管历来学者对其褒贬不一，但其"以文为诗"又以赋法铺排的诗法技巧，及一百零二韵，一千零二十字的"鸿篇巨制"，加之庞大而复杂的意象群，皆使其有别于此前的诗歌样貌而在千葩竞绽的诗苑中醒人眼目。这诸多意象对诗歌整体风格的形成起到了较之结构、技巧更为直观的作用，给人以视觉冲击的同时带来有别于传统审美的新体验。

（二）庞大奇丽之意象

关于《南山诗》的创作时间和背景，宋代方崧卿《韩文年表》纪行一栏中记："元和元年丙戌，六月，自江陵府召拜国子博士，公时年三十九"④，赋、古律诗、联句一栏中录《南山诗》在内。又宋洪兴祖《韩子年谱》中记："自十九年冬谪阳山，至今夏召还，积三十月矣。"⑤"十九年"，即指唐德宗贞元十九年癸未，即803年，时韩愈36岁。由此来看《南山诗》当是创作于元和元年丙戌（806）韩文公结束两年半的贬谪，从连州阳山令迁江陵府国子博士之时。

---

① （南朝梁）刘勰撰，范文澜注：《文心雕龙注》，《中国古典文学理论批评专著选辑》，北京：人民文学出版社1958年版，第67页。
② 袁行霈主编：《中国文学史》，北京：高等教育出版社2005年版，第13页。
③ 傅璇琮主编：《唐才子传校笺》，北京：中华书局1987年版，第455页。
④ （宋）吕大防等撰，徐敏霞校辑：《韩愈年谱》，北京：中华书局1991年版，第96页。
⑤ （宋）吕大防等撰，徐敏霞校辑：《韩愈年谱》，北京：中华书局1991年版，第96页。

《南山诗》为五言长篇古诗，这种篇幅不似律诗绝句之严苛于字数和平仄韵律，"这样的结构，容许散文式议论，容许词赋式的铺叙，可以畅所欲言，将自己的思想、感情、知觉清晰细致地表达出来"①。而这也是部分前辈学者对其评价产生分歧的原因之一。誉之者以其堪比《子虚》《上林》二赋，亦可比肩杜甫《北征》之篇。贬之者则以其失诗之韵味，可不作也。争论如此，但《南山诗》中的意象确乎夺人眼目，且其对于诗篇风格之形成所起的作用并不逊色于诗法技巧和诗篇形式，因此，笔者以为其并不失探讨的意义。

首先，《南山诗》② 里出现的意象七十有余，从内容上大致可以分为山水岭陆、四时气象、草木鸟兽、神灵人物及其他、《周易》卦象和其他意象这几类，具体来说：

山水岭陆的意象主要涉及"崇丘""缕脉""岫""岩峦""危峨""杜墅""毕原""岭陆""塝""湫""峻涂""冢顶""波涛""沮洳""坟墓""莹琇"及太白山、昆明池等。

四时气象的意象主要有"蒸岚""横云""风气""霰""秋霜""冰雪""长冰""清霁""春阳""雷电""新曦""月"等。

草木鸟兽的意象主要是"鹏""百木""猱狖""林柯""鷇""杉篁""蒲苏""鼯鼬""雏""马""鳖""龙""鹜""鱼""萍""兽""鱼虾""笋"等。

神灵人物及其他之意象为"巨灵""夸娥""贲育""友朋""先后""峨冠""舞袖""战阵""剑戟""介胄"等。

较为特别的两个《周易》卦象："剥"和"姤"。还有其他一些意象，如"辐""船""注灸""篆籀""盆罂""登豆"等。

其次，这些意象在整体风格上主要呈现出峻拔奇伟和秀丽清美两个特点。其一，就其峻拔奇伟的一面来看，山水岭陆类意象多呈现出峻拔雄伟之态。如诗歌开篇总叙终南山位置时云："吾闻京城南，兹惟群山围。东西两际海，巨细难悉究"，群山环绕且东西连绵，自是雄伟开阔之景。再如"尝升崇丘望，戢戢见相凑"，登上高丘远望，众峰相聚相凑而成严峻之气势。"横云时平凝，点点露数岫"，山峰高耸，云横浮在山穴之处。又如"新曦照危峨，亿丈恒高袤"，此处写终南山冬季初阳照耀冰雪覆盖的险峰高山的景象。草木鸟

① 黄挺：《〈华山赋〉与〈南山诗〉：韩愈诗歌风格的形成》，《韩山师范学院学报（社会科学版）》，1988年第1期，第16页。

② 本文所引韩愈《南山诗》诗句原文皆出自（唐）韩愈著，屈守元、常思春主编：《韩愈全集校注》（第1册），成都：四川大学出版社1996年版，第321－324页，以下引用诗句原文将不再具体标注。

兽类的有些意象则显得神奇怪异，充满灵性。如"鱼虾可俯掇，神物安敢寇。林柯有脱叶，欲堕鸟惊救"。韩文公笔下的炭谷湫里的鱼虾乃是神物，故不敢随意捕抓。因怕林间木叶掉落坏了湫水之纯净，于是鸟儿有灵，便衔了它飞去。神灵人物及其他意象中所提及的"巨灵""夸蛾"以及"贲育"也充满了传奇色彩。巨灵乃河神，夸蛾乃山神。关于"贲育"，颜师古曰："孟贲、夏育，皆古之力士也。"① 对于两个《周易》卦象，诗中曰："或前横若剥，或后断若姤。"文说云："剥卦，艮上坤下，五阴而一阳，一阳为上九，故曰前横。姤，卦名。乾上巽下，一阴而五阳，一阴为初六，故曰后断。"② 其二，《南山诗》秀丽清美的意象特征主要体现在对终南山四时气象的描写当中。"蒸岚相颓洞，表里忽通透。无风自飘篸，融液煦柔茂。"湿润的水汽浑融而起，于山间弥漫扩散，虽无风力相助亦可闲散自由来回飘飞，终呈现出一片透明澄澈的清冽静美之景。"天空浮修眉，浓绿画新就"，山脉绵延相连，远望去仿佛刚画就的娟娟黛眉，此处的山脉不同于别处的险峻怪奇，而多了一份婉丽秀美之态。"春阳潜沮洳，濯濯吐深秀""冬行虽幽墨，冰雪工琢镂"，春日照耀山谷林木的暖阳，冬日雕镂南山形貌的冰雪造就了终南山秀妍美好的四时风景形态。

再次，就这些意象的虚实来看又有主观想象和客观存在之别。主观想象的意象主要集中在诗人登临终南山顶览观周遭时所使用的五十一个"或"字句中。这五十一个"或"字句由"前低划开阔，烂漫堆众皱"统领而起，随后排比铺陈，仿佛珠玉落盘，连贯而下势不可挡，又以比喻、比拟③的手法极尽"众皱"之百态，是《南山诗》中诗人"大手笔"的集中体现。关于此句之解，朱熹云："忽至山顶，则豁然见前山之低，虽有高陵深谷，但如皱物微有蹙摺之文耳"，"'众皱'为下文诸'或'之纲领，而诸'或'乃'众皱'之条目"。④ 由此来看，"众皱"，即这些高陵深谷，是往后种种喻体和拟体之本体，属客观存在之意象，而主观想象之意象则由部分比喻句中的喻体和比拟句中的拟体两部分构成。具体来看，其一，存在意象的"或"字比喻句近三十个，这里试举几例来看，如"或竦若惊雉"；"或翩若船游，或决若马

① （唐）韩愈著，屈守元、常思春主编：《韩愈全集校注》（第 1 册），成都：四川大学出版社1996 年，第 342 页。

② （唐）韩愈著，屈守元、常思春主编：《韩愈全集校注》（第 1 册），成都：四川大学出版社1996 年，第 346 页。

③ 比拟：根据想象把物当作人写或把人当作物写，或把甲物当作乙物来写，这种辞格叫比拟。详见黄伯荣、廖序东主编：《现代汉语》，北京：高等教育出版社 2011 年版，第 195 页。

④ （唐）韩愈著，屈守元、常思春主编：《韩愈全集校注》（第 1 册），成都：四川大学出版社1996 年，第 321 页。

骤"；"或乱若抽笋，或嵲若注灸"；"或累若盆罂，或揭若登豆"；"或覆若曝
鳖，或颓若寝兽"；"或蜿若藏龙，或翼若搏鹫"；等等。这些诗句里的意象虽
然是客观的，但因其都是诗人想象而成，故而这些意象便与真正客观存在的
意象之间"隔"了一层，成了虚写之景象。其二，"或"字比拟句有"或如
贲育伦""或如帝王尊""或齐若友朋，或随若先后"和"或戾若仇雠"，这
里的五个句子将高陵深谷当作人来写，赋予其人的力量和状态，所以是比拟
句，其中"贲育""帝王""友朋""先后"和"仇雠"这几个拟体为主观想
象之意象。

　　由上来看，韩愈选择这些或峻拔奇伟，或秀丽清美的诗歌意象入诗，它
们共同构成了《南山诗》庞大的意象群，这些意象"是诗人内在情绪或人格
思想与外部对象相交融的复合物，是客观物象的主观化表现"①，所以它们不
再是简单的物象堆积，而是在诗人的匠心驱遣下，以不同的画面组合、勾连
相属而绘出的终南山的"众皱"之态，诗人胸中的豪迈雄阔之气亦在此时融
入而洋溢诗中，使得整首诗篇的风格愈加鲜明可感。或是因缘所致，千年之
后，出生于韩愈曾经贬谪之地潮州的饶宗颐先生，步追继和《南山诗》，且在
此基础上实现自身的新变和突破，融入学人之思想，赋予此首和韵诗作新的
价值和意义。

三、《大千居士六十寿诗》之追和

　　《大千居士六十寿诗》是饶宗颐先生 1958 年创作而成，当时先生 42 岁，
"曾以半日之力，步《南山诗》全韵，为张大千六十颂寿"②，虽是和韵祝寿
之作，但并非空洞地逞才竞能和一味地礼赞歌颂，而是以其"咄咄逼人"③
之势"使人洞精骇瞩"④，在气势胸襟上可与韩诗比肩，又其诗歌内容上
"学"与"诗"合，丰厚了诗歌内蕴，开阔了诗歌境界，使得此诗在步追
《南山诗》的同时，整体上也实现了自身的新变和发展。

　　首先，就饶宗颐先生《大千居士六十寿诗》步追《南山诗》而言。饶诗
对韩诗的继承以及二诗相似之处可从内外两方面来看。其一，在诗歌的体式、

---

　　① 赵松元、肖细白：《古典诗歌的艺术世界》，北京：大众文艺出版社 2008 年版，第 67 页。
　　② 饶宗颐：《饶宗颐二十世纪学术文集》，北京：中国人民大学出版社 2009 年版，第 489 页。
　　③ "咄咄逼人"：语出饶宗颐先生《大千居士六十寿诗》诗前小序，其言："伍叔傥见之，语余
曰：'此真咄咄逼人。'"详见饶宗颐：《文录·诗词》，《饶宗颐二十世纪学术文集》（第 20 册卷 14），
台北：新文丰出版社 2003 年版，第 489 页。
　　④ "洞精骇瞩"：语出钱仲联先生为饶宗颐先生《选堂诗存》所作序文。详见饶宗颐：《文录·诗词》，
《饶宗颐二十世纪学术文集》（第 20 册卷 14），台北：新文丰出版社 2003 年版，第 340 页。

用韵和"以文为诗"用赋法铺排的诗法技巧方面外承继韩文公《南山诗》。在诗歌体式上，两诗皆为五言古诗，102 句，1020 字，篇幅巨大。在用韵上，《南山诗》102 韵，"除'覆、戊、仆、陋、富、副、复'七个'u'韵和'茂、愁、裒、督、懋'五个'ao'韵外，九十个'ou'韵，一韵到底"①。饶宗颐先生《大千居士六十寿诗》亦是如此，其诗歌韵脚及其韵脚顺序与《南山诗》丝毫无差，由此可见先生深厚之学识。其二，从诗歌内部来看，在精神气度上二诗具有相似之处，两诗皆反映出了韩文公与饶宗颐先生雄厚的学识才力与高迈阔朗的襟怀。关于饶先生有似于韩文公的精神气度，这或许与韩文公治潮流播下来的文化氛围有关，也与先生治学从韩入手有关。饶宗颐先生 1917 年生于广东省潮安县，即今天的广东省潮州市，就在先生出生的一千多年前的唐宪宗元和十四年（819），韩文公因上表谏止奉迎佛骨而触怒帝颜，于是"一封朝奏九重天，夕贬潮阳路八千"，由刑部侍郎谪为潮州刺史。韩文公在潮时间，洪兴祖《韩子年谱》中记"十四年己亥。春，贬潮州刺史；冬，移袁州"②此处所指的具体时间为元和十四年正月遭贬，三月二十五日到达潮州，十月二十四日移袁州。由此来看，韩文公于潮州停留有七个月。至于韩文公在潮州的作为，皇甫湜《韩文公神道碑》中载："贬潮州刺史。大官谪为州县，薄不治务，先生临之，若以资迁。洞究海俗，海夷陶然，遂生鲜鱼稻蟹，不暴民物。掠卖之口，计庸免之，未相直，辄与钱赎，及还，著之赦令。"③又韩愈《潮州请置乡校牒》中提及"此州学废日久。进士明经，百十年间，不闻有业成贡于王庭，试于有司者。人吏目不识乡饮酒之礼，耳未尝闻《鹿鸣》之歌。忠孝之行不劝"，于是其请秀才赵德专事州学，"出己俸百千以为举本，收其赢余，以给学生厨馔"。④韩文公驱鳄、免庸且置乡校、移旧俗而兴教化，影响了千年之后的潮州。潮人修韩文公祠，山名之以"韩山"，水名之以"韩江"，甚至将韩文公神话化，借此以表崇敬和怀念。饶宗颐先生生于潮州，其"少年即有奇志，有一半应归功于潮州地区的人文传统，归功于韩文公在潮州的流风余韵"。⑤此外，先生少年时期在老师的影响下从韩文入手作古文，"养足了一腔子气"⑥，在其青年时期所作《廷鞫实

---

① 吴振华：《壮采奇情传千载，雄桀瑰伟南山诗：读韩愈〈南山诗〉》，《台州学院学报》2000年第 1 期，第 34 页。

② （宋）吕大防等撰，徐敏霞校辑：《韩愈年谱》，北京：中华书局 1991 年版，第 67 页。

③ （宋）吕大防等撰，徐敏霞校辑：《韩愈年谱》，北京：中华书局 1991 年版，第 189 页。

④ 语出唐代韩愈《潮州请置乡校牒》。详见（唐）韩愈著，马其昶校注：《韩昌黎文集校注》（全三册·下册），上海：上海古籍出版社 2018 年版，第 812 页。

⑤ 胡晓明：《饶宗颐学记》，香港：香港教育图书公司 1996 年版，第 5 页。

⑥ 胡晓明：《饶宗颐学记》，香港：香港教育图书公司 1996 年版，第 6 页。

录序》中可见似于韩文公之气度。而《大千居士六十寿诗》既为和韩之作，又行文笔势纵横，有高迈浑瀚之气象，此种气势与《南山诗》有相似相通之处。

其次，至于《大千居士六十寿诗》对《南山诗》的新变则主要体现在诗歌的语言、形式以及诗法技巧上。其一，就语言来看，在诗歌主体前面的小序中饶宗颐先生说道："不复步昌黎铺张排纂之旧辙，别以严谨结构出之。"① 通观全诗，饶先生此诗的语言不似《南山诗》用语的生涩怪奇和节奏密集，而是别以平易疏朗出之。以诗中叙说大千居士于敦煌时的生活为例："公于敦煌日，绝景欣宿留。凿堂移藕根，惜哉不遂媾。近看盈丈荷，翩翩若舞袖。前尘恍如梦，何年得西狩。"② 这几句诗用语明白浅近，对事件不施浓墨重彩，在似家常闲谈的语言中缓缓回忆又静静感怀。其二，在诗歌形式上，饶诗较之韩诗的特殊之处便在诗歌主体之外的带有学术性质的小序中。在《大千居士六十寿诗》的小序部分，饶宗颐先生引入洪兴祖、王平甫以及蒋之翘对《南山诗》正反两方面的评价，又陈述了方世举和西儒对诸"或"写法是源自《小雅·北山》和《文赋》的观点。③ 在此之后，饶先生引入自己对《南山诗》中"或"字句写法来源的研究，认为其源自马鸣《佛所行赞·破魔品》。小序的最后，饶宗颐先生不仅阐述了自己创作此诗的目的，还记录了他人对自己诗作的评价等相关内容。由此来看，此篇引言不仅结构完整，而且内容充实，是一篇具有学术性质的小文章。它既与后面的诗歌主体相关，也与所和的韩文公《南山诗》有关。关于此点即可体现"纯正的学人姿态和浓郁的诗人气质合二为一，带来现代学人之诗所独具一格的'书卷气'和'学术色彩'"④。这也使得饶宗颐先生的这首和韵祝寿之作变得气韵深沉而内容充实，一如季羡林先生在《清晖集·序》中言："以最纯正之古典形式，表最真挚之今人感情，水乳交融，天衣无缝，先生自谓欲为诗人开拓境界，一新天下耳目，能臻此境界者，并世实无第二人。"⑤ 其三，在诗法技巧方面，饶宗颐先生亦是"以文为诗"，但与《南山诗》相比又稍有不同。《南山诗》在长篇铺排摹写南山状貌之后，于诗篇的最后以"大哉立天地，经纪肖营腠"等七句诗集中性地进行议论和颂赞，并以此结束全诗。饶宗颐先生此诗在以散文的笔法叙写张大千高超之画艺书法和莫高窟摹画之经历以及其域外经游

① 饶宗颐：《饶宗颐二十世纪学术文集》，北京：中国人民大学出版社 2009 年版，第 489 页。
② 饶宗颐：《饶宗颐二十世纪学术文集》，北京：中国人民大学出版社 2009 年版，第 495 页。
③ 见饶宗颐先生《大千居士六十寿诗》诗前序。详参饶宗颐：《文录·诗词》，《饶宗颐二十世纪学术文集》（第 20 册卷 14），台北：新文丰出版社 2003 年版，第 488 – 489 页。
④ 赵松元、刘梦芙、陈伟：《选堂诗词论稿》，合肥：黄山书社 2009 年版，第 255 页。
⑤ 饶宗颐：《饶宗颐二十世纪学术文集》，北京：中国人民大学出版社 2009 年版，第 347 – 348 页。

之事迹的同时，在诗篇的中间随时发表议论，属于夹叙夹议。如从"亦同竖亥步，东西极广袤"至"古今几胜流，登览如公富"。此一小节主叙大千居士之行踪，从川蜀到西康，再至印度大吉岭，又到阿尔卑斯山和昆仑山。最后在"河阳取平远，到此宜惊仆。大痴写虞山，归应自憎陋。古今几胜流，登览如公富"的比较和评议里收束。与此类似的情况还有"夫唯无所作，作必入无究""惟公履其危，璎珞出幽鐾。惟公振其秘，慧日发怐愗。惟公启其方，一洗传模旧""惟公极汪洋，巨壑收众溜""画史何纷纷，谁出公其右"等，这些态度鲜明的评议散布于诗中，使其夹叙夹议的特征一目了然。

由上观之，次韵诗亦可让"诗人探访文化心灵的故人，谛听到历史精神的回声，历验诗人写作的秘径，参与艺术生命的创造"①。时隔千年，饶宗颐先生这首《大千居士六十寿诗》正是对韩文公精神的异代呼应，在承继韩文公的基础上实现新变，不乏价值。

四、结语

《南山诗》与《大千居士六十寿诗》在传统诗歌的发展中皆有其个性。韩愈《南山诗》以文法叙景，用赋笔铺排，又以众多怪奇意象描摹刻画，使其别开诗歌发展之生面。饶宗颐先生《大千居士六十寿诗》以和韵之方式慕追韩愈之《南山诗》，"沿"中有"革"，"革"中自立。具体而言，饶诗"以文为诗"的结篇方式以及102韵、1020字的巨大体制承韩诗而来，诗篇所呈现出的高迈阔朗的襟怀亦与韩诗有所相通。此外，饶诗语言平易疏朗，不似韩诗之铺张排纂。尤需注意的是，饶诗在诗前带有学术性质的小序中考究韩愈《南山诗》中"或"字句的写法源于马鸣《佛所行赞·破魔品》，此可谓其在韩诗基础上的最大创变之处。另外，在诗法技巧方面，两诗虽皆"以文为诗"，但饶诗夹叙夹议的方式与韩诗"曲终奏雅"的写法亦有所不同。总的来看，饶诗气度不失韩诗而又新添深厚的学人之识，使此首和韵诗具备了一定的价值和意义。

---

① 胡晓明：《饶宗颐学记》，香港：香港教育图书公司1996年版，第4页。

贰

饶宗颐印象

识"气象"者必有"气象"

——评赵松元教授等《选堂气象：饶宗颐研究论集》

韩山师范学院文学与新闻传播学院　邓伟龙*

摘要："饶宗颐研究"课题组之所以能在饶学研究的"畏途"上开创新"气象"，其原因就在于：作为研究对象的饶公选堂之学因其无所不包之大而本自成"气象"；而该课题组成员因良好地缘和学缘的关系与饶公有着千丝万缕的联系甚至私交有加，使得该课题组成员能长期近"气象"；同时该课题组成员皆是高校一线的学者、教授甚至是国学和古诗词辞赋创作的方家，有着深厚的学养和研究功力，亦是各具"气象"；又由于该课题组成员能扬长避短，各自选择饶学中自己擅长的领域或问题深入钻研、笔耕不辍，故使得该课题组能识饶学之"气象"并开创饶学研究的新"气象"。

关键词："选堂气象"；近"气象"；有"气象"；识"气象"；新"气象"

由韩山师范学院赵松元教授主持的广东省高校人文社会科学重点研究基地重大项目"饶宗颐研究"（项目批准号：2014WZDXM038）于2019年结项，其成果《选堂气象：饶宗颐研究论集》[①] 一书收录赵松元、蒋述卓、殷学国、陈伟、郭景华、刘涛、肖玉华、闵定庆、孔令彬等专家、教授或学者的专业学术论文21篇，凡33万余字，已于2020年由中国社会科学出版社出版，该书集中展示了课题组成员在饶宗颐诗学、艺术学、文章学及相关方面研究的最新成果。该成果甫一出版便在学术界引起很好反响与较大震动，尤其是其中以非凡的勇气与卓识提出了一崭新的概念或命题——"选堂气象"，得到学界的一致称许与赞誉。如著名学者吴承学先生就评价说："用'气象'一词品评人物、赏诗论文的风气，大概始于宋代，因宋儒大力推崇而形成。程朱理

---

* 作者简介：邓伟龙（1973—　），湖南邵阳人，文学博士，韩山师范学院文学与新闻传播学院教授，主要研究方向为中国古代文论、文学理论、美学和老学。

① 赵松元、殷学国、陈伟主编：《选堂气象：饶宗颐研究论集》，北京：中国社会科学出版社2020年版。

学家提倡养浩然之气，成圣贤气象。士人可以通过涵养气质、变化气质而进入圣贤境界。宋人也多以气象论诗。严羽《沧浪诗话》是其代表。严羽倡导诗学上的'盛唐气象'。"并言："昔者论古文，有'韩潮苏海'之称，令人过目难忘。饶宗颐，字选堂，今者以'选堂气象'论饶公，既不落俗套，又颇为贴切，庶几近之"；"饶公得益于潮州文化熏陶，却又超越其局限，创造并向世界展示了一种新的壮阔的文化精神。其壮阔惟'气象'二字方可涵盖之"。① 那么该成果为何以及缘何能提出"选堂气象"这一既令人过目难忘又不落俗套颇为贴切的概念或命题呢？是故作惊人之语还是理之必然呢？而对这一问题的回答，既牵涉对该成果的客观评价，同时也涉及对饶学研究现状和发展的深层探讨的问题。因此本文不惧谫陋，试为一说。在我们看来，该成果之所以能提出"选堂气象"这一贴切而又富有价值的概念或命题原因如下：

一、选堂之学本自成"气象"

众所周知，就学术研究而言，虽然我们不能反对把学术研究对象自身的价值与学术研究的价值简单等同，但研究对象自身的价值是有大小和高下之别的，因此在一定程度上可以说学术研究对象自身的价值就决定了学术研究的价值，而"选堂气象"的提出首先在于选堂之学本身具有或自成"气象"，而这个自成"气象"又在于选堂之学的"大"，同时其"大"不仅表现为其广度或规模之"大"，而且还表现为其创造或创新与影响之"大"。

先说选堂之学其广度或规模之"大"。大家知道，"虽然学界有'南饶北季'之称，但饶宗颐先生更是作为学者代表的季羡林心目中的大师，先生学贯中西、著作等身，其学术研究几乎涉及中国传统文化的一切方面，并能将中西文化连成一片，融汇作论"②。而要做到"学贯中西""涉及中国传统文化的一切方面"并"将中西文化连成一片"，非"大"不能如此。也正是选堂之学的"大"，因而选堂也"被誉为'有家难归'的大学者和艺术家。'有家难归'，是因为饶宗颐的治学领域非常宽广，现代学科的划分已难让学界对其归类；同时，作为处于中西古今文化汇通潮流中的学人，饶宗颐对学问领

---

① 赵松元、殷学国、陈伟主编：《选堂气象：饶宗颐研究论集》，北京：中国社会科学出版社2020年版，吴承学序第1—2页。

② 肖玉华：《饶宗颐散文论》，赵松元、殷学国、陈伟主编：《选堂气象：饶宗颐研究论集》，北京：中国社会科学出版社2020年版，第187页。

域的发问和阐释的方法也是多种多样，让人难以归类"①。当然这种"有家难归"或"难以归类"也并不是说完全无法对选堂之学进行归纳，胡晓明先生曾将选堂所治之学的范围归纳为甲骨学、简帛学、宗教学、经学、礼学、敦煌学、文学、楚辞学等 14 个门类，② 但事实上选堂之学的广度或规模还不止如此，据赵松元教授研究，选堂之学不仅涉及史学、目录学、甲骨学、简帛学、敦煌学、宗教学、中外关系史、经术、礼乐、文学、诗词学、艺术学、潮学等，其著作、论文、诗作与文学作品更是惊人：2009 年中国人民大学出版社在 2003 年台湾新文丰出版社出版的《饶宗颐二十世纪学术文集》繁体字版基础上出版了《饶宗颐二十世纪学术文集》的简体字版，该书共收入选堂著作 80 种，译注 1 种，论文 520 篇，诗词 1400 余首，散文、骈文、赋约 400 篇，合计 14 卷 20 大册，总计达 1047 万余字。③ 而如据《中国国情读本》之介绍，则选堂之学更是惊人，其云："在 80 多年的学术生涯中，饶宗颐共出版了 100 余种学术及艺术著作，1000 余篇学术论文，被誉为百科全书式的学者"，同时"除了通晓英、德、日、印度、伊拉克等国的语言文字外，饶宗颐还精通希伯来文和巴比伦古楔形文字"。④ 古人尚且有"皓首穷经难穷一经"之叹，更何况选堂之学有如此之广度或规模，故也唯其"大"因而也就有"气象"了。

次说选堂之学创造或创新与影响之"大"。如果选堂之学的"大"只是表现在上述所说的广度或规模之"大"上，那也不一定保证其学有"真气象"，因为毕竟历史上和现实中所谓"占山头""划领地"者夥矣，而多"占山头"、众"划领地"并不代表他有真正的创见或影响，这或许就是古人所云的"样样通而样样松"。但选堂之学则不然，其学不仅广度或规模"大"，其创见与影响也甚"大"甚巨。中山大学姜伯勤教授在《从学术源流论饶宗颐先生的治学风格》一文中说："饶宗颐先生治学特点，在能不断创新，极具开拓本领。喜提出新问题、新看法。在数十年的研究中，饶先生在多个课题上率先研究，处处表现了一种首创精神。"他还从目录学、楚辞学、敦煌学、甲骨学、词学等方面列举了选堂 19 项原创性的学术成果来加以说明，其分别为：①目录学上，率先编词的目录，青年时即著有《词籍考》；②率先编写《楚辞书录》；③楚画研究的先行者；④研究敦煌本《老子想尔注》的第一

① 郭景华：《饶宗颐〈文心雕龙〉研究述略》，孙兴义：《中国文心雕龙学会第十三次年会论文集》，昆明：云南大学出版社 2017 年版，第 85－92 页。

② 胡晓明：《饶宗颐学记》，香港：香港教育图书公司 1996 年版，第 51 页。

③ 赵松元、殷学国、陈伟主编：《选堂气象：饶宗颐研究论集》，北京：中国社会科学出版社 2020 年版，第 15 页。

④ 中华人民共和国年鉴社编：《中国国情读本》，北京：新华出版社 2019 年版，第 321 页。

人；⑤率先把印度河谷图形文字介绍到中国；⑥第一位翻译、介绍、研究《近东开辟史诗》的中国学者；⑦研究《日书》第一人；⑧第一位研究楚辞新资料唐勒所作赋的学者；⑨率先编著《殷代贞卜人物通考》；⑩首治楚帛书；⑪首次辑《全明词》；⑫首次编录星马华文碑刻，开海外金石学先河；⑬首研敦煌白画；⑭首次整理出版《敦煌书法丛刊》29 册；⑮首论南诏禅灯系统；⑯比较文学中首先提出"发问文学"概念；⑰首先在汉字与诗学中研究形声字的美学作用；⑱首先以半坡等地陶符与中近东图形作比较；⑲在日本书道史上发现受隶书影响的一个特别的阶段。① 而胡晓明教授则从上古史、甲骨文、文学艺术史、宗教史、中外文化交流史、地理学、地方史、文献目录、版本学等方面列举了选堂 37 项原创性的学术成果和在学术创新上的 50 项第一。② 同时选堂除着先鞭于诸多学术领域外，还"擅长古典诗词、书画创作。以学养艺、以艺促学，学艺相通，是饶宗颐平生治学的最大特色"，并且"饶宗颐无论是创作还是学术研究，都有一番'先立其大'的恢弘视野，所以，其艺术创作，境界才会如此雄浑博大；其学问领域，才能因时因地，不断拓展精进"。③

清沈德潜说："有第一等襟抱，第一等学识，斯有第一等真诗。"（《说诗晬语》）此处沈氏虽只是就诗歌创作而言，但事实上无论为诗为文为学都需要第一等襟抱，也唯其有大胸襟、大格局才可能有大境界，进而唯其有大境界才可能有"气象"，或换而言之则为"唯其大者自有气象"。而选堂之"气象"，正是建立在这种大胸襟、大格局的基础之上，或言之选堂之学唯其大故自成"气象"。因此吴承学先生说："选堂气象之特色，在于能'大'，就是能够在传统人文领域里展示出罕见的大气魄、大气势、大格局和大胸襟，并获得大成就。饶公的学问与艺术就像大海般浩瀚无涯，我们实在无法测量他的博大。饶公的学术师承不主一家，古今中外，兼收并蓄，又出以己意。他研究学术，完全凭着本性与兴趣去做，永远保持好奇的童心，兴之所至，任情随性，如夏云之千态万状，变幻莫测。所以饶公能达古通今、学贯中西，古今中外一切的文化精华都为其所用，涵盖宇内而融成一炉。在人文学科里，饶公几乎是无所不能，他集学术、艺术于一身，涉及领域之广，水平之高，几乎让人瞠乎其后，奔走骇汗。"④

---

① 郑炜明编：《论饶宗颐》，香港：三联书店（香港）有限公司 1995 年版，第 474 – 475 页。
② 胡晓明：《饶宗颐学记》，香港：香港教育图书公司 1996 年版，第 51 – 56 页。
③ 郭景华：《会通与互文：饶宗颐两汉艺术史论及其当代意义》，赵松元、殷学国、陈伟主编：《选堂气象：饶宗颐研究论集》，北京：中国社会科学出版社 2020 年版，第 119 页。
④ 赵松元、殷学国、陈伟主编：《选堂气象：饶宗颐研究论集》，北京：中国社会科学出版社 2020 年版，吴承学序第 1 页。

二、唯近"气象"者才可能识"气象"

选堂之学本自成"气象"既已如上所述，那么接下来的问题是该课题组成员为何能发现、识别和提出"选堂气象"这一概念或命题呢？我们认为其原因在于：

首先是该课题组的成员都是高校一线的学者、教授，有着良好的学术素养和研究功底。虽然就该课题组成员单个的学术成就和影响而言，实事求是地说没有谁能够超过其研究对象选堂的，但他们每个人都有自己的专长和研究领域，且在该领域有着各自的造诣，如蒋述卓教授是文艺诗学研究的国内大家，在文艺学、美学、文化批评等方面有着突出的实绩和影响；赵松元、闵定庆、孔令彬、刘涛教授是享有盛誉的中国古代文学和诗学研究专家；肖玉华教授是中国现当代文学研究的专家；殷学国教授则是各体文学和中国诗学方面的专家，陈伟老师亦是中国古代文学、诗学研究的新锐。有的甚至自己就是著述等身，如蒋述卓、闵定庆、赵松元教授等。

其次是该课题组有着较好的地缘和学缘。就地缘关系而言，该课题组成员以与选堂所在地香港联系紧密的广东为主，兼涉湖南、上海、江苏等地，而这些地区向来是饶学研究的重镇。具体就该课题组成员所在的工作单位而言，亦可发现其地缘对研究选堂饶学的优势：蒋述卓教授在暨南大学、闵定庆教授在华南师范大学，这两所大学同在广州，而广州和香港是联系最紧密、关系最亲密的现代都市；赵松元、孔令彬、殷学国、刘涛、肖玉华、陈伟等则为韩山师范学院教师，该校就坐落于饶宗颐的故乡潮州，潮州不仅有当地市政府建设的"饶宗颐学术馆"，韩山师范学院曾四次举办"饶学国际学术研讨会"，同时该校还成立了"饶宗颐研究所"科研团队并创立了《饶学研究》学术期刊，而以上学者则均是该科研团队和学术期刊的骨干成员。就学缘而言，该课题组的成员多与饶学研究有着深刻渊源的国内知名高校，如中山大学、华东师范大学、苏州大学等有着千丝万缕的联系：蒋述卓教授就是华东师范大学毕业的博士，师从著名学者王元化、徐中玉先生，而王元化先生则是饶公生前特别推崇的学者之一，据胡晓明教授回忆，饶公曾于2006年秋天到上海时，专程敦促想让王元化先生主持一个大型项目，即"新编经典释文"[1]。其后蒋教授一直在和香港联系密切的暨南大学工作，故其研究饶学可谓得尽天时地利；成员中的郭景华和殷学国教授，其博士学位于华东师范大

① 胡晓明：《万古中流去复还——〈饶宗颐研究文集〉序》，赵松元、殷学国、陈伟主编：《选堂气象：饶宗颐研究论集》，北京：中国社会科学出版社2020年版，第5页。

学取得，且都从师于胡晓明教授，而胡晓明教授则是国内第一个关注和研究并做《饶宗颐学记》的学者，在其影响下，郭景华教授的博士学位论文就是研究饶宗颐的，因此郭、殷二人研究饶学可谓师学渊源深厚；而闵定庆、刘涛和肖玉华教授在苏州大学获得博士学位（其中闵定庆教授亦为中山大学博士后），而苏州大学亦是饶学研究的重镇之一，尤其是钱仲联先生对学人学术的评价可谓一锤定音，而钱先生尤为关注选堂，因此闵、刘、肖三人研究饶学亦是学承有自。综上，这样的地缘和学缘必将为该课题的研究提供很好的外部条件和强大的助推。

最后是该课题组成员均从事饶学研究多年，有着丰富的积累和实绩，且和饶公多有私交。仅就研究实绩中出版的饶学专著而言，其主持人赵松元教授在 2009 年与刘梦芙、陈伟等合著《选堂诗词论稿》①，而该课题组成员从2014 年项目获批以来就出版《饶宗颐诗学论著汇编》《饶宗颐绝句选注》《饶宗颐辞赋骈文笺注》《潮州〈西湖山志〉校笺》等，② 其中《饶宗颐诗学论著汇编》一书还荣获 2018 年光明日报"好图书奖"一等奖和 2019 年潮汕历史文化研究中心第八届"潮学奖"二等奖，《饶宗颐绝句选注》则荣获 2019 年潮汕历史文化研究中心第八届"潮学奖"三等奖；而单篇的论文则更多，可以说《饶学研究》（原《饶宗颐研究》）学刊的大半壁江山就是该课题组成员支撑起来的。就与饶公的私交而言，其中蒋述卓、赵松元教授在饶公生前和饶公多有交往，在学术上也常有探讨，历时长达二三十年，在该课题获批之前二人均有数篇影响较大的研究饶学的学术论文发表；郭景华教授自 2007 年开始专研饶学且多得饶公点拨与教诲，至今也已逾十五载，其博士学位论文就是国内第一篇以饶宗颐为研究对象的博士论文，其后来的著作《观看之道：作为精神史的艺术史——饶宗颐艺术史论研究》就是在博士论文的基础上修改完成的；③ 陈伟老师更是饶公的入室弟子，在调入韩山师范学院之前一直在饶宗颐学术馆工作，其受饶公亲炙多年，故颇得饶公真传，此前曾出版和发

① 赵松元、刘梦芙、陈伟：《选堂诗词论稿》，合肥：黄山书社 2009 年版。
② 赵松元、殷学国、陈伟编：《饶宗颐诗学论著汇编》，北京：光明日报出版社 2017 年版；饶宗颐著、陈伟注：《饶宗颐绝句选注》，广州：暨南大学出版社 2016 年版；饶宗颐著、陈伟注：《饶宗颐辞赋骈文笺注》，广州：暨南大学出版社 2016 年版；闵定庆：《潮州〈西湖山志〉校笺》，北京：中国社会科学出版社 2020 年版。
③ 郭景华：《观看之道：作为精神史的艺术史——饶宗颐艺术史论研究》，长沙：湖南人民出版社 2010 年版。

表有关饶学的专著与学术论文多篇;① 而其他如闵定庆、殷学国、孔令彬教授等均与饶公有着较好的私交与学术交往。

荀子说"蓬生麻中，不扶而直；白沙在涅，与之俱黑"（《荀子·劝学》）；刘勰云"操千曲而后晓音，观千剑而后识器"（《文心雕龙·知音》）。对于学术研究而言亦是如此，研究者只有对研究对象有着深入的了解才可能有研究的深入，因此可以这样说，如果选堂之学是大"气象"，而唯有近"气象"者才有可能识"气象"，而以上该课题组成员之与选堂之地缘、学缘及私交等，就是其近"气象"的具体体现，再加上其长期的积累与深耕，终使得其有可能提出"选堂气象"这一深刻而贴切的命题。

三、唯有"气象"者才能识"气象"

如果说以上论述还只是说明近（即接近或亲近）"气象"（选堂之学之大"气象"）者有可能识（识别、提出）"气象"（选堂气象），但可能绝非必然。那么该课题组缘何能提出"选堂气象"这一命题呢？在我们看来，其所以能如此者，原因就在于该课题组成员本自有"气象"所以才能识（并提出）"选堂气象"，或换言之，唯有"气象"者才能识"气象"。那是不是如此呢？下文试为一说。

大家知道，学术界有个基本的共识，那就是年代越近、影响越大的学者，其研究困难也越大，因此饶学或关于饶宗颐的研究一直被视为学术界的"畏途"，而其之所以是"畏途"，原因就在于选堂之学的"大"。但是任何研究事实首先必建立在理解的基础之上，故按照阐释学大家伽达默尔（H. Gadamer）的观点："理解从来不是一种达到所设定的'对象'之主体行为，而是达到效果历史的主体行为。"② 这也是他所主张的理解：读者（研究者）的视域（界）与历史（作者、文本）的视域（界）的融合并在这一融合基础上而成的新视域（界）。因此要想在饶学或关于饶宗颐的研究中有所创见，就必然要求研究者本身具有如其研究对象那样相应的广度与高度。不过这只是一个理想的要求或标准，事实上就当前学界现状而言，不仅国内学者鲜有能在胸襟、情怀、境界和学术等方面达到选堂之学的程度，即使在国际

---

① 其主要有关饶学的著作和论文有：赵松元、刘梦芙、陈伟：《选堂诗词论稿》，合肥：黄山书社 2009 年版；饶宗颐著，陈伟注：《饶宗颐辞赋骈文笺注》，广州：暨南大学出版社 2016 年版；陈伟：《饶宗颐与汪中之辞赋骈文比较》，《新文学评论》2014 年第 3 期；陈伟：《饶宗颐教授六十岁以后诗词创作述略》，《韩山师范学院学报》2015 年第 1 期；陈伟：《论饶宗颐的七言绝句》，《中国韵文学刊》2016 年第 1 期。

② GADAMER H. Gesammelte Werke. Bd. 2, Tubingen：Mohr Siebeck, 1986：441.

上也罕有其匹。不过这绝不是说现有学者就不能研究或评价选堂之学，古人所谓"作者之用心未必然，而读者之用心何必不然"（谭献《〈复堂词录〉序》）。因此任何人都可以根据自己的特长并按照自己的理解对其所研究的对象进行评价，同时作为研究主体而言还必须做到"你所提出的问题必须是建立在对学术史的梳理基础上的真问题；你所提出的新概念、命题或观点必须是从研究对象出发，是符合研究对象本身而不是向壁虚造的且能运用翔实材料加以论证和证明的，舍此就谈不上学术研究也不可能有所谓的价值"这个最基本的要求。但我们必须承认：研究对象本身很大程度上也就决定了对研究主体的要求，也就是说，唯有研究主体自身的条件（如人格、学识、素养、境界等）尽可能与其研究对象相似或接近才可能产生真正如伽达默尔所说的"视域（界）的融合"，不然如若研究者与研究对象之间差距太大，其结果轻言之是隔靴搔痒、皮相之谈，重言之则为以蠡测海、以莛叩钟，自然也就不可能有真正的创见，古人所谓"惺惺惜惺惺、英雄识英雄"即是；同时具体就研究主体与研究对象而言，因其每个个体各自的特殊性，因而不可能使其完全相同或一致，因此研究者如何扬长避短并尽可能切合研究对象也就成为学术研究的常态和应有之义。

具体到该课题，我们先来谈该课题研究者如何扬长避短并尽可能切合研究对象的问题。诚如上文所述，选堂之学因其大气魄、大气势、大格局、大胸襟和大成就而自成"气象"，依此而言这个"选堂气象"就应该无所不包，而如若这样，我们在提及或谈论"选堂气象"时则会有大而无当之嫌。虽然理论上也可以对选堂之学进行无所不包的研究，但事实上这是不可能的（上文已有提及）。因此该课题研究者从各自最熟悉、最得心应手也是最有创获的诗论、文论和艺术史论入手而不及其余（如选堂的甲骨学、简帛学、宗教学、经学、礼学、敦煌学、楚辞学等），进而将"选堂气象"界定为：特指选堂"格高神远，独步天下"的诗文艺术（尤其是诗词），因其"第一等襟抱，第一等学识融会而成的正大、清旷、高迈、独立的人格风范和精神气韵，创造出清奇雄迈的审美特质"；其中"清，清雅，与浊俗相对；奇，奇特，与平庸相反；雄，雄浑，与秀媚相异；迈，高迈超拔，与窄仄促狭不同"。而"这种超卓非凡的风范气韵与独特的审美形态"即为其所谓的"选堂气象"①。而其之所以如此，原因就在于：一是"气象"一词本来就是诗学、文艺学的术语或范畴。在《"选堂气象"及其养成原因——以〈偶作示诸生〉的文本释读为中心》一文中，赵松元教授在对"气象"一词进行追溯的基础上解释了

---

① 赵松元：《"选堂气象"及其养成原因——以〈偶作示诸生〉的文本释读为中心》，赵松元、殷学国、陈伟主编：《选堂气象：饶宗颐研究论集》，北京：中国社会科学出版社 2020 年版，第 4 页。

"选堂气象"命题提出的成因或理由，他说："从诗学视野来看，'气象'或可用以形容创作主体的精神气韵，或可用以指某一时代、流派的艺术风格及其审美特质，或可用以指构成文艺作品的艺术美的基本要素，或可用以指文艺作品所创造的一种特定的审美形态与艺术境界，而浑厚、雄阔、壮美，则应是'气象'所具有的一个根本性的审美特质。如学界常以'盛唐气象'来表述盛唐诗歌的审美风范，认为盛唐气象是盛唐蓬勃向上、昂扬奋进的时代精神和雄大魄力与雄浑深厚、刚健明朗的艺术审美风貌的呈现。另外，在中国学术文化史上，宋儒曾提出'圣贤气象'，用以形容尧、舜、禹、汤、周文王、周武王、孔子、颜回、曾子、子思、孟子、周敦颐、程颢、程颐、张载十五位圣贤的风度、风范。这些对本文提出'选堂气象'的命题有所启发。"并说："这一'选堂气象'，无论在当代诗界、艺界、学界，均具有重要的典范性意义。"① 二是因为该课题组成员多为诗学、文学或文艺学方面的专门家。上文说到选堂之学在国内与国际学者中罕有其匹，我们也不可能要求每位饶学研究者都能像饶公那样是通才，所以该课题组成员也就只能在自己熟悉的专业领域扬长避短进行饶学研究了。因而实事求是地说，该课题所提出的"选堂气象"特指饶公诗文艺术的超卓非凡的风范气韵与独特的审美形态，虽可能对整个宏大的选堂之学有失偏颇，但就其具体所指则是切中肯綮。

此外，该课题组之所以能提出这一独创的"选堂气象"命题，除却上文所述的其成员能近"气象"外，还有一个很重要的原因就是其成员本自各具"气象"。而对于这些，上文已对该课题组成员的学术专业、研究领域及饶学研究的主要成就等有所介绍，此不复赘。但这里要补充的是，该课题组成员不仅多为诗学、文学或文艺学方面的专门家，而且多是诗文辞赋创作的大家！其中蒋述卓教授除了是文艺学专业的大家外，还因其文学尤其是古诗词创作的卓越成就而被任命为广东省作家协会主席和广东省文艺评论家协会主席；赵松元教授除了是古代文学专业的知名学者外，更是古诗文创作的名家、全球汉诗创作的领军人物之一，其倡导的"诗书教育"历来为其所在单位韩山师范学院教书育人的特色"名片"；陈伟老师更是因古诗词创作而闻名中外，是影响当代诗文创作的"持社""徐社"等社团的领军人物和核心作者之一，其所创古典诗词颇受饶公青睐，故很大程度上可称其为饶公之"入室弟子"；闵定庆教授不仅是唐宋文学、近代文学等方面的专家，亦雅好古诗文创作且颇具影响；而其余成员之如孔令彬、殷学国、刘涛、肖玉华等教授亦颇工古诗文创作，同时也是韩山师范学院"诗书教育"的骨干成员。

---

① GADAMER H. Gesammelte Werke. Bd. 2，Tubingen：Mohr Siebeck，1986：3 – 4.

因此，如果说该课题的研究对象即选堂之学是本自成大"气象"，那么作为研究主体的该课题组成员则至少是在自己的研究领域与创作实践上亦是自成"气象"者，也即有"气象"。到此可见，正因为该课题组成员的自成"气象"、有"气象"，所以才能认识并进而提出"选堂气象"。故简言之，唯有"气象"者才能识"气象"，此或庶几得之。

四、唯有"气象"者才能开新"气象"

不仅如此，我们还应当看到，作为该项目结题成果的《选堂气象：饶宗颐研究论集》一书不唯为学界和饶学研究提创了"选堂气象"这一来源有自、富于创见且又切中肯綮的命题，同时亦开创了饶学研究的众多新"气象"。而这些新"气象"正如赵松元教授在该书"编后记"中所指出的那样：首先"在饶学研究领域，已有饶宗颐史学论著、文学史论著等编辑出版，但一直没有关于饶宗颐的诗学、艺术学、文章学、家学谱系等方面系统性的研究专著"①。而该书则"集结了一批国内饶学研究的重要学者，并多点开花，涉及饶宗颐的精神气象、诗学、文章学、艺术学、家学谱系及其与现代学术之关系"②，"开掘了饶学研究的新论题，开掘了饶学研究的新领域，丰富了海内外饶学研究的成果，从而拓展了饶学研究的深度和广度"③，是饶学研究领域、深度和广度的新"气象"。其次，该书还"以文本汇编、笺注及文本细读为基础，拓展饶学研究的国际视野与历史文化视域，在学术史和近百年学人研究纵横交织的学术背景下，展开对饶宗颐先生学术精神、文学与艺术成就、家学谱系及其学术贡献的深入研究，从而揭示出饶宗颐在文学史、艺术史以及学术史上的重要价值与意义"④，是饶学研究视野与视域的新"气象"。再次，该书在研究方法上"以细读、笺注饶宗颐学术著述为基础，以微观与宏观相结合，个案与史述相结合，理性分析与审美阐释相结合"，"分别从饶宗颐思想人格研究、诗学研究、艺术学研究、文章学研究、家学谱系研究等方面展开研究，力图对饶宗颐的学术、艺术、思想精神、家学传承及其与现代学术

---

① 赵松元、殷学国、陈伟主编：《选堂气象：饶宗颐研究论集》，北京：中国社会科学出版社2020年版，第331页。

② 赵松元、殷学国、陈伟主编：《选堂气象：饶宗颐研究论集》，北京：中国社会科学出版社2020年版，第329页。

③ 赵松元、殷学国、陈伟主编：《选堂气象：饶宗颐研究论集》，北京：中国社会科学出版社2020年版，第331页。

④ 赵松元、殷学国、陈伟主编：《选堂气象：饶宗颐研究论集》，北京：中国社会科学出版社2020年版，第331页。

之关系，做出较为全面、深入的学理阐析"①，是饶学研究方法与实践上的新"气象"。最后，该书"虽对海内外相关研究成果有所借鉴，但多发人之所未发，体现了学术创新的基本要求"，因此该书"对于深入了解饶宗颐的学术、艺术及其当代意义，推进饶学研究的新发展具有积极的意义"，是"近年来饶学研究领域的标志性成果"②，体现了饶学研究学术创新的新"气象"。

具体到课题组的每个成员而言，这些新"气象"则表现为：赵松元教授不仅为学界提出并解释了"选堂气象"这一新命题及其内涵与渊源，而且还以饶公之《偶作示诸生》（其二）为具体文本，细读分析了"选堂气象"之"丰满、充盈、高迈、独立的精神生命和雄浑、清逸的艺术风貌"以及其中的审美和人格范型，进而从"饶公担荷着弘扬中华文化精神的自觉意识与使命意识""'三不朽'的学术理想，及其恢弘出的宏伟博大的气魄，所激发出的旺健的创新精神"和"养心立德、淬炼超卓人格的自觉追求"三个方面探讨"选堂气象"之成因；③ 在《"清"：饶宗颐诗词艺术魅力之审美解读》一文中则从饶公"清气"之养成原因、清气横溢作为饶公诗词的审美特质、文辞意象之"清新雅逸"和意境创造之"清远高旷"的饶公"清"之诗学的三个表现方面揭示了饶公诗词艺术神朗气清、澄明清远的艺术境界和清澄高迈的生命境界。④

蒋述卓和殷学国教授的《饶宗颐〈秋兴和杜韵〉诗学话语分析》一文则从和韵写作的角度，以和韵写作及其具体的诗学批评为研究对象，在文本解析和历史比较的基础上，发明诗学文本间的互文关系，点醒饶公的"秋兴"和作及其研究对于杜甫诗学的意义，揭示了选堂《秋兴和杜韵》突破秋兴节候书写模式，于悲凉、凄凉之外，别造一清凉境界；虽失"杜样"，然别具文化热忱与清醒理智，兼有学人与文士两种体量，不失自我价值与本色，进而中肯地评价其于中国文学的启示价值。⑤ 此外殷学国教授还从选堂的具体登游诗分析出发，揭示了其登游诗的继承与创新并举及雄奇与古雅两种独特风格，而这些都是选堂心灵世界以及深厚学养之体现，更是其继承与创新的完美结

---

① 赵松元、殷学国、陈伟主编：《选堂气象：饶宗颐研究论集》，北京：中国社会科学出版社2020年版，第329页。

② 赵松元、殷学国、陈伟主编：《选堂气象：饶宗颐研究论集》，北京：中国社会科学出版社2020年版，第331页。

③ 赵松元：《"选堂气象"及其养成原因——以〈偶作示诸生〉的文本释读为中心》，赵松元、殷学国、陈伟主编：《选堂气象：饶宗颐研究论集》，北京：中国社会科学出版社2020年版。

④ 赵松元、林钰、陈洁雯：《"清"：饶宗颐诗词艺术魅力之审美解读》，赵松元、殷学国、陈伟主编：《选堂气象：饶宗颐研究论集》，北京：中国社会科学出版社2020年版，第24-40页。

⑤ 蒋述卓、殷学国：《饶宗颐〈秋兴和杜韵〉诗学话语分析》，赵松元、殷学国、陈伟主编：《选堂气象：饶宗颐研究论集》，北京：中国社会科学出版社2020年版，第41-56页。

合，为传统登游诗的发展和创新作出了表率，指出向上一路；① 而饶公的"形上词"论是导引我们接近其精神生命、窥见其文化气象的一条通道，王国维"境界"说与饶公"形上词"说分属 20 世纪中国诗学之一头一尾，"形上词"说是继"境界"说之后的诗学理论新突破，这不仅延续了古典体裁的生命，而且使其得到进一步的发展，丰富了古典体裁的表现力，赋予其现代意义。②

陈伟则不仅揭示了饶公七绝骨健气雄、格高辞妙，融理趣于片言、得画意于寸楮，兼采百家、独树一帜的特色与艺术境界，而且也探讨了其七绝上可继半山、白石，下足为当代诗坛辟一新洲的渊源与影响；③ 也探讨了饶公六十以后之诗作的佳作如林，气格高逸，恍如天人，绝无人间的烟火气，其六十以后之词作，尤其形上词造诣最高，物我两忘，天人合一，俊逸爽朗充乎字句之间，余响流馨溢于苍茫之外，为形而上之词宏拓一境；④ 而饶公之辞赋骈文不仅在体裁上是文体齐全，而且各体的写法都能符合传统的要求，故"当行""得体"，且饶公之创作使辞赋骈文这种自"五四"以来被宣布"死亡"的文体获得重生并进一步发展，这不仅丰富了古典体裁的表现力，也延续了古典文学的生命。⑤

郭景华教授则不仅以饶公对汉代至魏晋时期的艺术阐释为例，通过其对史传、列图、赞体等文学艺术门类相互关系的阐发，来有效地论证了饶公所主张的以文化史来会通观照历史、艺术史、文学史的必要性和可能性，并把饶公这种艺术史阐释的路径和方法置于现代图像学、文本互文性等现代文艺理论视域中进行考察，从而揭示出饶公古代艺术阐释学取径和方法的现代范式意义；⑥ 而且还探讨了饶公以文化史的眼光为探灯，以考证艺术主体创作思想为中心，以会通的手法处理艺术对象，实现文、史、哲、艺的相互交融、彼此触发，给我们以强烈的历史整一性与连续性。这种对艺术史研究的连续性与整一性追求，显示出强烈的文化自觉、文化自省、文化认同精神，这在

① 殷学国、吴声琼：《选堂登游诗研究》，赵松元、殷学国、陈伟主编：《选堂气象：饶宗颐研究论集》，北京：中国社会科学出版社 2020 年版，第 57 – 72 页。

② 殷学国：《饶宗颐"形上词"论分析》，赵松元、殷学国、陈伟主编：《选堂气象：饶宗颐研究论集》，北京：中国社会科学出版社 2020 年版，第 73 – 84 页。

③ 陈伟：《论饶宗颐的七言绝句》，赵松元、殷学国、陈伟主编：《选堂气象：饶宗颐研究论集》，北京：中国社会科学出版社 2020 年版，第 85 – 97 页。

④ 陈伟：《论饶宗颐教授六十以后诗词创作略述》，赵松元、殷学国、陈伟主编：《选堂气象：饶宗颐研究论集》，北京：中国社会科学出版社 2020 年版，第 98 – 118 页。

⑤ 陈伟：《以古茂之笔，抒新纪之思——论饶宗颐的辞赋骈文》，赵松元、殷学国、陈伟主编：《选堂气象：饶宗颐研究论集》，北京：中国社会科学出版社 2020 年版，第 174 – 186 页。

⑥ 郭景华：《会通与互文：饶宗颐两汉艺术史论及其当代意义》，赵松元、殷学国、陈伟主编：《选堂气象：饶宗颐研究论集》，北京：中国社会科学出版社 2020 年版，第 118 – 127 页。

当代艺术史乃至于整个学术研究中具有深刻现实意义；① 以及从饶公之史学、画学、目录学等文献入手的文化史研究视野在《文心雕龙》研究尤其是在刘勰文艺思想以及赞体方面的考察和研究中所产生的实绩与巨大能量，揭示了其文化史视野的研究方法对文学史、文论史等研究的不足的弥补与瓶颈的突破。②

刘涛教授从饶公的《选堂赋话》一书分析出发，揭示了其立足于辞赋文学，通过论析辞赋的文体源流、创作功用、楚辞对《诗经》的接受及楚辞在汉代的流传、赋中语词名物的诠释、赋体的发展演变、代表作家作品、赋学文献、赋作题材等构建出关于赋学批评理论体系的巨大贡献。③ 肖玉华教授则选取饶公之散文创作作为研究对象，探讨了其散文乃借文化的酒杯浇胸中之块垒；总结出"和以知为主，感为辅，知感相济；静其外，动其内，静动相宜"的"学者散文"的特点和汪容甫等人之成就。④ 而闵定庆教授的三篇文章，即《从"韩愈崇拜"到"六一"情结——试论饶锷散文论述的体验化倾向》⑤《试论饶锷国学方法论意识的自觉》⑥《试论饶锷诗学观念的近代性品格》⑦，则从饶公家学谱系的角度探讨饶公之学的承传与渊源。除此之外，孔令彬教授凭其如发之细心，以饶公《谈李芸甫的家世》一文为例，从而探掘价值与影响巨大的作为饶宗颐先生学术思想总结的台湾2003年繁体版以及大陆2009年简体版《饶宗颐二十世纪学术文集》中的错误，展示了饶学考证方面的实绩。⑧

总之，该课题组成员凭借其各自深厚的功底、良好的学养和勤耕不辍的毅力，为作为学术研究"畏途"的饶学研究开辟和提供了新领域、新思路、

---

① 郭景华：《会通与互文：饶宗颐两汉艺术史论及其当代意义》，赵松元、殷学国、陈伟主编：《选堂气象：饶宗颐研究论集》，北京：中国社会科学出版社2020年版，第128－144页。

② 郭景华：《饶宗颐〈文心雕龙〉研究述略》，赵松元、殷学国、陈伟主编：《选堂气象：饶宗颐研究论集》，北京：中国社会科学出版社2020年版，第145－156页。

③ 刘涛：《论饶宗颐〈选堂赋话〉中的赋学批评》，赵松元、殷学国、陈伟主编：《选堂气象：饶宗颐研究论集》，北京：中国社会科学出版社2020年版，第157－173页。

④ 肖玉华：《饶宗颐散文论》，赵松元、殷学国、陈伟主编：《选堂气象：饶宗颐研究论集》，北京：中国社会科学出版社2020年版，第187－208页。

⑤ 赵松元、殷学国、陈伟主编：《选堂气象：饶宗颐研究论集》，北京：中国社会科学出版社2020年版，第209－222页。

⑥ 赵松元、殷学国、陈伟主编：《选堂气象：饶宗颐研究论集》，北京：中国社会科学出版社2020年版，第223－234页。

⑦ 赵松元、殷学国、陈伟主编：《选堂气象：饶宗颐研究论集》，北京：中国社会科学出版社2020年版，第235－258页。

⑧ 孔令彬：《饶宗颐先生〈谈李芸甫的家世〉一文补正》，赵松元、殷学国、陈伟主编：《选堂气象：饶宗颐研究论集》，北京：中国社会科学出版社2020年版，第289－294页。

新方法、新观点、新命题、新成果，如若将这些"新"实绩叠加，我们不难发现，如果套用"选堂气象"一词，那么该课题组的研究客观上也就开创并形成了饶学研究的新"气象"！而其之所以开创并形成了饶学研究的新"气象"，恐怕就在于该课题组成员本身就各自有"气象"吧！简言之，唯有"气象"者能开新"气象"。

五、结语与余论

综上所述，我们不难发现，以赵松元为中心的"饶宗颐研究"课题组之所以能在饶学研究的"畏途"上开创新"气象"，其原因就在于：①饶公选堂之学因其无所不包之大而本自成"气象"，研究对象的自成"气象"则为研究者发现、探讨其"气象"提供了基础和可能；而该课题组成员因良好地缘和学缘的关系与饶公有着千丝万缕的联系甚至私交有加，所谓"近朱者赤"，这就为该课题的研究提供了良好的外部条件和助推。②该课题组成员皆是高校一线的学者、教授，有着深厚的学养和研究功力，甚至是国学和古诗词辞赋创作的方家，虽然其实绩和影响比不上选堂之大"气象"，但也是各具"气象"，故各自成"气象"的课题组成员使"选堂气象"的研究成为现实和可能；同时该课题组成员亦能扬长避短，各自选择饶学中自己最熟悉、最擅长、最得心应手的领域或问题深入钻研、笔耕不辍，故使得饶学研究"气象"全新。徐复观说："决定作品价值的最基本准绳是作者发现的能力。作者要具备卓异的发现能力，便需有卓越的精神；要有卓越的精神，便必须有卓越的人格修养。"[①] 事实上不仅作家创作是如此，对于学术研究而言亦是如此，而套用该课题的"气象"一词来说则是：唯有"气象"者才能识"气象"；而唯近"气象"者才可能识"气象"，进而唯有"气象"者才能开新"气象"！这或许就是该课题组能取得饶学研究中如此之实绩并不断开创出饶学研究的新境界、新"气象"的根本原因吧！

当然，对于具有宏大"气象"的选堂之学而言，该课题组只是从各自最熟悉、最得心应手也是最有创获的诗论、文论和艺术史论入手研究而不及其余，而对于选堂之亦富"气象"者如甲骨学、简帛学、宗教学、经学、礼学、敦煌学、楚辞学等均未能涉及，同时其成果中有些还可能存在异议或需经时间和学术本身的检验，这或许就是该课题的遗憾。但我们不能要求任何研究者无所不能，亦不能要求任何研究无所不包，试图让一部著作"包罗万象"

---

① 徐复观：《中国人文精神之阐扬》，北京：中国广播电视出版社 1996 年版，第 444 页。

既不可能，也无必要。事实上，只要能对学术有点滴促进的学术研究，就应该被肯定，而更何况该课题组的成果对饶学研究的创获与启示是如此之多、之大，故我们也就不能因此而吹毛求疵了。此外，我们更希望该课题组成员再接再厉、勇猛精进，继续为饶学研究、学界贡献更大、更多的新成果与新"气象"。

指薪传火古今燃

——从饶宗颐先生书写《韩木赞》说起

潮州市饶宗颐学术馆　王　奋*

摘要： 2020 年 10 月 12 日，习近平总书记在潮州视察时指出，潮州文化具有鲜明的地域特色，是岭南文化的重要组成部分，是中华文化的重要支脉。在国际汉学大师饶宗颐先生的倡导和推动下，"潮学"逐渐成为国际学术界关注的课题。韩愈治潮八个月，对潮州文化发展起到至关重要的作用。《韩木赞》是描述潮人秉承韩愈教化的一篇重要文章，饶先生对其特别重视。本文将对《韩木赞》进行释读，在疏通文意的同时，阐明其传承文脉、振兴文教的内涵。

关键词： 韩木赞；韩愈；饶宗颐；文化传承

潮州人文鼎盛，文化景观林立，古城区周围有八景名胜，其中"韩祠橡木"在当地家喻户晓，更是闻名海内外。韩祠，是唐宋八大家之首韩愈之祠。橡木，则原为韩愈手植之木，又称韩木。"韩祠橡木"景点中有一处"橡木园"，园中竖有一面石刻，内容是国学泰斗饶宗颐先生书写的《韩木赞》。《韩木赞》是南宋岭南名宦王大宝所作，文章记录了当时橡木开花的情形和橡木在潮人心目中的地位，是现可查考有关韩木的最早记载。

王大宝，字元龟，潮州人，生于北宋哲宗绍圣元年（1094），卒于南宋孝宗乾道六年（1170）。南宋高宗建炎二年（1128）榜眼，历仕高宗、孝宗二朝，官至礼部尚书。大宝为人襟怀磊落，不随世俗沉浮，当年主战派代表赵鼎、张浚相继被奸相秦桧排挤出朝，朋友绝踪，大宝却了无顾忌，独从之游，张浚敬佩其为人与学识，遂命子张栻从大宝游学。大宝为官刚正不阿，逮斥权奸，曾弹劾、扳倒四位宰相级人物，朱熹称赞他为"一代正人"。①

2012 年，潮州市韩愈纪念馆为提升"韩祠橡木"景点的文化内涵，从韩

---

* 作者简介：王奋（1987—　），广东潮州人，潮州市饶宗颐学术馆助理馆员。

① 曾楚楠：《拙庵论潮丛稿》（二），北京：中华诗词出版社 2019 年版。

愈的家乡移植了 30 余株橡木，并在景区辟建了"橡木园"。在此之前，一直致力于潮州文物保护和文化传承的沈启绵先生特地邀请饶宗颐先生为筹建中的"橡木园"书写《韩木赞》，饶公用两张 6 尺宣纸以苏东坡丰润的笔意挥洒而成，翰墨清秀，厚重隐逸。为存永久，"橡木园"建成后，韩愈纪念馆延请名师，以竹简形式勒石并竖立于韩祠侧畔的象鼻山麓。而今，橡木与《韩木赞》相得益彰，成为潮州新的人文景观，吸引着无数海内外游客。

2014 年春天，移植到潮州的橡木首度开花，这似乎在预示着什么，或许是孔子所讲的"天之未丧斯文也"。饶宗颐先生为"韩祠橡木"书写《韩木赞》可谓寄寓深远。要解其中内涵，我们不妨试试解读一下《韩木赞》。

饶公在录写《韩木赞》末尾落款处写道："苍龙己丑春三月木棉盛开之际，九十三叟选堂饶宗颐略拟苏公丰腴笔意，据《永乐大典·三阳志》敬录。"细考之，《韩木赞》有多个版本，他老人家依据的是《永乐大典·三阳志》版本。

一、《韩木赞》的版本

目前所见志书收录《韩木赞》的，主要有《永乐大典·三阳志》、顺治《潮州府志》（吴志）、康熙《潮州府志》（林志）、康熙《海阳县志》（金志）、雍正《海阳县志》（张志）、乾隆《潮州府志》（周志）等。康熙《潮州府志》、康熙《海阳县志》、雍正《海阳县志》三本志书收录的《韩木赞》版本和顺治《潮州府志》收录的相同。总的来讲，《韩木赞》主要有三种版本：

1. 《永乐大典·三阳志》版本

目前所见最早、最完整的版本，在《永乐大典》卷 5345，凡 364 字。

2. 顺治《潮州府志》版本

该版本与《永乐大典》收录的大致相同，有 5 处差别：

①《永乐大典》"潮东山上有亭"，顺治《潮州府志》作"潮东山有亭"，少一"上"字。

②《永乐大典》"能逃化机"，顺治《潮州府志》作"能兆化机"。未知孰是，然作"兆"似于文义较通。

③《永乐大典》"天岂容伪"，顺治《潮州府志》作"夫岂容伪"。

④《永乐大典》"友造物而藏诸用"，顺治《潮州府志》作"发造物而藏

诸用"。作"友"似于文义不通。《易·系辞》云："显诸仁，藏诸用。"显者，明也。发者，亦明也。又"发"草书有与"友"形状接近的写法，故"友"盖为"发"之讹，窃以"发"为是。今又有作"及造物而藏诸用"者，亦通。

⑤《永乐大典》"既咏勿剪"，顺治《潮州府志》作"既诛勿剪"。"诛"者，伤也，除也。文中既言"勿剪""爱惜"，作"诛"就前后矛盾了，作"咏"为是。

3. 乾隆《潮州府志》版本

该版本与前两种版本差别较大，共有 8 处：

①作者王大寶（简体字为"宝"）误作王大賓（简体字为"宾"）。

②"潮东山（上）有亭，唐韩文公游览所也"，乾隆《潮州府志》作"东山亭为韩文公游览之地"。

③"亭隅有木"，乾隆《潮州府志》作"亭隅一木"。

④"人无识其名，故曰韩木"，乾隆《潮州府志》作"人无识其名，因曰韩木"。

⑤"旧株既老，类更滋蕃"，乾隆《潮州府志》作"旧株老而更蕃"。

⑥"大宝尝读苏端明为公庙碑"至"天下后世曷然之"凡 91 字，乾隆《潮州府志》脱简。

⑦"若乃术业荒忽"，乾隆《潮州府志》作"若乃术业荒落"。

⑧"叔世妄诞者之为"，乾隆《潮州府志》作"叔世妄诞者之说"。

饶宗颐先生总纂之《潮州志·艺文志三·集部》载："温廷敬云：'元龟文存者，《韩木赞》一首，见潮志艺文误作王大宾，且多删节，惟海阳张志不误。'"温丹铭先生所说的"潮志"，盖为乾隆《潮州府志》。

二、《韩木赞》的内容释读

《韩木赞》措辞典雅纯正，行文深稳平实。前面记叙部分语言较为舒缓，娓娓道来，读至议论部分文气为之一振，文章渐入佳境矣。窃将文章分为五小段：

潮东山上有亭，唐韩文公游览所也。亭隅有木，虬干鳞文，叶长而傍棱，者老相传公所植也，人无识其名，故曰韩木。旧株既老，类更滋蕃，遇春则华，或红或白，簇簇附枝，如桃状而小。

本段主要介绍"韩木"的由来及滋长情形。《潮州志补编·古迹志》载："韩亭，在韩山，昌黎登临旧地，俗呼侍郎亭，亦名思韩，揭阳楼遗址也。"①

每值士议春官②，邦人以卜登第之祥，其来旧矣。绍圣四年丁丑开盛，倾城赏之。未几，捷报三人，盖比前数多也。继是榜不乏人，繁稀如之。最盛者崇宁五年、宣和六年也。今不花十有五载，人材未遇，或时运适然，未可知尔。

本段叙述潮人以"韩木"开花的繁稀来预测科举登第人数的多寡，进而由"今不花"引发人才凋零的感叹。王大宝生于两宋交替之际，目睹"靖康之变"，无时无刻不思中兴国家、恢复故土，他希望能振兴文教，培育出更多人才，为国家的中兴出力。

大宝尝读苏端明为公庙碑，论能不能有天人之辨③。窃观公植之木，能兆化机，为一方瑞，夫岂容伪！殆其善教之道，发造物而藏诸用④，使潮人思慕，千万年莫之厌者矣。碑何以不书？未盛也？盛而无妄，邦人诚之。诚而不书，天下后世曷然之？

从本段开始，文章进入议论部分。引入《潮州昌黎伯韩文公庙碑》中的"天人之辨"，为下文论述作好铺垫，主要说明韩文公的教化在潮州深入人心，成为潮人世代传承的精神内核，点明记述"韩木"的用意是使天下后世能够明白其中深意。

夫鸟兽草木之奇，符于前事谓之瑞。箫韶仪凤，周亩嘉禾，各以类应。

---

① 饶宗颐：《潮州志补编·古迹志》，潮州：潮州海外联谊会 2011 年版。

② 士议春官：指礼部以考试选拔人才。春官，礼部的别称。宋代科举，每年秋天，地方进行考试，合格考生解送礼部，称为"取解试"。第二年春天，礼部进行考试取士，称为"礼部试"，又称"省试"。宋太祖开宝六年（973）增加殿试，自此三级科考制度确立。省试合格后参加殿试，殿试只有名次之差，考生不会黜落，所以省试被录取就算登第。宋代科考，一经录取，立即授官。

③ 天人之辨：苏轼《潮州昌黎伯韩文公庙碑》云："盖尝论天人之辨，以谓人无所不至，惟天不容伪。智可以欺王公，不可以欺豚鱼，力可以得天下，不可以得匹夫匹妇之心。"这里的"人"，盖指人为的阻力。"天"，则可理解为自然之理。言韩文公的谏言不能被采纳，遭贬谪到潮州，是因为人为的阻力。而其广施德政、教化潮人，受到万民景仰、庙食百世，则是自然之理。

④ 发造物而藏诸用：化用《易·系辞》"显诸仁，藏诸用"，可与《潮州昌黎伯韩文公庙碑》"是气也，寓于寻常之中，而塞乎天地之间"互参。言韩文公善教之道，能鼓动万物，使之化育，此道又藏于百姓日用之中。

公刺是邦，命师训业，绵绵阙后，三百余年，士风日盛，效祥于木，理之宜然。若乃术业荒忽，惟瑞之证，叔世妄诞者之为，君子鄙之！

本段与上面的"天人之辨"相呼应，论述潮州秉承韩文公的学业教化，社会风俗为之一振，"韩木"被当作人文鼎盛的"瑞"应是自然之理，同时也点出了文教事业的重要性。

为之赞曰：召公之棠，孔明之柏，既咏勿剪，且歌爱惜。瞻彼韩木，是封是沃，匪木之渎，德化维服。化隆而孚，华繁以符。邦人励之，此理非诬。

以上是对"韩木"的赞词。《文心雕龙·颂赞第九》云："约举以尽情，昭灼以送文。"赞词之为体，篇幅较短，四字成句，是有韵之文，以简要的语言叙述事物，阐明主旨。"韩木"赞词以"召公之棠，孔明之柏"起兴，再简要叙述"韩木"与韩愈教化的关系，最终点明兴文劝学的主旨。可谓措辞简核、寄寓深远也矣。

三、《韩木赞》的文化内涵

王大宝作《韩木赞》，除了记述和赞颂橡木之外，还有一个更深层次的意图，那就是传承文脉、振兴乡学。时至今日，潮州依然重视文化传承，"潮州文脉"一词经常被人提及。究竟什么是潮州的文脉？说来话长。探讨"文脉"问题，我们更应该从学术思想、文章源流以及师道传承等方面入手。

1. "韩学"及"理学"在潮州文脉中的地位

《韩木赞》中肯定了"韩学"在潮州文化传统中的重要地位，而苏轼的《潮州昌黎伯韩文公庙碑》更说："始潮人未知学，公命进士赵德为之师，由是潮之士皆笃于文行，延及齐民，至于今，号称易治。"直将韩愈"命师训业"作为潮人知学之始。何为潮州兴学之滥觞，文献不足征也。明、清《潮州府志》都说"潮人由衮（唐代宰相常衮）而知学"，则在韩愈刺潮之前矣。据曾楚楠先生考证，唐太宗贞观年间废太子李承乾之师张玄素在潮州兴建学校，才是目前见诸文献的"潮人由是知学"之源头。[①]

虽然潮人知学非始于韩愈，但是韩愈的学说在潮州深入人心，像张玄素、

----

① 曾楚楠：《拙庵论潮丛稿》（二），北京：中华诗词出版社2019年版。

饶学研究

常衮等人，今天皆为人所淡忘。这是有其历史原因的。韩愈"文起八代之衰，道济天下之溺"，号称文章宗伯，文化影响力自然要大于张玄素和常衮。在潮州本地又有赵德等人对"韩学"的提倡。到了宋初，宋儒石介、欧阳修推崇韩愈，至北宋中期，韩愈在学术和文学上的地位渐被人肯定。宋代"韩学"最盛的地区有蜀、闽两处，而蜀人、闽人仕潮者多以尊韩为倡导。由于官师的提倡，"韩学"在潮州的地位日益提高。

此外，"韩学"在潮州备受推崇，还得益于"理学"。两宋是"理学"形成、发展、兴盛的时代，而宋学最先是一种偏重教育的师道运动，这可以远溯到韩愈的学说。"韩学"可以说是"理学"的一个源头。南宋庆元之后，莅潮官师不少是朱熹一系的人物，如通判廖德明即是朱子的门人。他们将"理学"和"韩学"结合起来进行提倡，使"韩学"更加发扬光大。①

经过宋代的发展，"韩学"成为潮州文脉的重要组成部分。元明以后，朱子"理学"大行，"韩学"也随之大盛。"韩学"与"理学"互相融合，成为潮州文脉的主干，并且不绝如缕地传承下来。如饶宗颐先生上中学时，古文教师王慕韩先生提倡的"做古文要从韩文入手"一说对他影响甚大。饶宗颐先生后来也认为："作文应从韩文入手，先立其大，韩文可以养足一腔子气。"②饶宗颐先生在《朱子与潮州》一文中提道："陈淳（南宋理学家）之《北溪字义》，宋时潮州梓行于郡斋，流传甚广。余髫龄时，家中仍以此书课教子弟。"③ 此为"理学"在潮州传承之例证。以上可见潮州文脉之一隅。

2. "韩愈气象"在潮州的传承

潮州素称海滨邹鲁，为岭南文章锦绣之乡，历代都非常重视文章的传承。《典论·论文》称"文章，经国之大业，不朽之盛事"，将文章的作用推到极致。现在看来，似乎离我们比较遥远。然而文章确实关乎社会风气，而且影响是深远的。六朝之末，风俗绮靡，文章追求铺采摛文，外虽华丽而内实空洞。韩愈倡导古文运动，主张文以载道，开中唐以后文章风气，可以说是文胜之极而反于质。韩愈文章，文与质并重而以气象胜。《旧唐书》称其有"迁雄之气格"，即司马迁之气象，扬雄的风格。钱基博先生《韩愈志》云："逸气浩致出司马迁，奇字瑰句效扬子云，而贯之以孟轲之理。"韩文有闳中肆

---

① 饶宗颐：《宋代莅潮官师与蜀学及闽学》，《饶宗颐二十世纪学术文集》北京：中国人民大学出版社2009年版。

② 饶宗颐述，胡晓明、李瑞明整理：《家学、师承与自修》，《饶宗颐学述》，杭州：浙江人民出版社2000年版。

③ 饶宗颐：《朱子与潮州》，《饶宗颐二十世纪学术文集》，北京：中国人民大学出版社2009年版。

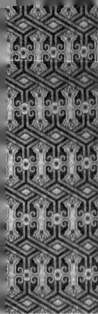

外、跌宕昭彰之大气象，很大原因是得益于司马迁的逸气浩致。饶宗颐先生主张做文章应从韩文入手，先养足一腔子气，正是对孟子、司马迁、韩愈的继承。

中华传统文化重视学养，学是外在表现，养是内在品质。人光有才学还不够，更应重视人格修养。《旧唐书》载："（韩）愈发言真率，无所畏避，操行坚正。"苏轼亦称韩愈"忠犯人主之怒，而勇夺三军之帅"。韩愈的刚正峭峻、直言敢谏与"一代正人"王大宝确有相通之处。王大宝希望天下后世记住"韩木"，更要传承韩愈刚大的人格气象。

在传统文化精神中，刚大气象更显难能可贵。孔子言"吾未见刚者"，是在感叹世间刚者太少。孟子亦云"我善养吾浩然之气"，则是在追求至大至刚的浩然之气。明儒顾亭林先生在《日知录·夸毗》中说："至于佞谄日炽，刚克消亡，朝多沓沓之流，士保容容之福，苟由其道，无变其俗，必将使一国之人，皆化为巧言令色孔壬而后已。然则丧乱之所从生，岂不阶于夸毗之辈乎？"夸毗是人格软弱之意，这又从反面论证了刚正精神对社会风气的重要性。潮州久沐韩愈的教化，潮人思慕韩愈的人格气象，并将其内化为潮人的传统文化精神，彻底改变了潮州的社会风气。在潮州，具有刚毅气魄的仁人志士代不乏人，如以直谏闻名的王大宝、以身殉国的宋末潮州摧锋寨正将马发、宁死不诬他人的"真铁汉"薛侃等。这使潮州在唐宋以后的中国文化史中占据了一席之地。

社会风气关系到一邦一国的兴衰，而文章又潜移默化地影响社会风气，故而文章事业不容小觑。从对韩愈文章的推崇到对韩愈气象的传承，这是潮州文脉的一个特点，也是其可贵之处。

总而言之，"韩祠橡木"是潮州文脉之所在，《韩木赞》寄托着传承文脉、振兴乡学的深意，饶宗颐先生、沈启绵先生等有识之士促成韩祠"橡木园"竖立《韩木赞》之初衷盖在此矣，这是今天提倡传承潮州文脉者所不得不知的。

叁

华学研究

科学研究

越南使节邓辉㷮与越中书籍的交流

台湾成功大学中文系　陈益源*

摘要：笔者主张越南使节是越南和中国书籍交流的重要媒介，在之前的论文中曾先后以黎贵惇（18世纪60年代）、阮攸（19世纪10年代）、汝伯仕（19世纪30年代）、阮思僩（19世纪60年代）、陈文准（19世纪70年代）、阮述（19世纪80年代）为对象，探讨这些越南使节在中国的购书经历及其带回越南重刊的情况。本文则是延续先前的研究，继续补充相关材料，将重点放在嗣德十八年（1865）、嗣德二十年（1867）两度被派往中国广东执行公务的越南使节邓辉㷮身上。笔者以更丰富的文献数据，说明邓辉㷮本人在中国广东买书，以及他协助河内"致中堂"代购中国图书的经过，这些线索对于深入探讨越中书籍的交流，具有很高的参考价值；尤其是他委托广东佛山拾芥园代刻多种图书的做法，对于考察越南书籍的历史，更是别具意义。

关键词：越南；使节；邓辉㷮；拾芥园；致中堂

一、前言

关于越中书籍的交流，陈光辉先生曾说中国的僧侣和道士、官吏和士兵、侨民和商人以及越南的僧侣和读书人，都是重要的媒介；① 而越南所谓的"读书人"，笔者认为主要是奉派到中国的越南使节，他们才是越南和中国书籍交流重要的媒介。为了证明这个说法，笔者先以越南著名使节黎贵惇（1726—1784）和阮攸（1765—1820）为例进行说明：黎贵惇《北使通录》记载清乾

---

* 作者简介：陈益源，台湾彰化人，文学博士，现任台湾成功大学中文系主任、教授。

① 陈光辉：《中国小说的演变及其传入越南》，《中华文化复兴月刊》1976年第9卷第6期，第81-84页。

隆二十六年（1761）返经广西桂林时，被中国官府没收了沿途采购得来的二十几部中国书籍，书目俱在；阮攸则在清嘉庆十八年（1813）出使中国时把《小青记》和青心才人《金云翘传》这两部小说携回越南，继而成功完成他个人的创作。①

后来，笔者又将焦点放在清代越南使节在中国的购书经验上面，列举了几个发生在 19 世纪的例子，包括 19 世纪 30 年代汝伯仕在广东购买官书（曾抄录《筠清行书目》，凡 1672 笔）、19 世纪 60 年代阮思僴在北京看买书籍（买京师书籍满二十篦以归）、19 世纪 70 年代陈文准归梓版行《五类遗规》、19 世纪 80 年代阮述在中国各地书局买书的详细情况，以加强印证使节是中国书籍传播到越南的重要媒介的说法。②

最近，又有一篇文章《清代越南使节于中国广东的文学活动》提到 19 世纪的例子，嗣德四年（1851）三月，越南使节范富庶（1820—1881）奉派乘官船"瑞鹭号"送清国飘风把总吴会麟回广东，在广州停留超过半年，忙着检买官书；以及在《东南尽美录》《柏悦集》二书中记载了另一越南使节邓辉燆（1825—1894，字黄中，号醒斋）于 1865—1868 年在中国广东的各种文学活动，包括访书、刻书在内。③

现在，本文的重点是要延续先前的研究，继续补充相关材料，以便让大家进一步认识嗣德十八年（1865）、嗣德二十年（1867）两度被派往中国广东执行公务的越南使节邓辉燆，尤其是他在越中书籍的交流方面所做过的具体贡献。

二、邓辉燆在广东委请拾芥园主人所代刻的越南书籍

关于邓辉燆，笔者主要是借助《越南汉文燕行文献集成（越南所藏编）》④ 第 18 册所收录的《东南尽美录》，以及汉喃研究院图书馆所藏《柏悦集》，来探讨他在中国广东的文学活动情况。《清代越南使节于中国广东的文

---

① 陈益源：《明清小说在越南的流传与影响》，《中越汉文小说研究》，香港：东亚文化出版社 2007 年版，第 1-15 页。

② 陈益源：《清代越南使节在中国的购书经验》，《越南汉籍文献述论》，北京：中华书局 2011 年版，第 1-48 页。

③ 该文发表于《岭南学报》复刊第六辑（上海：上海古籍出版社 2016 年版，第 247-278 页），并收入陈益源：《越南阮朝所藏中国汉籍与使华诗文》，河内：河内师范大学出版社 2018 年版，第 194-250 页。

④ 由中国复旦大学文史研究院（葛兆光）、越南汉喃研究院（郑克孟）编，复旦大学出版社 2010 年出版。

学活动》一文中提到，越南自清咸丰五年（1855）潘辉泳、范芝香等二部如清使团返越之后，至同治七年（1868）黎峻、阮思僴、黄并"四贡并进"之前，中、越间有长达十几年的正常贡使被迫停止，其权宜之计则是派遣邓辉燝以"钦派如东公干、鸿胪寺卿、办理户部事务"的身份，于嗣德十八年（1865）、嗣德二十年（1867）两次奉使中国广东。

邓辉燝在 1865—1866 年和 1867—1868 年两度奉使中国广东期间的诗文，后来汇集成《东南尽美录》一书，陈正宏先生于该书的出版说明中简介该书反映了邓辉燝在华生活的丰富多彩（包括与在华越侨、广东商人的亲密互动，甚至在广州娶妻生子），以及该书在中越关系史和晚清史中的重要价值。此外：

> 书中所记佛山书坊梁氏拾芥园为邓氏刊刻《邓黄中诗钞》《四十八孝诗画》《辞受要规》《邓惕斋言行录》《柏悦集》等书（《拾芥园梁惠存书赠》），则为研究越南汉籍里的中国代刻本，提供了珍贵的文献资料。①

由于《东南尽美录》已影印出版，其中《拾芥园梁惠存书赠》的注文（"余赴粤，曾以《邓黄中诗钞》《四十八孝诗画》《辞受要规》《邓惕斋言行录》《柏悦集》诸部书付梓，皆出惠存一人之手。"）已广为人知，所以李标福、李庆新、李杰玲、庄秋君等人都有专文论及，兹不赘述。②

倒是笔者翻查汉喃研究院图书馆所藏《邓黄中诗钞》时发现，《邓黄中诗钞》中已有《东南尽美录》和《柏悦集》的全部内容，跟《邓黄中诗钞》相比，这二部在广州刊刻的单行本到底是先刊还是后来别出的呢？

今经仔细检阅汉喃研究院图书馆所藏《邓黄中文抄》，发现其卷 3 的"序"，依序收录了丁卯年（1867）的《四十八孝诗画全集》序，以及戊辰年（1868）的《邓惕斋言行录》《辞受要规》《邓黄中诗钞》《柏悦集》《东南尽美录》各书序文，因此约略可以推知《柏悦集》《东南尽美录》应是在《邓黄中诗钞》刊刻之后别出的单行本，广东佛山书坊拾芥园主人梁惠存为邓辉

---

① 语见《越南汉文燕行文献集成（越南所藏编）》（第 18 册）第 4 页。陈正宏另有《越南汉籍里的中国代刻本》一文进行专题讨论，收入陈正宏：《东亚汉籍版本学初探》，上海：中西书局 2014年版，第 125 – 142 页。

② 请径参看：李标福《寓粤越南使臣邓辉燝与清人之交谊及其他》（《五邑大学学报（社会科学版）》2015 年第 17 卷第 2 期，第 28 – 32 页）、李庆新《清代广东与越南的书籍交流》（《学术研究》2015 年第 12 期，第 93 – 104 页）、李杰玲《清代越粤两地汉籍交流与诗歌唱和》（《广东第二师范学院学报》2016 年第 36 卷第 2 期，第 88 – 93 页）、庄秋君《丈夫之志——两次广东使程对越南使节邓辉燝的影响探析》（《云汉学刊》2016 年第 32 期，第 116 – 134 页）。

� 代刻的书籍，依序当有：

（1）《四十八孝诗画全集》。刘春银、王小盾、陈义主编之《越南汉喃文献目录提要》①著录本书："今存嗣德丁卯年（1867）印本二种。关于四十八孝子的题诗和图画，邓辉燝撰，阮廷谅校正，有两篇序。此书据中国文人朱考亭、朱月槎所著同名书《二十四孝》编撰，用为童蒙的伦理教科书。"经查汉喃研究院图书馆所藏，编号 A.3104/c（60 页）刊本仅存图画，另一编号 AC.16（98 页）刊本扉页为"嗣德丁卯冬新镌/四十八孝诗画全集/邓黄中家草"，序尾署"嗣德万万年之二十岁丁卯（1867）冬十月既望，钦派如东公干诰授中顺大夫鸿胪寺卿办理户部事务丁未科解元望津醒斋黄中子邓氏辉燝书于广东河南长庚寓舍之东窗"，校字者是邓辉燝门属阮廷谅。按：越南陈文玾编有《北书南印板书目》②，收书 679 种，其中第 16 种即是《四十八孝诗画全集》，殊不知此书乃越南人（邓辉燝）加工后的北书，又是在北国（广东佛山）代工刊印后传回越南的。

（2）《邓惕斋言行录》。今未存世，仅知佛山拾芥园代刻于嗣德二十一戊辰年（1868），不晓得扉页是作"邓黄中家草""邓季书堂藏板"还是"邓季祠堂藏板"。据邓辉燝序文可以得知，本书是他旅居广州期间从行囊中搜检他父亲邓惕斋遗作《邓氏世谱序》《惕斋效颦》《严庐泣血》《惕斋杂文》诸集，加上邓惕斋在癸巳（1833）后、己酉（1849）前所见所闻，择要口授，由阮廷谅协助笔录，费时 150 日编成，凡 53 篇，交给梁惠存，由拾芥园以 60 日的时间刊印完成。

（3）《辞受要规》。《越南汉喃文献目录提要》著录为《辞授要规》，说："今存印本二种。关于处理贿赂案的论述，邓辉燝撰。嗣德戊辰年（1868）印于邓季族祠堂。四卷，有序、目录、凡例。主要内容是通过对 109 个事例（其中五个事例为正当）的分析，指出受贿与受礼的区别。"书藏汉喃研究院图书馆，编号 A.491/1 – 3、VHv.252/1 – 4。今经目验，扉页署"嗣德戊辰夏六月梓成/辞受要规/邓季祠堂藏板"。

---

① 刘春银、王小盾、陈义主编：《越南汉喃文献目录提要》，台北："中央"研究院中国文哲研究所 2002 年版。

② 《北书南印板书目》，陈益源：《越南汉籍文献述论》，北京：中华书局 2011 年版，第 71 – 86 页。

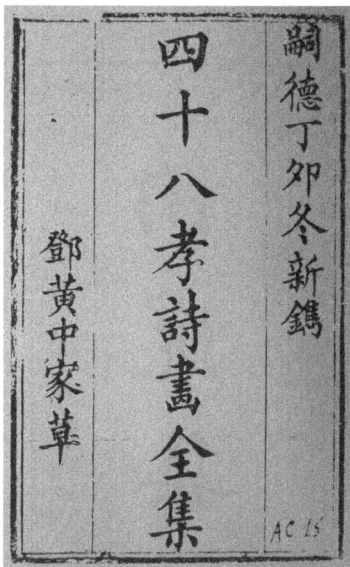

《四十八孝诗画全集》

《辞受要规》

  (4)《邓黄中诗钞》。《越南汉喃文献目录提要》著录本书："今存书堂邓贵嗣德戊辰年（1868）印本二种，十二卷。邓辉㷀诗集，张怀瑜编辑，伟堂苏烺（中国人）序。本书收录作者教书、登第、当官、出使时所作的一千二百五十二首诗，有注释。"今查汉喃研究院图书馆所藏，编号 VHv. 833/1－6 之完整刊本，其扉页作"嗣德戊辰秋七月新镌／邓黄中诗钞／邓季书堂藏板"，并且说明本书"从事笔砚乃广南明乡试生张怀瑜、河内湘枚平准小胥阮廷谅也，校梓乃广东双门底拾芥园梁惠存也"，可见提要"书堂邓贵""张怀瑜编辑"之说有误。本书在苏烺序前，有作者自序，尾署"嗣德戊辰中元，钦派如东诰授中顺大夫鸿胪寺卿办理户部事务丁未科解元望津醒斋黄中邓辉㷀书于五羊城河南宝珠寓舍"。

  (5)《柏悦集》。《越南汉喃文献目录提要》著录本书："今存承天省邓季族祠堂嗣德二十一年（1868）印本二种。贺诗二十八首，邓辉㷀编辑；本书内容为邓辉㷀出使中国广东时，贺其弟登第的诗，其中一首由邓辉㷀自作，此外皆由中国人作。"今查汉喃研究院图书馆所藏二种，编号 A. 2459、VHv. 2395，实为同一刊本，扉页作"嗣德戊辰冬十月恭镌／柏悦集／邓季祠堂藏板"，提要"邓季族祠堂"衍一"族"字。编者序尾署"嗣德万万年之二十一岁戊辰冬十月谷旦，钦派如东公干鸿胪寺卿办理户部丁未科解元望津醒斋黄中邓辉㷀书序于五羊河南宝珠寓舍"。

《邓黄中诗钞》

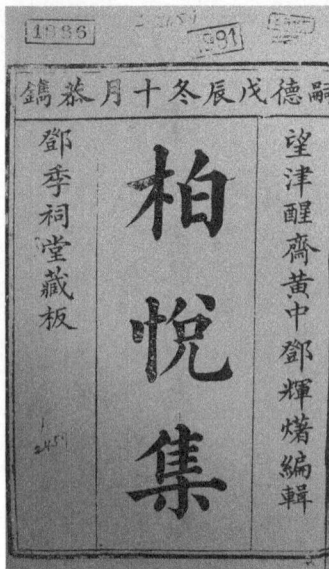

《柏悦集》

《东南尽美录》

（6）《东南尽美录》。《越南汉喃文献目录提要》著录本书："今存印本一种。……本书收录有四十八首诗、九篇序文、十七副对联，其中有与中国友人的赠和作品。"汉喃研究院图书馆珍藏，编号A.416，收入《越南汉文燕行文献集成（越南所藏编）》第18册。扉页作"嗣德戊辰冬十月梓成/东南尽美录/邓季祠堂藏板"。作者序尾署"嗣德戊辰冬十月下浣谷旦，钦派如东公干鸿胪寺卿办理户部事务丁未科解元望津醒斋黄中子邓氏辉熻序于五羊城河南宝珠寓舍"。

以上六书，皆为越南使节邓辉熻所编辑出版，《四十八孝诗画全集》题"邓黄中家草"，《邓惕斋言行录》《辞受要规》《邓黄中诗钞》《柏悦集》《东南尽美录》则或题"邓季祠堂藏板"，或题"邓季书堂藏板"，无论所署出版者为何，确实都是广东佛山梁惠存的拾芥园所代刻无疑。

综观《东南尽美录》一书所载邓辉熻诗文与自注，梁惠存（"南海县佛山镇，五云楼梁逸堂从弟"），以及旅居广东河南土地巷的越侨李绍荣（"茂瑞，广南清乡人，行人司七品行人、谨信司主事李履正讳泰鹄之子"）、秀才苏心畲、参将卢雨人、苏伟堂（"名烺，广东人"）、汤雉山、廪生汤警盘、罗尧衢、昆美正行吕尧阶（"廷辉，鹤山县人，游商广南，经数十稔"）、武举梁醴亭、叶棣新、广东河南星士陈奇章、黎伦福商号主人黎华甫（"英，南海县人，素业织"）、杨慧卿（"启智，南海县人"）、进士高子登、秀才梁介男、梁荔圃（"宜勉，南海县佛山镇人……梁惠存之叔"）等，都是邓辉烆在广东期间所结交的对象。其中曾为《邓黄中诗钞》写过序的苏伟堂，亦在香港经商，邓辉烆说"余来港，曾寄宿焉"，可见他不只长住广州，还到过香港。① 再者，根据《邓黄中文抄》的记载，邓辉烆个人也在广东得到不少中国书，包括南海杨慧卿送他的《康熙御题耕织图》、古板《金汤借箸十二筹》，他自己购得的《宋四六选》，以及他到五云楼想找《昨非庵集》，主人梁逸堂告诉他："此书甚益心身，奈前者西夷烧佛山镇，梨枣尽付火司矣！"乃改赠其家藏的《二味集》。这几种书他后来都带回越南并且很快予以重刻。

三、邓辉烆在河内设致中堂及其刻书与代购北书业务

根据王嘉《浅析邓辉烆之革新思想》一文的考察，嗣德十九年（1866），邓辉烆奏请在河内成立平准司以管理商业经营事务，作为平准司的领导人，他在河内开设了很多商铺，组织国内的货物流通，开发和出口锡及一些农产品，为国家增加了财政收入。后来他还于嗣德二十一年（1868）十二月结束第二次广东使程之后，来年（1869）"在河内创立'致中堂'印刷厂和'感孝堂'摄影馆，分别印制中国的新式兵书与引进新式摄影技术"②。

关于越南在1869年成立的第一家照相馆"感孝堂"，邓辉烆本人于嗣德二十二年（1869）正月十五日撰有《感孝堂影相》一文，陈述为长辈留下照片，有"千里外而常如膝下""百岁后而俨若目前"之效，因此特立招牌和各种计价方式，招揽有"善念油兴，'孝'念'感'发"者，到感孝堂照相馆来为自己的尊长、父兄"丐片纸之真容，表寸衷之深爱"。③

至于致中堂，它创立的时间当在嗣德二十二年（1869）初，地点设在

---

① 邓辉烆的《辞受要规》之序文亦曾说道："乙丑（1865）夏以来，钦奉别派，遍往外国广东……本国广南以北诸地方。"见于［越］邓辉烆：《邓黄中文抄》（卷3），汉喃研究院图书馆藏书，编号：VHv. 834/3。

② 引文载于北京外国语大学亚非学院编：《亚非研究》（第1辑），北京：时事出版社2007年版，第304页。该文"邓辉烆"原作"邓辉着"，"致中堂"原作"智忠堂"，今径改。

③ ［越］邓辉烆：《邓黄中文抄》卷3《揭告》，汉喃研究院图书馆藏书，编号：VHv. 834/3。

"河内清河铺"，旧属河内省寿昌县同春总清河村。① 河内寿昌清河一带，颇多中国广东移民，邓辉烺曾因"平准之议"特地造访退隐当地的官员阮超（阮方亭），并在当地为从广东南海移居寿昌清河已五世的潘族祠堂题诗，又为潘成昌家祠撰联（1866），还为陈立卿家祠、乐生官店、乐生官店祠所撰联、题匾（1867）。该处"乐生官店"，据邓辉烺自己说："此屋原是清人李焕祖业，以欠官钱，封籍变赔。是春，余试行平准事务，请将此屋充为乐生官店。"② 可见"致中堂"书坊设在邓辉烺所熟悉的河内清河铺，应属1867年试行平准司原始规划之一环。

"致中堂"在河内清河铺创立时，平准司已被裁撤，所以"致中堂"书坊应该不算官店，更像是邓辉烺私人投资经营的书坊。这样的说法，还有一个重要的证据，是他曾在广州戏对广济宫博济真人降乩上联（"宫名广济吾名博济毕竟人人普济"）曰："堂号致中我号黄中还须事事适中"③，可见"致中堂"是他早就规划好要开设的书店，后来果然也正式营业了。

王嘉说邓辉烺所创立的"致中堂"是一家印刷厂，这话应该是没错的，因为我们从现存的资料中的确可以找到一些署名"致中堂藏板"、由"致中堂"刊印的中国和越南书籍，至少包括：

（1）《金汤十二筹》。今存印本一种，三册，十二卷，高25厘米，宽16厘米，汉喃研究院图书馆藏书，编号AC. 202/1－3，扉页为"嗣德己巳春新镌/金汤十二筹/致中堂藏板"。这是致中堂重印的中国兵书，原著为明朝淮南人李盘所撰，内容是关于修备、训练、积贮、制器、方略、申令、设防、拒御、扼险、水战、制胜等十二个军事问题的叙述与评析。书前有《重镌金汤借箸十二筹序》，尾署"嗣德二十二年己巳春三月既望，钦派鸿胪寺卿办理户部事务丁未科解元望津醒斋黄中子邓辉烺序于龙编旅舍"，序中提及他甲寅年（1854）曾作《武经摘注》，己未年（1859）得清化人梁玄章慎斋先生所辑《纪事新编》一书，"每欲梓行，以贫故弗果"，戊辰年（1868）则获广东杨慧卿赠以李盘《金汤借箸

《金汤十二筹》

① 《河内省寿昌县同春总各社村地簿》，汉喃研究院图书馆藏书，编号：AG. a14/4。
② ［越］邓辉烺：《邓黄中文抄》卷4《联》，汉喃研究院图书馆藏书，编号：VHv. 834/4。
③ ［越］邓辉烺：《东南尽美录》，复旦大学文史研究院、越南汉喃研究院编：《越南汉文燕行文献集成（越南所藏编）》（第18册），上海：复旦大学出版社2010年版，第66页。

十二筹》，乃"日夜考订，亥豕鲁鱼悉校正之，复寿之梨枣，以公诸同好"。

（2）《纪事新编》。汉喃研究院图书馆藏有三部，编号 VHv. 95/1－2、VHv. 865/1－2、AC. 202/1－3、A. 684，《越南汉喃文献目录提要》著录本书："现存抄本三种。……关于军事问题的论述，梁辉壁撰，辉铿、金铉、杜春吉编辑。智忠堂印行于嗣德十二年（1859），有序、引及目录。内容涉及列伍、武器、扎营、暗号、侦探、情报、战术、行军、通讯等。"其中"抄本"可能是"刊本"之误，"智忠堂印行于嗣德十二年（1859）"也当是"致中堂印行于嗣德二十二年（1869）"之误。根据汉喃研究院吴德寿研究员的研究，《纪事新编》和上述《金汤十二筹》都应该是邓辉㷖于河内致中堂所刊。① 今查邓辉㷖《邓黄中文抄》卷 3《序》有一篇《纪事新编》的序，言及他于己未年（1859）从秀才梁梦韶的手中看到其父梁慎斋所辑《纪事新编》，赞叹不已，"故于《十二筹》梓成之后，继梓是书，以公诸同志"，复经本人亲验汉喃研究院图书馆所藏刊本，果然见其扉页系作"嗣德己巳夏/纪事新编/致中堂藏板"没错。

如果想要知道邓辉㷖自嗣德二十二年己巳（1869）起开始经营的致中堂可能刊印过哪些书，《邓黄中文抄》卷 3《序》应该是一个考证的渠道。文中提及，邓辉㷖在《东南尽美录》序之后，先后尚有《清康熙御题耕织图副本》《重镌金汤借箸十二筹》《重镌四六选》《重镌二味集》《五戒法帖》《纪事新编》等六部书的序文。我们不妨理解成在邓辉㷖编辑《邓黄中文抄》时，他的致中堂在嗣德二十二年（1869）这一年应该至少刊印过这六部书。

经查《越南汉喃文献目录提要》的相关著录，除了《重镌四六选》一书

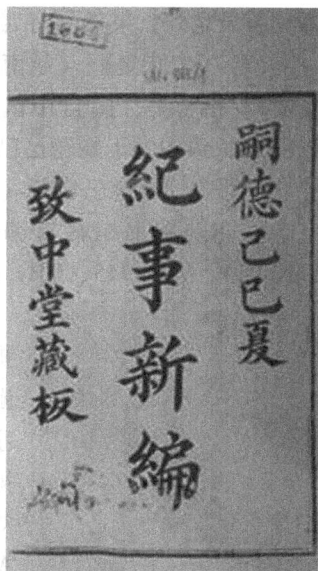

《纪事新编》

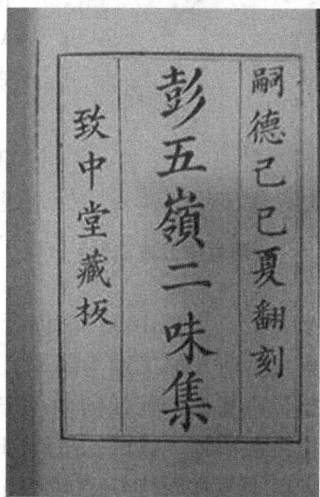

《彭五岭二味集》

---

① 详参吴德寿《现存〈兵书要略〉渊源和成书年份探究》，该文承蒙王嘉教授惠告。

未见著录之外，果然另有《二味集》《邓黄中五戒法帖》出现。

（3）《二味集》。《越南汉喃文献目录提要》著录本书："又名《彭五岭二味集》。格言集，摘自中国子史之书。广东新会人彭树楷编于同治癸亥年（1863），致中堂于嗣德己巳年（1869）再版重印，书前载彭树楷同治癸亥年原序、邓辉烵嗣德己巳年（1869）再版序。正文分《扩识》《达情》二集。"汉喃研究院图书馆藏有编号 AC. 288、AC. 670、VHv. 942 三部印本和编号 VHv. 944、VHv. 945、VHv. 1180 三部抄本。

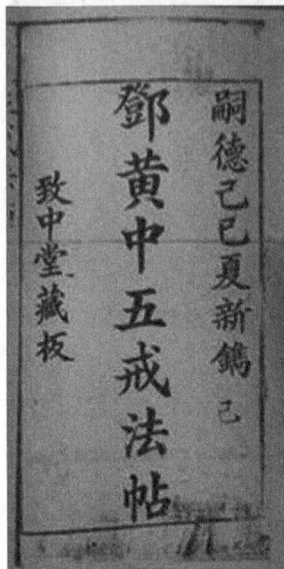

《邓黄中五戒法帖》

（4）《邓黄中五戒法帖》。《越南汉喃文献目录提要》著录本书："今存印本一种，致中堂印行于嗣德二十二年（1869），高 28 公分，宽 15 公分。字帖，邓辉烵书，其内容为劝诫子孙的五篇文章，即勿酗酒、勿耽于女色、勿赌博、勿放荡、勿上瘾等，含序文一篇。"汉喃研究院图书馆藏书，编号 A. 1742。今汉喃研究院图书馆另藏有邓辉烵《四戒诗》抄本一种（编号：A. 2867）、《自治烟赌方书》和安寺成泰甲辰年（1904）印本一种（编号：A. 2334），很可能也都是承自致中堂的《邓黄中五戒法帖》刊本。

根据《越南汉喃文献目录提要》的著录，汉喃研究院图书馆藏有"重印于邓季祠堂"的《清康熙御题耕织图副本》印本三种（编号：VHv. 823、VHv. 824、AC. 603），以及"邓族印于嗣德己巳年（1869）"的《珥潢遗爱录》刊本二种（编号：A. 1382、VHv. 1435）。前者是邓辉烵于广州得自南海杨慧卿所赠，他携回越南之后请人加工别为副本，"讹者正之，疑者注之，寿之梨枣，以行于世"[1]；后者这部关于阮朝河内、宁平、南定、兴安各省总督邓文和生平行事的数据集，系邓辉烵编辑，虽然印于"皇朝嗣德己巳夏"，但既然刊行单位署名"邓族祠堂藏板"，便不宜贸然说是致中堂刊印。

此外，汉喃研究院图书馆又藏有一部《四书文选》印本（编号：VHv. 341/1－4），这部取材于中国《论语》的经义文集，四册，共二百八十八篇，用为科举参考资料，也是邓辉烵编辑而成，不过因缺卷一、卷二，亦不宜直接认定系致中堂所刊。不过，倒是有一本流行的《大南国史演歌》，虽

---

① ［越］邓辉烵：《邓黄中文抄》卷3《序》，汉喃研究院图书馆藏书，编号：VHv. 834/3。陈文理所编《北书南印板书目》的第 600 种，就是这本书，书名简称为《耕织图副本》。

非出自邓辉煣手笔，但确定致中堂曾经率先刊印过。

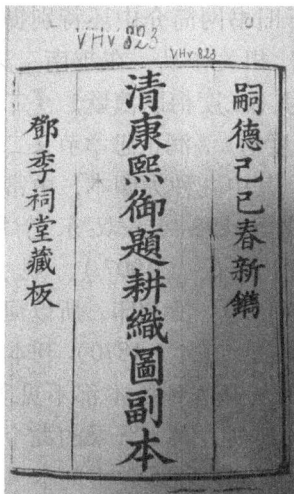

《清康熙御题耕织图副本》　　　　　　　　《珥潢遗爱录》

　　（5）《大南国史演歌》。《越南汉喃文献目录提要》著录本书："现存印本十四种。皆130页，高25公分，宽15公分，有汉字。六八体演歌形式的越南史。双琼拙夫范廷倅（即范少游）编撰，潘廷植润正，邓辉煣印。由致忠堂、观文堂、柳文堂、广盛堂、金玉楼等书坊印行。印年较早至1870年，较晚至1924年。"并著录巴黎所藏（Paris LO VN Ⅲ 317）是嘉定城惟明氏于同治甲戌年（1874）新刊的，是据"粤东佛镇金玉楼藏板"；而巴黎另藏有一嗣德三十四年（1881）刊本，则注明系据"致中堂藏板"，可见以上引文中的"致忠堂"应是"致中堂"之讹，而且此一"致中堂藏板"《大南国史演歌》想必早在嗣德二十三年（1870）即已刻就。

　　汉喃研究院图书馆藏书丰富，单《二度梅演歌》即有四种刊本之多，不过并没有中国孔夫子旧书网上所披露的一部《二度梅演歌》（误作《二度梅歌演歌》）。

　　（6）《二度梅演歌》。扉页为"嗣德庚午冬新镌/二度梅演歌/河内致中堂藏板"。孔夫子旧书网商品描述如下："藏品为越南河内致中堂嗣德庚午（1870）年刊本《二度梅歌演歌》103页、206面，1至33回全，一册全。尺寸：长21.5×宽14×高2.4厘米。书整体比较好，前面存人物绣像版画14幅，微有虫蛀……二截本，稀见洁白的越南白纸印刷，纸白墨浓，初刻初印。"按《二度梅演歌》系取材于中国的"惜荫堂主人"编辑的《忠孝节义

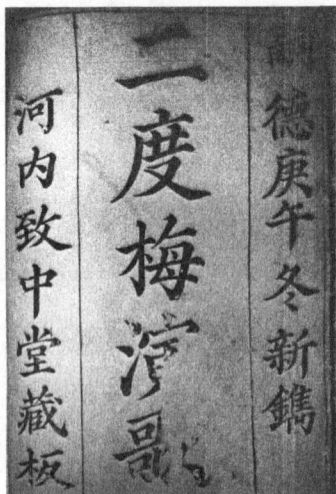

《二度梅演歌》

二度梅全传》（原书40回）小说，由无名氏（一说是越南使节李文馥）以六八体喃文诗传译改而成。孔夫子旧书网简介中还特别提到越南喃传《二度梅》相关作品，在越南、法国、日本现存共有名为《二度梅歌演歌》《二度梅歌精选》《改译二度梅》《润正忠孝节义二度梅传》四部十一种，其中九种为印本，由富文堂（1876）、同文堂（1884）、双东吟雪堂（1887）、堤岸惟明氏（1907）、观文堂（1907）、广盛堂（1920）所刊印，所以河内致中堂嗣德庚午年（二十三年，1870）刊本《二度梅演歌》"无论从开本到版本都不见著录，是存世孤本，而且刊刻时间比著录的九个印本都早，是目前世界范围内收藏越南刻本《二度梅》最早刊本，有着重要的古籍版本价值"①。

以上所介绍的《金汤十二筹》《纪事新编》《二味集》《邓黄中五戒法帖》《大南国史演歌》《二度梅演歌》六部中国与越南的汉喃书籍，确定都是邓辉㷫致中堂于嗣德二十二至二十三年（1869—1870）于河内所刻之书，而实际上致中堂刻书的品项绝对超出这个数量（例如本文所主要参考的《邓黄中文抄》，想必也是由致中堂刊印的），只是有待更多出版史料的印证罢了。

值得一提的是，邓辉㷫在河内创立的致中堂除了是汉喃书籍的出版者外，当然也是一间书店，更特别的是，它还曾经兼营代为邮购中国图书的业务！相关记载见于邓辉㷫《邓黄中文抄》卷3的一篇《河内致中堂北书目价报帖（己巳）》，资料难得，全文引录如下：

本国绅弁暨儒医卜理列位□照。窃闻书籍之有益，尚矣。本国京南北诸庸面开张，发客各项书籍，均是常行近用，至如可以博闻广见者，多属阙如。于嗣德二十年六月□日，承原钦派试行平准事务邓黄中大人奉命赴粤公干，采买御览诸部书，因此遍往五羊城诸书楼，四下□访，除被西洋烧毁外，余得其名目价值，汇抄成集袖归，分付本堂珍藏，以备临辰（时）寄购，免为狡商所惑。想诸贵列亦同此心，恨无人做主耳。兹将各类书值钱实价胪列于左，诸贵列何位如欲寄购何项书者，照后式样开列清单，详叙名目价值，要

---

① 参见孔夫子旧书网，http：//book.kongfz.com/item_pic.do? shopId = 18538&itemId = 433041753&imgId = 1。

于每年四月底以里现□□到本堂，本堂接单即行会修册本，乘六、七月间南风顺便，寄回五羊城定辨（办），依数寄来，约每年十一、二月北风期候可以接到。诸贵列即于每年正月中旬左右，递将价钱就本堂照认书籍，诚为稳便。至如水□关税箱藤各项钱，为数无几，临辰（时）另由本堂照随诸贵列原寄价钱多少，分股填还清款。仍以开年庚午起行为始，国运兴隆，文风振起，以至于万万年之久。肃此笺达，敬祷嘉禧。嗣德二十二年十二月初一日，河内清河铺致中堂专辨（办）书工黎德甲顿帖。①

从《河内致中堂北书目价报帖（己巳）》的内容来看，河内清河铺致中堂拟定了一个向广州代购书籍的流程：从嗣德二十三年（1870）起，每年四月底前顾客可参照邓辉𤐈于广州各书楼汇抄成集的北书目录与价格，开列购书清单到致中堂下定，致中堂会在六、七月间向广州方面采购，大约十一、十二月货到河内，然后通知顾客在来年正月中旬左右到致中堂取书结账并缴纳税金。如此一来，顾客可以选购更多博闻广见的中国书籍，并且避免狡诈的商人借机哄抬书价。

河内致中堂这套代购北书的流程，立意良善，设想周全，想必一定受到越南顾客的欢迎，但不知后来实施了多久，成效如何。非常可惜的是，《河内致中堂北书目价报帖（己巳）》所"胪列于左"的"各类书值钱实价"并未一并收录在《邓黄中文抄》之中，否则这会是继汝伯仕明命十四年（1833）手录《筠清行书目》之后另一份广州书店所售中国书籍的重要书单（含售价）。

这份珍贵的《河内致中堂北书目价报帖（己巳）》，署名"河内清河铺致中堂专辨（办）书工黎德甲顿帖"，那么这位黎德甲是何许人也？笔者掌握的资料极其有限，唯一晓得的是邓辉𤐈《邓黄中文抄》卷4《联》曾有一幅送"平准暂司承辨（办）黎德甲岳祠"②，可见这位"河内清河铺致中堂专辨（办）书工"黎德甲原本应是嗣德十九年（1866）五月暂时成立的平准司的职员，虽然平准司很快遭裁撤，但邓辉𤐈后来仍聘请他在致中堂书坊担任专职协助经营。

---

① ［越］邓辉𤐈：《邓黄中文抄》卷3《帖》，汉喃研究院图书馆藏书，编号：VHv. 834/3。
② 联题下注明黎德甲的岳父是平陆县蒲舍总长武登高，联曰："八社民官至我妇翁而四，百年乡望与先祖舅为双"，联语下又注明"甲祖舅阮登常前为山西省该队，与登高同辰（时）为一乡豪长"。

叁　华学研究

四、结语

综合以上所述，越南使节邓辉㷢在广东访书、购书之余，还委请佛山拾芥园主人梁惠存至少替他代刻了《四十八孝诗画全集》（1867）、《邓惕斋言行录》《辞受要规》《邓黄中诗钞》《柏悦集》《东南尽美录》（以上均为1868年）六种越南图书，此外，他回越南后在河内清河铺所创立的致中堂书坊，至少也以"致中堂"为名，刊印过《金汤十二筹》《纪事新编》两种兵书，以及格言集《二味集》、劝善字帖《邓黄中五戒法帖》、六八体喃文史书《大南国史演歌》（以上均为1869年）、喃传小说《二度梅演歌》（1870）共六种中越书籍，这还不包括冠以"邓季祠堂藏板""邓族祠堂藏板"的《清康熙御题耕织图副本》《珥潢遗爱录》，与缺扉页的《四书文选》《邓黄中文抄》和失传的《重镌四六选》（以上亦均为1869年）。

可以这么说，越南使节的确是越南和中国书籍交流重要的媒介，而邓辉㷢可谓是当中的佼佼者，因为他不仅有"采买御览诸部书"的官方任务，而且跟来往于越南与广东的商人，以及佛山当地五云楼、拾芥园等书坊主人有密切的往来，曾短暂主持平准司的他甚至还想到由"致中堂"兼办代为向中国邮购图书的业务。如此特殊的经历，使得这位在19世纪下半叶的越南身兼使节、儒商双重身份的邓辉㷢，成为为越中书籍交流作出很大贡献的佼佼者，值得我们多加注意。

遗憾的是，邓辉㷢《河内致中堂北书目价报帖（己巳）》所"胪列于左"的"各类书值钱实价"，迄今还没找到；在1869年成立越南第一家照相馆"感孝堂"的邓辉㷢，他本人除了有"微行真容""公座真容"之外，还拍过"吉服影相"九幅①，目前亦未发现。期待大家共同努力，继续补充本文不足之处。

附记：本文书影除了《二度梅演歌》取自孔夫子旧书网之外，其余均出自越南社会科学翰林院之汉喃研究院图书馆，在写作过程中又分别得到范文俊博士、庄秋君博士、王嘉教授的协助，谨致谢忱。再者，本人为《国文天地》杂志社策划2020年9月号"越南使节文献研究专辑"时，本文初稿（不含注释）亦是七篇文章当中的一篇，特此声明。

---

① ［越］邓辉㷢：《邓黄中文抄》卷1《自题》，汉喃研究院图书馆藏书，编号：VHv. 834/1。

岭南书法家研究

——以丘逢甲与邹鲁为例

台中科技大学应用中文系　张致苾*

摘要：丘逢甲与邹鲁同属于广东客籍人士，皆为我国近代的政治家、教育家、诗人与书法家。两人有着共通的生命情怀与教育志业，在潮州韩山师院结识后成为师生，彼此相知相惜、相互提携。身处在清末民初的大时代环境，他们勇于追求民主思潮、富于改革精神；又都是孙中山先生的革命信徒与拥护者，邹鲁更协助总理于广州创办中山大学，完善新式教育制度。丘、邹因为汉学底子深厚，从年少即练就一手好字，邹鲁兼擅国画"四君子"，书风洋溢士夫气。两人虽非艺林中人，然从其墨迹观察，两人皆属"学者书法"，前者奇肆雄健，后者则温雅隽秀。

关键词：丘逢甲；邹鲁；岭南；书风；学者书法

一、前言

岭南，是指以大庾岭为首之"五岭"以南，位于江西、广东两省的边界，一向为广东与江西的交通咽喉。岭南，古代百越之地，今天多半指广东、海南和港澳一带。发源于此的岭南文化与北方的中原文化有着明显差异，主要包括广府、潮州与客家文化等。历史上汉民族的几次大举南迁，加快了岭南的开发，居民自认客居异乡，故多能吃苦耐劳，具移民、冒险、拼搏的精神。此外，自古士大夫由京师贬官流放至此，知名者，如唐朝的韩愈、柳宗元、刘禹锡，北宋的苏轼、寇準、秦观，明朝的汤显祖等硕学鸿儒，也促进了中原文化与岭南文化之交流。岭南地区的书法发展随着时代变迁，既吸收传统深厚的中原艺术，同时又凸显了岭南的地方特色，源远流长。

清末政治腐败，受西方民主思潮影响，革命志士纷纷起义。其中广东大

---

* 作者简介：张致苾，台中科技大学应用中文系副教授。

埔有邹鲁，台湾苗栗有丘逢甲，两位先生皆一时俊秀，为当时重要的革命家、政治家、教育家。他们的游踪互有交集，志业一致，彼此以师生相待，又各自擅长书法，以诗入书，在同一个时代背景与多元发展下，两人之书风呈现出什么样貌？值得探讨。

笔者以历史研究法、文献阅读法，爬梳两人之传记、年谱、著作、遗墨及墓志等资料，希能提出客观评赏，描述并比较两人在书法艺术风格上之差异。

二、生平事迹

在论述两位岭南书法家的相同相异处前，请先看他们的生平事迹介绍，以作为后续展开之依据。

（一）丘逢甲（1864—1912）

丘逢甲，字仙根，又字吉甫，号蛰庵、仲阕、华严子，别署海东遗民、南武山人、仓海君。辛亥革命后以仓海为名。祖籍广东镇平（今广东蕉岭）。父龙章，学者称潜斋先生。清咸丰初年补台湾府学生员，嗣补廪贡生。德行纯厚，讲学卜居之处皆受到教化。[1] 同治三年（1864），先生出生于苗栗铜锣的李氏家塾，是潜斋公设教处之客家庄，因生逢甲子年，故称逢甲。他本姓邱，光绪二十一年（1895）内渡居广东后，自易邱为丘姓，[2] 享寿49岁。

光绪二十年（1894）甲午战争爆发，次年清军战败，李鸿章与日本签订《马关条约》割让台湾，丘逢甲上书反对，没有结果。待条约生效，丘逢甲倡立民主国，推巡抚唐景崧出任总统，丘为副总统兼团练使。唐驻守台北，丘驻兵南崁以便策应。当日军登台，进占基隆时，我守军不敌，唐景崧弃职，逃往厦门。丘逢甲见局势不可为，也弃义勇军，回到广东嘉应州。

之后，丘逢甲先后主讲潮州韩山书院、潮阳东山书院、澄海景韩书院，并与三弟丘树甲共同成立岭东同文学堂。[3] 宣统三年（1911），武昌起义爆发后，各省纷纷响应，广东宣布独立；丘逢甲被推为代表，选举孙文为中华民国临时大总统。民国元年（1912），丘逢甲积劳成疾，不幸卒于广东镇平，交

---

① 丘琮：《仓海先生丘公逢甲年谱·前志》，国学导航，http：//www.guoxue123.com/tw/02/070/026.htm，2020年2月18日。

② 刘檗河：《台湾省立美术馆园区碑林专辑》，台中：台湾省立美术馆编辑委员会1994年版，第18页。

③ 据《民国丘仓海先生逢甲年谱》（第161页）之行状，1899年先生于汕头着手创办岭东同文学堂。

代遗言："葬须南向"，意味"吾不忘台湾也"①。著有《岭云海日楼诗钞》十三卷。

（二）邹鲁（1884—1954）

邹鲁，幼名澄生，15岁时，有感天资鲁钝、学业进步迟缓，于是改名为鲁，欲有所警惕。又字海滨，号澄庐主人、澄斋，广东大埔人。清光绪十年（1884）生，晚年渡海来台，1954年卒于台北，享寿71岁。一生追随孙中山先生，奔波海内外，即使戎马倥偬，仍奋勉著述，计有《中国国民党史稿》《黄花岗烈士事略》《回顾录》《教育与和平》《澄庐文集》《澄庐诗集》《少年的回顾》等。

邹鲁为民初重要的政治家、教育家。1925年3月孙中山先生病故，邹鲁是见证其遗嘱的关键人物。1924年他奉命创办广东大学，孙中山先生去世后，广东大学改制为中山大学，邹鲁任首届校长，其主持校务的二十年，是中大的黄金时代。邹鲁填词作校歌、书校训，完成中山大学石牌建校，并使之成为南方最高学府，直媲美北方的北京大学。② 今广州市区仍残留一片中大旧校门牌楼，体现了当年创校的意义。

（三）丘、邹的共通志业

丘逢甲少年得志，却弃官返台从事教育工作；1895年反割台斗争时，他首倡抗日；内渡大陆后则献身推广新式教育，为国家培养元气，终其一生有强烈的爱国情操。他虽生于台湾，却回到广东参政，与邹鲁有过密切往来。而邹鲁为中国国民党元老，辛亥革命功臣，民国初期的杰出教育家；少年在韩山书院求学时，便与同乡子弟创办乐群中学（大埔中学前身）。在省城读书时，又得老师丘逢甲（时为广东教育总会会长）赞助，倡办潮嘉师范学校；中华人民共和国成立后，他从香港转赴台湾。

丘氏有《岭云海日楼诗钞》，诗作成就高，被梁启超誉为"诗界革命巨子"；邹氏有《邹鲁文存》，其中第3辑为《澄庐诗集》，后世评其诗、书、画为"三绝"。他们虽非以书、画立身，书、画仅为其抒发闲情逸致的"余事"，但由于他们具有深厚的文化素养、艺术情趣和审美心灵，作品随兴发挥，都能散发高超的艺术魅力。

---

① 江琼：《丘仓海传》，（清）丘逢甲：《岭云海日楼诗钞》，上海：上海古籍出版社1982年版，第428页。

② 冯双：《邹鲁年谱》（下卷），广州：中山大学出版社2010年版，第996-998页。

三、清末民初之两岸书风

研究某一个时代的书法风格，除了作品内容、形式、表达技巧之外，作家的个性、成长环境、时代背景与艺术兴衰，也需详细观察。吴慧平说：

> 书体是通过字体的书写而产生的，由于笔法的藏露顿挫，笔势的远近轻重，笔意的文野雅俗，而使基本结构表现出书写者的个性和情趣，形成各种不同的艺术风格。①

由于丘逢甲、邹鲁两人先后在广东与台湾之间游宦，粤、台书风必然影响书法家的审美趣味与技法养成。因此，下文就清末民初两地的书风，作一探讨。

（一）岭南书风

一个流派的形成必须是有自觉性的，在长时间的艺术发展中，有着一群师承或私淑关系的人，透过独特的艺术技巧表现自我，在作品的内容、形式与思想中呈现统一风格及基本特色，让欣赏者一眼就能分辨出所属的流派及视觉趣味。例如，近代有赵之谦、虚谷、任颐、吴昌硕等人的"海上画派"；高剑父、高奇峰、陈树人等人的"岭南画派"。② 本文所述之两位岭南书家，他们虽来自不同的成长环境，在广东有过短暂交会，一生也未全力在书法上发展，但由于一项流风之影响是无形而广泛的，在讨论丘逢甲、邹鲁的书艺成就时，必须对"岭南书风"有所了解。

岭南书家长期受前贤影响，宋末以广州为政治中心，一时文物斐然，学者、英雄辈出；元人入主中原后，压抑民气，岭表文化停滞百年，至明中叶而后复兴。明代粤省书法家多诗人、学者、高僧，较之宋末人才更盛，甚者更有为国捐躯之烈士，影响国家民族风气甚巨。因此明清的"岭南书风"可从所涌现之"白沙书派""竹本派""康体"等遗风中寻找答案。

白沙书派的"白沙"指陈献章（1428—1500），字公甫，号石斋，广东新会人，后迁江门的白沙村，世人多以陈白沙称呼。明代成化、弘治年间的大思想家、教育家、书法家、诗人，为明代硕儒，有"岭南一人""广东第一大儒"盛誉，世称"江门学派"。书法常以茅龙笔书写，粗犷、苍劲的笔触，显

---

① 吴慧平：《书法文化地理研究》，北京：荣宝斋出版社2009年版，第14页。
② 李万才：《海上画派》，长春：吉林美术出版社2003年版，序第1－3页。

得刚健有力，改变元明以来圆滑、软弱无力的书风。其门下弟子甚众，自成一格，形成"白沙书派"，名闻海内，开岭南书法先河。① 因为当时物质缺乏，不易买笔，白沙先生因陋就简，乃自制以茅草束成的笔来写，行书刷笔飞白，表现出一种碑学趣味，极受好评。

陈献章以茅龙笔写草书②

彭睿瓘（明崇祯至清康熙年间），字公吹，一字闻自，号竹本，别署龙江村獠；广东顺德人。工书擅画，以草书著称，草书势态灵动，脱胎于怀素而自成一家，称"竹本派"。③

康有为，清末广东新会人，该地向来有"康体书法耀岭南"之誉。楷书效法"率更"欧阳询，篆书出自邓石如，而兼有陈澧遗意，风骨峻峭，极见性情，为近代书坛的盟主。

丁仕美的《岭南书法丛谭》一文，曾就广东书家群像之修养观察，总结出以下特点：①重视气节：粤地书家在承平时，直言敢谏，秉正不阿；在乱世时，则见危授命，不惜舍身成仁。②重视学问：粤地书家，尊重学问，凡

---

① 《明代陈献章行书诗卷欣赏》，每日头条，https：//kknews. cc/culture/4zkbe9x. html，2020 年 2 月 2 日。

② 图片来源于辛兰、章卫华编：《中华古帖——陈献章卷》，北京：中国连环画出版社 1993 年版。

③ 彭睿瓘，华人百科，https：//www. itsfun. com. tw/彭睿瓘/wiki－8351029－5406788，2020 年 2 月 3 日。

言书法，以有书卷气者为依归；陈献章、湛若水、陈澧、康有为、梁启超，皆以学问名者也。③不求闻达：粤地书家，对于书法修养的动机纯出于爱好艺术，陶冶性灵，不以干禄，非以要誉。其挥洒目的，为知己而作，为兴趣而作，不计工拙，不作流传打算。④富于创作性：粤地书家，重视个性发展，初虽与古人合，后则与古人离，成为普遍的主张论调；他们与中原书家恪守师法者，迥然不同。①

从丁仕美对岭南书法家群像的观察，用重气节、有学问、不求名利、富有创造性等特质评价邹鲁的艺文世界，似乎相当，可知环境对一个人的形塑力量多么深远！

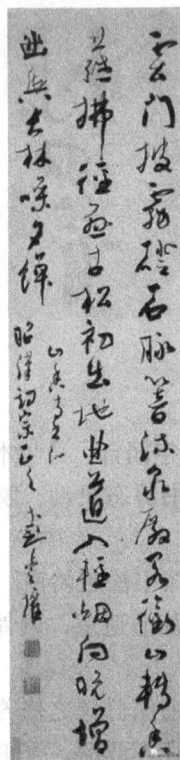

彭睿瓘"竹本派"书法　　　　　　康有为书法

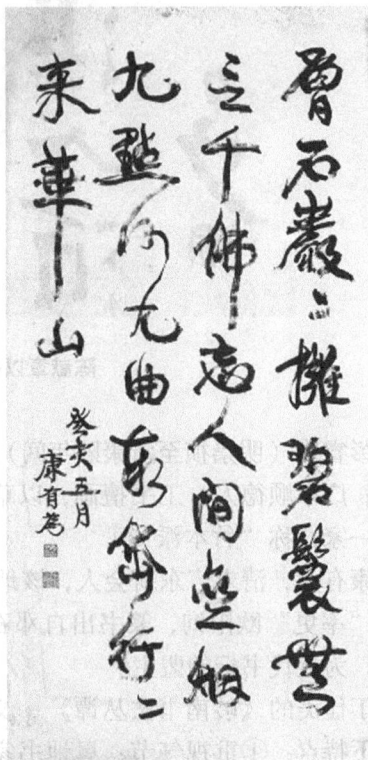

---

①《岭南书法丛谭》，天人中国书法艺术网，http：//www.skyren-art.com/zh_tw/dingshimei/cal-ligraphy-discourse/336-2010-12-30-04-10-01.html，2020年2月3日。

(二) 台湾书风

丘逢甲一生处于清同治至民国元年之间，到广东不久即病故，因此丘氏的书风养成多半在台湾的青少年时期。因此有必要对台湾晚清的书风作一观察。

1. 闽、粤书风与中原文化的移植

台湾美术馆多年前有一场演讲，是崔咏雪谈台湾早期（1662—1945）书法风格的发展，她将这一时期的台湾书风分为三个阶段，其中第二阶段是指清朝乾隆至光绪年间，此时中原书风南渡与台闽习气融合。麦秋风也说：

台湾经大陆沿海高度文化区（闽、粤为主）移民加入垦殖，再经清朝之建设经营，遂发展成中原文化最重要之大支流。①

台湾自明郑开台以来，即为一移民的社会。当时中国东南沿海盗匪猖獗，居民迫于生计铤险来台。由于闽粤两省与台湾最为接近，来自这两地的移民也多。据方豪研究：

计台湾光复前，来自福建的移民达四百九十九万余人，来自广东省者约九十一万余人。②

这近六百万居民来台后的文化表征自然呈现地域性的关联。崔咏雪指出："闽习"风尚泼辣、狂气，具草根性的移民色彩；这在清朝乾、嘉年间台湾书家林朝英"鹅群体书"、朱术桂"竹盟书"的大字榜书，张朝翔、叶化成、谢琯樵的草书中，表露无遗。③ 此与前述岭南书风的明朝书法家陈白沙用"茅龙笔"或"竹盟笔"所书，线条浑厚、折笔强劲，致有苍劲飞白的趣味，颇为一致，可以肯定：台民早期具有受闽、粤影响的艺术特质与情感表征。

---

① 麦秋风：《台湾地区三百年来书法风格之递嬗》，台湾中国文化大学艺术研究所硕士学位论文，1988 年，第 1 页。

② 方豪：《方豪六十自定稿》（上册），台北：台湾学生书局 1969 年版，第 1130 页。

③ 崔咏雪 2001 年 1 月 20 日在台湾美术馆所作题为《台湾早期书法风格的发展（1662—1945）》的演讲讲稿。

林朝英"鹅群体书"作品①

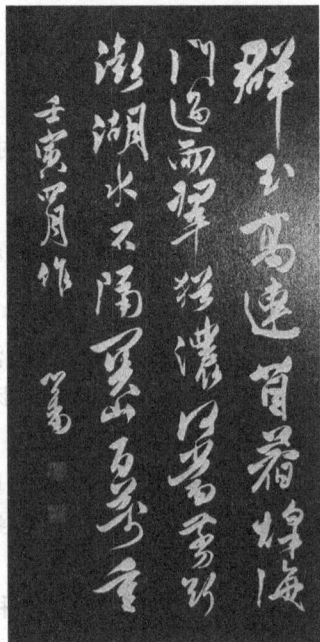

叶化成草书作品②

2. 明、清举业对台湾书法的振兴

台湾科举之发皇，始于明郑时期的郑经，士子无不视科举得第为一切荣辱所在。无论官学、民学，都与科举有关。自唐朝"国学"置书学博士，选才择人也以能"书"为标准，科举考试重视书法，其来有自；甚至明、清两朝有过之而无不及，清代台湾科举遂于康熙二十六年（1687）正式举行。麦秋凤说：

明清以来，科举制度对书法艺术之日益强调、重视，间接形成台湾早期二百余年来独特之"教育书法"风格主流。③

---

① 图片来源于刘橬河：《台湾省立美术馆园区碑林专辑》，台中：台湾省立美术馆编辑委员会1994年版。

② 图片来源于刘橬河：《台湾省立美术馆园区碑林专辑》，台中：台湾省立美术馆编辑委员会1994年版。

③ 麦秋凤：《台湾地区三百年来书法风格之递嬗》，台湾中国文化大学艺术研究所硕士学位论文，1988年，第19页。

台湾士子受到鼓励，信心日增，参加人数渐多。道光三年（1823），清廷破格录取新竹郑用锡为台湾首位进士，读书人认为仕途有望，文风日盛，道光以后科甲文人的质、量大增，左右了台湾士绅阶层，不再只重经济、轻文教，或采用豪强型的领导模式了！

郑用锡以维护道统自居，对传统诗文、书、画艺术尤其重视，所建名园常提供文人雅集、书画酬酢的用地，对后来的台湾文教发展影响深远，也间接促使清代的台湾走出传承自中原之正统书风，转而过渡为台湾的自我风貌。

3. 诗坛结社吟咏带动文化风气

唐代以诗取士，科甲文人皆工诗书，影响所及，省籍人士亦纷纷结社酬唱，以为锻炼。台湾最早的诗社，为康熙二十四年（1685）成立之"东吟社"，至道光年间，估计已有三十四个诗文社，能诗者甚众，知名者有章甫、郑用锡、林占梅、施士洁、许南英、丘逢甲等，而以施士洁、丘逢甲尤其杰出。①

时至乙未割台之变，让感时忧国的知识分子竞相吟咏托怀，诗集产出量多质精，内容虽道尽无奈慨叹，但由于士绅阶级在日据时代仍具社会影响力，于是使来自中原的汉学因诗社而得以保存下来。

4. 游宦寓台书家引进碑版，使书风兼容并蓄

道光十七年（1837），板桥林本源礼聘福建书家吕世宜来台，吕氏为林家购进千余种金石拓本，因此有"台湾金石学导师"尊称。受吕氏篆隶碑学影响，台湾倡起金石书风，但此时仍以帖学为主流。

明代"台阁体"与清代"馆阁体"影响中国书坛整整五百年，使清代文人难有不受馆阁书风影响者。"馆阁体"黑大圆光、匀称丰润、端雅婉丽，加上康熙帝推崇董其昌、乾隆帝喜好赵孟頫，在帝王的推波助澜下，馆阁体书法盛行不辍。康有为虽然也称赞清代院体小楷，认为"配制均停，调和安协，修短合度"②，作为初学分布、平正之阶段，并无不可；但学习者若只求形式、投帝王所好，容易形成"千手雷同"而没有生气的局面。

台湾书坛除了承袭明、清"帖学"，文人同时受"书品"观念——所谓"字如其人""心正则笔正"的影响，对唐朝颜真卿的字特别推崇。因此，台湾庙宇书法多与颜真卿楷书法度类似，建立在儒家精神的基础上，为体势严

① 麦秋风：《台湾地区三百年来书法风格之递嬗》，台湾中国文化大学艺术研究所硕士学位论文，1988年，第33页。

② 康有为著，祝嘉疏证：《本汉》第七，《广艺舟双楫疏证》，台北：华正书局1980年版。

谨的翰墨风格，麦秋凤认为此最适合移民创业、卫道之精神；① 台湾早期书家的作品，也因此多重法则少有创意，即受"院体派"束缚影响所致。以此来看本论丘逢甲的书法，其一生坚持"汉贼不两立"的抗日情操，也有类似坚毅性格的书写风格！

四、丘逢甲、邹鲁之书法艺术

丘、邹两位先生平生对教育积极改革，有提倡办学之功，端正了社会陋习败风；又能以诗文寄托爱国意识，传承中华文化，笔墨书迹虽不像专业书法家那么注意技法细节，但在创作过程中即兴发挥，反而能收无意于工乃工的化境，增强了书法的表现力。下文试从两人的书法风格进行研究观察。

（一）自作诗文入书之学者书风

学者书风是一种中庸、冲和的状态，往往具有受儒家思想影响所演化成的审美情趣。项穆《书法雅言》有言：

> 评鉴书迹，要诀何存？温而厉，威而不猛，恭而安。宣尼德性，气质浑然，中和气象也。执此以观人，味此以自学，善书善鉴，具得之矣。②

又曰：

> 圆而且方，方而复圆，正能含奇，奇不失正，会于中和，斯为美善。中也者，无过不及是也。和也者，无乖无戾是也。③

上述是明朝书法理论家项穆对书法境界"中和"之美的描述。所谓"无过不及""无乖无戾"毕竟显得抽象难解，如能掌握书法线条的方圆、正奇相互涵融之准则，也不失为中庸之道！

唐朝山水诗人王维，能书、擅画又通音律，作品为苏轼评曰："诗中有画，画中有诗"，此后，文人写字作画无不以平淡闲远、穆和严静作为创作追

---

① 麦秋凤：《台湾地区三百年来书法风格之递嬗》，台湾中国文化大学艺术研究所硕士学位论文，1988年，第56页。

② （明）项穆：《书法雅言》，上海书画出版社、华东师范大学古籍整理研究室选编校点：《历代书法论文选》，上海：上海书画出版社1979年版，第538页。

③ （明）项穆：《书法雅言》，上海书画出版社、华东师范大学古籍整理研究室选编校点：《历代书法论文选》，上海：上海书画出版社1979年版，第526页。

求的最高意境，希望以最简约的笔、墨为工具，最概括的黑白、浓淡为色彩，传达内心的深切感受。

中庸、冲和的审美观，在元朝受到文人艺术家普遍的重视与喜爱，直至清初达到炉火纯青的地步。明末董其昌具体提出"文人画"一词，以达心适意为学者在书画领域的主观追求，自此士夫气与文人画、学者书相互结合。然而，要如何才能呈现此一境界？"诗"无疑是最佳载体。文人以诗酝酿其背后淡泊、孤高的"文人气"，当遇到官场不得意时，则选择对世间采取隐逸与撤退态度。表面上借由诗来揭示自己对自然的依恋，内心却依旧关心世事而发出长叹！

诗、书、画三者在形式上固然不同，内涵却是传统文人双重人格的表征：首先，他们以社会责任与使命感自居，产生深厚的忧国忧民意识；欲以正直的生命情怀，超越利害得失，投身于社会改革的政治热情，宋朝范文正公"先天下之忧而忧，后天下之乐而乐"的入世精神即是。其次，传统文人常贪恋恣情任性的悠闲情调，以山川为邻、以松柏为友、以琴酒为伴，将自己置身于大自然，这是其追求自得乐趣的一种方法，然后通过"游于艺"的书画形式展现内心独特的精神意蕴。

丘逢甲与邹鲁自小受过良好的儒家教育，拥有深厚的古典文学素养，及长，在国家面临多事之秋、动荡之际，又能抱持革命志业，以办教育报效国家，两人深具儒生济人、救世的气质，并经常自作诗文以入书、入画，来表达胸臆。丘逢甲擅写大字，书风苍劲，遗世之作多行书轴。晚清，台湾的文人士子竞以诗鸣时，乙未割台，各界慷慨悲鸣，而以丘逢甲最为杰出。[①]邹鲁书法端严温厚、隽逸雅健；又擅画，梅兰竹菊洋溢淡泊的士夫气。丘、邹二人的书法均呈现一种学者书风的气息。

（二）丘逢甲的书法

丘逢甲遗世书作，但见行、楷书，篆、隶二体书作则少见。崔咏雪评论丘逢甲的书法，说：

> 其书苍劲有力，传世之作多行书轴，书风颇具《瘗鹤铭》的撑挺劲健，圆笔藏锋，有着篆隶变化而来的劲力，与宽博舒展的结体。并兼山谷欹侧取

势，横画斜长，长笔四展，撇捺拖出奇肆竿劲之特质。①

　　丘逢甲现存书迹，行书作品结构廓然大气、背势挺立、笔力厚重；观之易生肃然崇敬之心；然而字势纵长，竖画向下展延，颇有黄山谷"树梢挂蛇"的灵动姿态。而《瘗鹤铭》为南朝梁刻在摩崖上的一段铭文，于唐代断裂，铭石失落江中。两宋时陆续打捞上岸，铭文气势宏伟，书法神态飞动，古人评如仙鹤低舞，仪态大方，是书法界的杰作。北宋黄庭坚曾曰："大字无过《瘗鹤铭》"，并誉之为"大字之祖"。②

　　以此观丘逢甲的《五月二十八夜不寐》《题画诗》《醉歌示徐生》《赠秦人毛生诗》等七言自作诗书法，字势跌宕，纵画逸长，结体敧侧，背势挺拔，颇似山谷道人《松风阁帖》之风格，想先生习字的过程中，必曾受《瘗鹤铭》与《松风阁帖》启发！

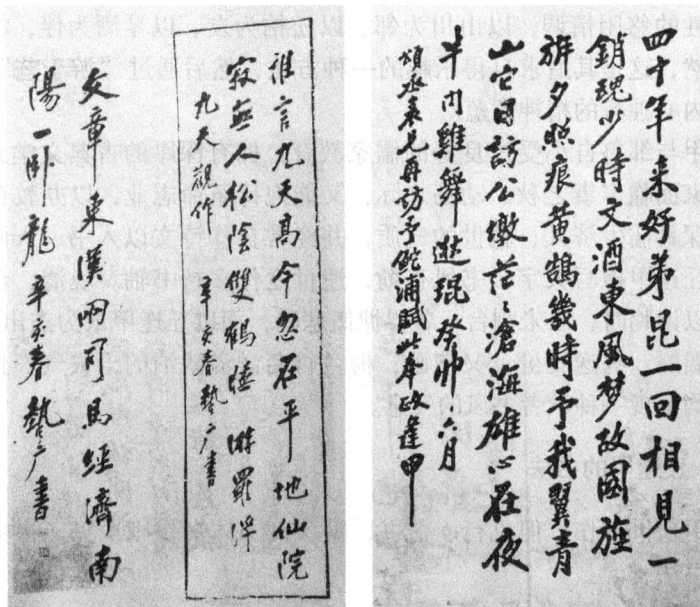

仓海先生遗墨③

---

　　① 崔咏雪 2001 年 1 月 20 日在台湾美术馆所作题为《台湾早期书法风格的发展（1662—1945）》的演讲讲稿。

　　② （宋）黄庭坚：《论书》，上海书画出版社、华东师范大学古籍整理研究室选编校点：《历代书法论文选》，上海：上海书画出版社 1979 年版，第 356 页。

　　③ 图片来源于《民国丘仓海先生逢甲年谱》所刊图版。

内容："夜来忽忆儿时事,海沸天翻四十年。心绪如潮眠不得,晓星残角五更天。"(七绝)

题署：戊申五月二十八夜作,伯阳大兄世讲属正,逢甲。

钤印：丘逢甲印

年代：戊申

形式：立轴、纸本 69cm×34cm

赏析：按"戊申"为光绪三十四年(1908),作者时在广东,年45岁。此诗以《五月二十八夜不寐》为题,抒写了他对幼年的怀想和爱国爱乡的心情,《岭云海日楼诗钞》卷十一著录。

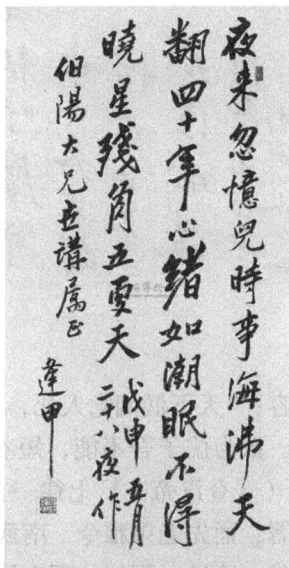

《五月二十八夜不寐》

内容："闲敲棋子向山中,不信神仙万念空;一局松阴未收着,人间成败几英雄。"(七绝)

题署：邱逢甲

年代：辛丑、壬寅稿,清光绪二十七、二十八年作

形式：立轴

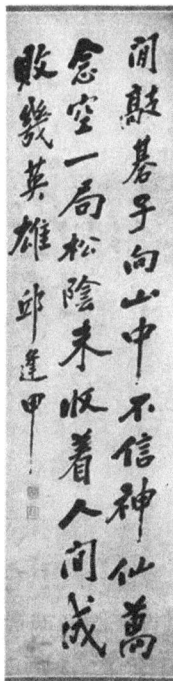

《题画诗》

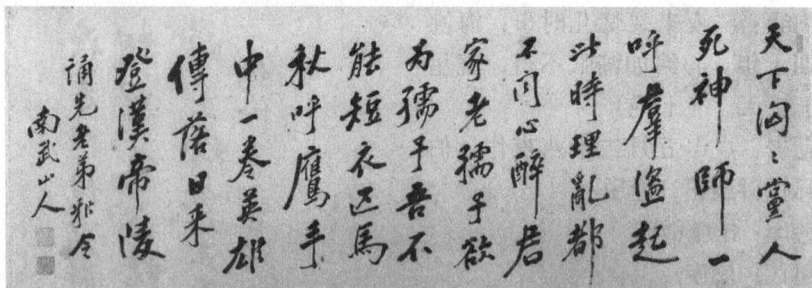

《醉歌示徐生》

内容："天下汹汹党人死，神师一呼群盗起；此时理乱都不问，心醉君家老孺子。欲为孺子吾不能，短衣匹马秋呼鹰；手中一卷英雄传，落日来登汉帝陵。"（《登汉帝陵》七律一首）

题署：诵先老弟雅令　南武山人（丘逢甲）

年代：乙巳、丙午、丁未稿，清光绪卅一、卅二、卅三年作

形式：行书横列中堂

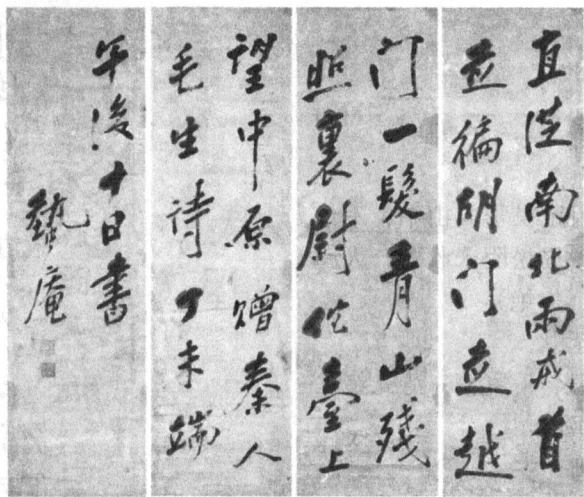

《赠秦人毛生诗》

内容："直从南北两戒首，走遍胡门走越门。一发青山残照里，尉佗台上望中原。"（七绝）

题署：蛰庵（丘逢甲）

年代：丁未端午后十日书

形式：行书四屏

收录：《柏庄诗草·药帖：邱先甲、丘逢甲、丘念台遗墨汇集》。

内容："变现诸天善女身，花鬘缨络不生尘；大千遍洒杨枝水，来救龙荒百万人。"

题署：逢甲

年代：不详

形式：行书中堂刻石

赏析：由内容观之，作者乃歌颂观音大士救苦救难的慈悲，让大千世界百万人类同沾其福祉。

收录：《民国丘仓海先生逢甲年谱》。

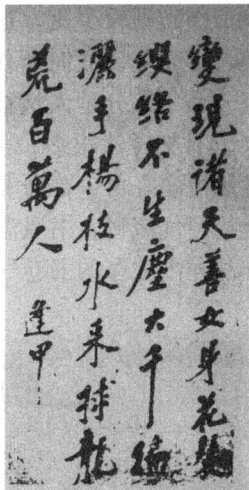

《七言诗》

（三）邹鲁的书法及绘画

邹鲁诗、书、画号为"三绝"。由其一生来看，亦大半参与政党活动，枵腹从公，襄助孙文的革命事业。他虽不能有太多余暇从事艺文活动，但凭其资质聪慧，因此成就后来在书画方面之造诣。

邹鲁自谓8岁执笔，初学楷法，规矩出自"二王"的《乐毅论》《黄庭经》《洛神赋》等。12岁，购得《九成宫醴泉铭帖》一本，临摹不断，并出入六朝北派书风，超脱时俗，奇韵精绝。邹鲁认为书法当遵循古人教诲，先学唐碑，等到骨气洞开，再回归晋人书韵，方不致太过圆熟。根据吴晓懿研究：

楷书渊源于魏晋碑版，字里行间，清挺古雅，明洁隽朗。行书尤其尺牍小字有士夫之书卷气息，笔致清秀中和，气韵深厚，恬静疏旷，用墨温淳淡雅，凛然有生气。①

邹鲁用笔端劲温厚，拙中带秀，笔画变化于锋毫之中；用墨则追求"先

---

① 吴晓懿：《广东历代书家研究丛书·邹鲁》，广州：岭南美术出版社2017年版，第36页。

熟后生"的效果。他的书法体现了文人创作中平淡天真的个性，把"清淡"作为其书法美学的极致追求。

今见邹鲁遗世书作，有楷、行、草、隶各体；本篇收录有楷书、行书作品；隶书作品则较少见。这些书法，一部分是他担任中大校长期间，为新校舍落成、研究院设立时所作的题记，多以楷书碑刻、纪念性质为主，大致书风雅正。另一部分是人情往来酬酢之作，由于先生在公务单位任职既久，建树又大，朋友自然很多，上门求墨宝者络绎不绝；此类书法多以行书赠答，风格潇洒流丽。再一部分是为自己的诗歌创作，赋诗既成，则用行书撰写一遍，全篇行气流畅，书风温润。总之，邹鲁书法风格多不出"学者书法"范围，作品洋溢浓厚的书卷气。

《大块文章》

形式：碑刻，楷书
风格：魏碑，近张猛龙
题署：邹鲁　题
说明：邹鲁任中山大学校长多年，培养毕业生近五千人，学子散于世界各地。他到各地访视学生之余，常留下书法刻石作品。如 1937 年夏日，邹鲁畅游黄山，挥笔写下"大块文章"四个字。

形式：条幅，楷书
风格：端劲温厚，融碑入帖
题署：鲁
说明：笔法圆润，线条轻重交错，不拘一格，有拙趣。"不失赤子之心"，表达了作者对世事的热情及真诚态度。

《不失赤子之心》

饶学研究

内容："山居赏红梅，适拟咏雪诗；朗读琼玉句，益赋冷香泼。顿忆大雪时，丛竹力不力，带雪压梅上，梅正开数枝，红白绿相间，辉映发妍姿。虽羡颜色好，总妒雪相欺。日出雪能消，竹仍自高标。红梅更灿烂，色香闹春饶。香虽未成海，色若朝露娇。知我正辞官，含笑喜相招。归来日夕对，王侯不足骄。赏梅复看竹，竹外松扶摇。此中有三友，清节可为霄。更有诗柬至，山居不寂寥。愿来共相赏，预贮酒一瓢。对酒再赋诗，莫负春正韶。"

形式：行书中堂

风格：笔法清劲，章法工整

说明：全篇以自作诗咏雪答赠友人，用笔流畅、平和静谧，有刚柔相济的圆润趣味。结体虽然敧侧，但左右布排工整、顾盼有姿。整体书风疏瘦清俊，以秀美见长。

《山居赏梅答友咏雪诗》

称心诗带风云气，信手文成金石声

形式：行书联

题署：国立广东大学成立纪念（上款），民国十三年十一月十一日，邹鲁（下款）

风格：笔法圆转，浪漫天真、意趣盎然。整体以气势为上，用笔自如流畅、刚柔并济、心手相应。

说明：七字联书作。本联是邹鲁奉孙中山总理之命一手操办成立大学时书赠的纪念作，用心甚深。当时作者40岁，书法功底已达化境，技法成熟，作品浪漫，意趣盎然。"风云气"是诗情，也是对时局的忧心；"金石声"是书风，也是对教育事业的坚定信念。

形式：酬酢行书联

风格：根据吴晓懿说法："邹鲁年轻时期长期沉浸碑学研究之中，但一直不放弃对帖学之探讨，主张把碑学的苍劲与帖学的灵动结合起来……把原本帖学的行书写得镗镗大气。"① 而此作渗入更多北碑笔意，脱尽轻滑形态，形成劲逸凝练的自家规模。

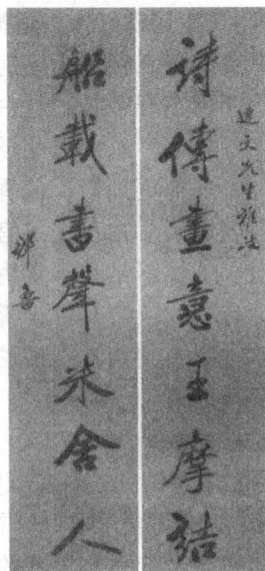

诗传画意王摩诘，船载书声米舍人

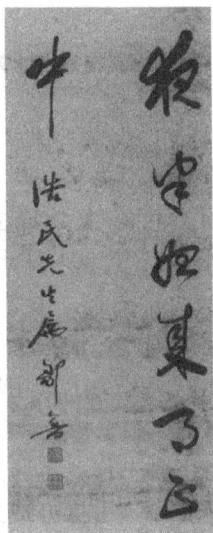

酬酢草书轴："夜半归来月正中"

酬酢行书联："我书意造本无法，此老胸中常有诗"

---

① 吴晓懿：《广东历代书家研究丛书·邹鲁》，广州：岭南美术出版社 2017 年版，第 38 页。

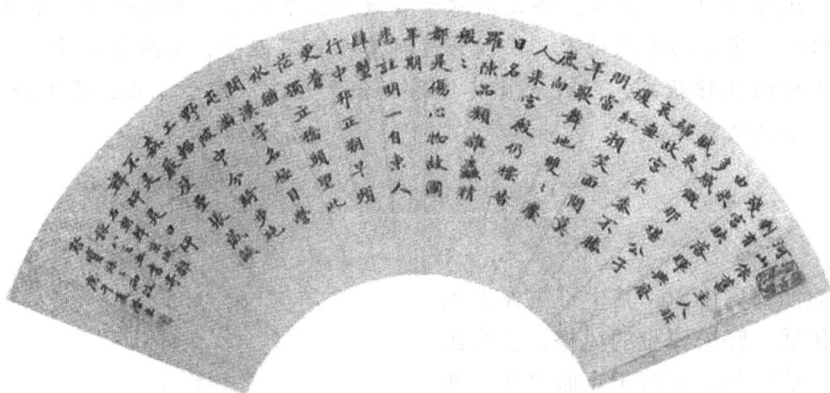

"澄生"（邹鲁）小楷扇面（写于韩师）①

校长邹鲁题署"国立中山大学"

隶书"惟谋我心所安"
（写于民国十八年赴日途中）②

　　邹鲁擅长绘画，画作以水墨"四君子"梅、兰、竹、菊小品为主，尤其写兰，特别有心得。兰花的俯、仰、向、背，姿态俱足；一株素心兰仿佛在空谷中散发淡淡幽香，"文人画"意象十足。根据吴晓懿观察：

---

　　① 图片来源于刘欓河：《台湾省立美术馆园区碑林专辑》，台中：台湾省立美术馆编辑委员会1994年版。

　　② 图片来源于冯双《邹鲁年谱》所刊图版。

纵观邹鲁的艺术生涯，并无刻意于要做一位书画家，而是一位平常喜欢交友吟咏、宦游四海的诗人。正因为这种忘乎之笔在手，与纸之在前，无意于佳乃佳的创作状态，以致欣赏其作品有合于天造，屡于人意，毫无矫饰，有真气淋漓之意趣。①

对照邹鲁传记，其生平书作追求古淡闲适、轻松淳雅的风格，法度出入晋、唐之间，寄情于点画之中，所谓"不刻意求工而浑然天成"之结论，确实如此！

"海滨"（邹鲁）写梅并题东坡诗②

"澄生"（邹鲁）写兰

"海滨"（邹鲁）写兰

① 吴晓懿：《广东历代书家研究丛书·邹鲁》，广州：岭南美术出版社 2017 年版，第 78 页。
② 图片来源于冯双《邹鲁年谱》所刊图版。

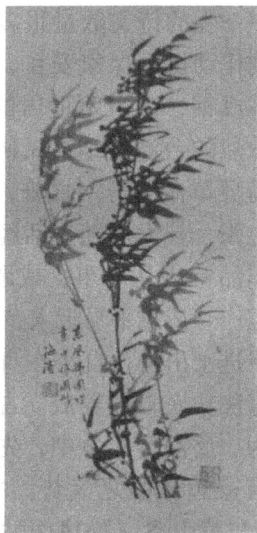

邹鲁写晴竹①　　　　　　　　　　邹鲁写风竹②

五、结语

同属清末岭南书法家的丘逢甲与邹鲁，彼此以师生相称，交往密切，思想上相互影响，都有传世书作。他们的艺文成就如何？笔者分别从两人的生平、志业、诗文及书画风格四项，得出以下结论：

丘逢甲和邹鲁都生长在清末民初的中国南方，祖籍地在粤东的梅州、嘉应州一带，均为客属。丘氏是汉学家之后，从小饱读诗书、家学渊源；邹氏则是贫苦农家出身，自小自力更生。两人向来聪慧，都怀抱远大志向，但丘逢甲比邹鲁年长二十岁，求学之路因此大相径庭。前者举业出身；后者则因家庭经济困难，选择新式学堂就读，很早便接触西方文明，从此打开日后以教育救国的志业。

丘逢甲早年在台湾四处讲学，欲以基础教育开启民智。当丘逢甲回到广东，与邹以师生身份相遇，是丘开启了少年邹鲁的民主意识。之后，两人支持同盟会，协助孙中山革命。可惜天不假年，丘逢甲于民国元年积劳辞世。邹鲁从青少年时即累积许多办学的经验，后来主持中山大学校务二十年。为了改革教育，他数度出国考察，在中大建设学习环境、完善高校制度，是中国新式高等教育的开创者与奠基者。

---

① 图片来源于冯双《邹鲁年谱》所刊图版。
② 图片来源于冯双《邹鲁年谱》所刊图版。

丘逢甲一生的诗文数量很多，凡五言、七言，绝句、律诗、古风各种形式都有；创作动机为保家安乡、自我抒怀、酬酢应和，尤其怀抱对祖国的期许，恨铁不成钢，因祖辈世居的台湾岛被东夷所占有，以致心念不绝如缕。诗文常怀浓烈的台湾情结，风格悲壮深沉、用词豪迈。在近代中国诗坛，丘逢甲有"诗界革命巨子"之誉，评价很高。邹鲁一向聪慧，又勤奋力学。年少时颇有主张，长大后随生活经验的丰富，写字、画画、吟诗作对，样样精通；诗文作品常表达时事，或题署、或寄情、或写旅次中杂感，内容所见，领域十分宽广。诗风平易近人，温厚易解。

丘逢甲进士出身，自小在身为汉学家的父亲身边长大，所受传统笔墨教育深厚，书法功底自然养成。古人说字如其人，观其书风，一如他投笔从戎的书生作为。反割台斗争中，先生亲率义勇军南征北战，个性刚毅，表现在笔端，自有豪迈雄强之气势。书法结体采左低右高，敧侧取势，类似大字《瘗鹤铭》与黄山谷《松风阁帖》行书的风貌。邹鲁虽然处于旧式私塾与新式学堂青黄不接的年代，但他二十来岁在广东法政学堂念书时，努力临帖习字，加上个性沉静坚毅，几年间书艺大为精进。在艺术上有诗、书、画"三绝"美誉，书风可以用"学者书法"——清、劲、淡、逸四字来概括。

书画技法虽被古人视为小道，但艺术之功效却能带给世人精神享受和心灵依托。本文探讨清末民初大时代下两位岭南书家——丘逢甲、邹鲁的书法风格，希望借此带给读者不同于政治事功的柔性视角，让读者见识他们不为人知的书画艺术成就。

参考文献

［1］了庐、凌利中：《文人画史新论》，上海：上海画报出版社2002年版。

［2］丁文江、赵丰田编：《梁任公先生年谱长编初稿》，上海：中华书局2010年版。

［3］王平：《画家书法》，杭州：中国美术学院出版社2002年版。

［4］郑喜夫：《民国丘仓海先生逢甲年谱》，台北：台湾商务印书馆，1981年版。

［5］方豪：《方豪六十自定稿》（上、下册），台北：台湾学生书局1969年版。

［6］李万才：《海上画派》，长春：吉林美术出版社2003年版。

［7］吴晓懿：《广东历代书家研究丛书·邹鲁》，广州：岭南美术出版社2017年版。

［8］吴慧平：《书法文化地理研究》，北京：荣宝斋出版社 2009 年版。

［9］高淮生：《由题画诗透视中国文人画家的人格精神》，《中国矿业大学学报（社会科学版）》2002 年第 1 期。

［10］陈正祥：《中国文化地理》，台北：木铎出版社 1984 年版。

［11］陈哲三：《邹鲁初集研究》，台北：华世出版社 1980 年版。

［12］祝嘉：《广艺舟双楫疏证》，台北：华正书局 1980 年版。

［13］麦秋凤：《台湾地区三百年来书法风格之递嬗》，台湾中国文化大学艺术研究所硕士学位论文，1988 年。

［14］冯双：《邹鲁年谱》（上、下卷），广州：中山大学出版社 2010 年版。

［15］斯舜威：《学者书法》，杭州：中国美术学院出版社 2002 年版。

［16］邹鲁：《少年的回顾》，台北：龙文出版社 1993 年版。

［17］刘檡河：《台湾省立美术馆园区碑林专辑》，台中：台湾省立美术馆编辑委员会 1994 年版。

［18］戴书训：《愈经霜雪愈精神——邹鲁传》，台北：近代中国出版社 1983 年版。

［19］上海书画出版社、华东师范大学古籍整理研究室选编校点：《历代书法论文选》，上海：上海书画出版社 1979 年版。

周岸登词述略

华东师范大学出版社　时润民[*]

摘要： 周岸登为晚清民国时期蜀地词人的典型代表，其词集《蜀雅》中的作品，具辞藻密丽、格律严谨、多赋蜀地特色之三大特点，颇值注目。

关键词： 周岸登；词；《蜀雅》；特色

近年来晚近词之研究渐成热点，此一时期之岭南词人，因其时闽广一带词学学术力量雄厚而备受关注。而同时，近代蜀地词人则鲜有专文论及。实则乔曾劬之《波外乐章》、张祥龄之《半箧秋词》、周岸登之《蜀雅》、赵熙之《香宋词》、林思进之《清寂堂词》，莫不法乳南宋、瓣香清季四家，蕴藉高华。然或囿于地域，或匮于资料，长期未得学界注目。甚而因书名之故，或有误以周岸登所著《蜀雅》为选录、汇集地域词作之词选类文献者，未免失察。笔者虽非蜀人，然甚佩周词之功力，今特撰文一述其特色，以就教于方家。

一、概述

早前所知周之生平资料阙如，后经搜览，于辞书及蜀地地方文献中获知稍多。周岸登（1872—1942），字道揆，号癸叔，别号癸辛词人、蜀雅堂。威远一和乡人。光绪十八年（1892）中举，先后任广西阳朔、苍梧知县，全州知州。辛亥后，历任四川省会理、蓬溪，江西省宁都、清江、吉安等县知事，江西省庐陵道尹。又历任四川大学、厦门大学、重庆大学、安徽大学各校中文系及文学院主任、教授职。博学专精，著述甚丰，有《唐五代词讲稿》《北宋慢词讲稿》《金石学讲稿》《曲学讲稿》《楚辞训纂》《贤女传讲稿》《韩民

---

* 作者简介：时润民（1986—　），上海人，文学博士，华东师范大学出版社编辑。

血泪史》《莞子故训甄》等。工词曲，兼善诗赋，词宗梦窗、草窗，故自号"二窗词客"，所作收入《蜀雅》《能登集》《梦碧簃曲稿》等刊行于世。《蜀雅》词12卷、别集2卷，正集中《邛都词》1卷30首、《长江词》1卷33首、《北梦词》2卷72首、《煟梦词》2卷52首、《南潜词》2卷46首、《丹石词》1卷45首、《退圃词》1卷41首、《海客词》1卷12首、《江南春词》1卷38首，别集中《和庚子秋词》116首、《杨柳枝词》102首，共计587首，标为《二窗词客全集》第一种，由上海中华书局于民国二十年（1931）以聚珍仿宋本大铅字精印刊布。近十多年间，其词则经四川社会科学研究院文学研究所李谊《历代蜀词全辑》正续二编辑录，补成六百余首。另查"四川省古籍联合目录集部（词类）"，知周尚批校有清康熙曹楝亭刊本宋黄大舆辑《梅苑》10卷及清咸丰曼陀罗华阁刻本《梦窗词》4卷、补遗1卷，俱藏四川大学。

周岸登之词，于晚近享誉甚隆。民国王易《词曲史》即云："词学自晚清中兴。今词坛耆宿之存者止彊村一翁，而十余年来造述蔚如，足以列作者之林者尚不乏其人。其存者如……周岸登，字道援，号癸叔，威远人；有《二窗》《十稿》合为《蜀雅》，辞丽密而律特精严，其《邛都词》中多赋西南逸事，足备职方。"① 并录其《霜叶飞·重九霜降登滕王阁》一阕。后姜方锬《蜀词人评传》袭王易之论，并另录其《风流子·观舞和清真》一阕。② 夏敬观《忍古楼词话》则撰有"周二窗"一条专论其词："昨年因姚景之，寄予所著《蜀雅》十二卷，《蜀雅别集》二卷。岸登虽曾官江右，予未之常共文宴也。集中有'东园暝坐'用予韵《宴清都》云……岸登才思富丽，亦非余子可及者。"③ 所评与王易为近。胡先骕《蜀雅序》中则极称其词"沉酣梦窗，矞皇典丽"④。王易《蜀雅序》更赞以"博雅矜炼，语出已铸，律细韵严，气度弘远"⑤。观上述诸评，知《蜀雅》之得誉者，一为宗法周邦彦《清真词》、吴文英《梦窗词》之辞藻，二为法度严谨之格律，三为词中蜀地风物及本事。今俱依前人所述略申一二。

① 王易：《词曲史》，南京：江苏教育出版社2005年版，第318页。

② 姜方锬：《蜀词人评传》，成都：成都古籍书店1984年版，第385页。

③ 夏敬观：《忍古楼词话》，唐圭璋编：《词话丛编》，北京：中华书局1986年版，第4786－4787页。

④ 胡先骕：《蜀雅序》，周岸登：《蜀雅》，上海：中华书局民国二十年铅印本。

⑤ 王易：《蜀雅序》，周岸登：《蜀雅》，上海：中华书局民国二十年铅印本。

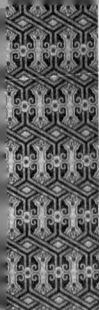

二、辞藻

周岸登既自号"二窗词客"，已可见其嗜好。观《蜀雅》之中，"次清真韵"之作近20首，"次梦窗韵"及"依梦窗谱"之词更近30首，而吴文英所创词中最长调《莺啼序》，周氏更先后填有10首，实是冠绝古今之举，愈显其宗尚所在。顾周邦彦词之"富丽精工"、吴文英词之"七宝楼台"，华辞丽藻已极，而《蜀雅》实有过之而无不及，兹举集中"次韵"作为例。

姜方锬《蜀词人评传》中所录之《风流子·观舞和清真》一首为周词名作：

> 斜日转银塘。蘋风度、少女踏春阳。看轻雪乍回，碧莲翻沼，小腰慵举，红杏倚墙。殢人处、慢歌调舞，节迟拍昵金簧。佳侠艳光，笑时飞电，醉魂惊眼，邀处停觞。
>
> 司空浑闲事，清狂减、还自注目瑶厢。记否旧家，金钗十二成行。叹老来结想，承平遗恨，怕描残粉，愁赋翻香。多少梦梁馀话，说也何妨。

此词下字造语，虽不能如周邦彦词臻于化境，然气度近之。周邦彦词有所谓"艳语之笔而人竟不觉"之称，如"拚今生、对花对酒，为伊泪落"（《解连环》）、"天便教人，霎时厮见何妨"（《风流子》）等句，反生出情怀无限，周岸登此作中"小腰""红杏"之语虽不能到此境，然亦不可径目为恶俗。另若周邦彦词"惟有旧家秋娘，声价如故"（《瑞龙吟》）之以实笔写虚而如在目前，周岸登此作则已得其神：词中并未说破所忆之"旧家金钗"已然离去，而仅着一"记否"，便有虚实相生之妙。此作全篇气息婉转流利、不黏不滞，正颇似周邦彦词之笔致。

又晚近之时精研吴文英《梦窗词》者最众，前有朱彊村为词坛盟主，后有陈洵、杨铁夫、刘永济诸家名满海内，周岸登亦此中翘楚，其《瑞鹤仙·己巳重九，和梦窗丙午重九之叶》词：

> 绚霞蒸海峤。动旅怀谁省，惊秋恨早。粘天尽衰草。念北书南菊，顿撄愁抱。慵舒远眺。自高歌、声情缥缈。叹年来、遁处遗荣，久谢紫荨乌帽。
>
> 都道。百花潭上，濯锦江头，尽堪归老。吟鞭醉袅。须细染，学年少。怕邮筒香减，黄花明日，蝶怨天遥梦窅。夕风号、漫掩西窗，暂迎晚照。

正乃以密致意象间之对照牵连为谋篇布局之法，尽得所谓"梦窗词风"。又如《绛都春·题渝州旧院郭六跨马小影，用梦窗韵》：

愁肠似线。又天澹绿芜，江空人远。雁早信迟，菊秀兰衰成秋苑。司勋惆怅添清怨。听嘶马、风花零乱。紫骝芳圻，藏鸦细柳，胆娘庭院。

曾见。娇憨娅姹，据鞍态、翠拥珠围红茜。桂管梦遥，湖海游疏春潜换。桃花依旧迷人面。掩查背、千呼不转。怎教一笑回眸，语香送暖。

《绛都春》为吴文英自度曲，填之不易。周词诸景迭换，炫人眼目，而自凭一股"潜气"打通关节，绝少以虚字作承转功夫，诸韵间又多以"空际转身"式跳跃叙述为串联，逼似梦窗。

由上略可见，虽然于晚近词坛宗梦窗之风蔚为大观之背景下，周岸登词尚不能如金天羽《红鹤词》般突破藩篱、开拓异境，守成则绰绰有余，若称其为"词坛巨擘"，实非虚誉。

三、格律

再看周岸登词之格律，前人"特精严"之誉，似不为过。其词之守律确实堪称典范，如《解连环·和忏盦甘棠湖秋泛》一阕：

半查秋色。叹沧江散发，旧情何极。尚记省、西子西湖，按多丽清歌，翠寒珠滴。画舸鸱夷，怕难买、越娃心力。尽长门赋笔，未抵茂陵，枉费词墨。

微波漫申怨抑。正须眉映绿，天镜涵碧。自误约、桃叶桃根，等双桨来时，泪已沾臆。古驿梅迟，恨暗绕、江城吹笛。便今宵、梦中见了，梦回更忆。

《钦定词谱》于《解连环》一调注曰："此调始自柳永……名《望梅》；后因周邦彦词有'妙手、能解连环'句，更名《解连环》……宋、元人多填周邦彦体。"[1] 此调虽始见于柳永《乐章集》，但因周邦彦词影响甚巨，故特以后出之名传世，宋、元人皆从其谱。而填词格律注意要点中，有所谓入声字为词律之关键的说法。周邦彦词中《解连环》一首，除了入声字押韵处之

① 王弈清等编纂：《钦定词谱》（下册），北京：学苑出版社2008年版，第1600–1601页。

外，另有多处非韵脚之入声，如"嗟情人断绝"之"绝"字，"想移根换叶"之"叶"字，"料舟依岸曲"之"曲"字，"漫记得、当日音书"之"得"字、"日"字，"水驿春回"之"驿"字等，若以"守律严细"为准，则上述各处，悉应从周邦彦词而依用入声字。周岸登此作于周邦彦原谱各非韵脚入声字处，分别作"发""笔""绿""约""叶""驿"（见上词中所标着重符，后同），亦俱乃入声，丝毫无差。

另又如周岸登词中《西子妆慢》三首，起句各为：

飞岭切云，陷河折柳，倦旅兰营春晚。
迷鸟扑窗，乱蛩聒枕，梦绕非烟非雾。
慵舞鹤迷，化烟玉冷，缥缈蓬山弱水。

《西子妆慢》一调，《钦定词谱》引张玉田语，言为吴梦窗自制曲，[①] 则其格律当以吴文英词为范式。吴词原作起句"流水曲尘，艳阳醅酒，画舸游情如雾"之"曲""醅"二字处俱是入声，填此调者最宜从之，然宋以后人所填之作，多不能遵，于律甚疏，及至晚近始辨其声，况周颐等人所填，此二处皆用入声。周岸登集中此三首，"切""折""扑""聒""鹤""玉"六字亦皆入声，故其确可谓乃是知音审律之大家。

周岸登《蜀雅》一集，即便是僻调以外之寻常词牌，其所作格律亦相当严细，足可见造诣之精深。如《八声甘州》一调，《钦定词谱》言当以柳永词为正体。[②] 柳词上片第三韵"是处红衰翠减，苒苒物华休"，下片第三韵"想佳人、妆楼颙望，误几回、天际识归舟"之中，"物""识"二字，亦是所谓词律的入声关键处，然自南宋开始，填此调者已多不遵，晚近诸大家虽能守律，但未能挽风气之颓，周岸登词于此亦能守律，实属不易，今举其集中数首为例，此二韵处作：

干尔东风底事，皱了一江潮。……误倾城、横波眉黛，定有人、飞泪湿龙绡。

几见乘槎凿空，犯斗不占星。……九回肠、依稀归路，待醒来、魂断隔江青。

响逗檐花落处，晕冷逼愁灯。……酒尊空、吴娘歌罢，定有人、和泪卜归程。

---

① 王奕清等编纂：《钦定词谱》（下册），北京：学苑出版社 2008 年版，第 1151 页。
② 王奕清等编纂：《钦定词谱》（下册），北京：学苑出版社 2008 年版，第 1120 页。

"一""湿""不""隔""逼""卜"诸字俱严守入声，是真知词律者也。

　　周岸登词格律严细，在近代词坛人所共称，周之好友吴虞于日记中记道："一年级学生李沧萍……盛称黄晦闻、邵次公、曾刚父、苏曼殊、丁叔雅，言次公盛推周癸叔词能合拍。"①邵次公即晚近词坛名家邵瑞彭，与周岸登为同辈，故其态度确很能代表当时人观点。又胡先骕《评朱古微〈彊村乐府〉》一文言："近日友人周癸叔曾将《绮寮怨》翻为入韵，亦极合拍。固知声音之道，大有至理存焉。虽词谱散失，未能歌唱，冥心求之，其法度自可见也。"②此说亦可参观。

　　然而，周岸登研习格律之故事，人或有不知。周氏于《蜀雅》中《长江词自序》言："邛都词既削稿，明年乃返成都，求词学旧书，渺不可得。华阳林山腴同年思进，以万红友《词律》见贻，颇用弹正，未暇一一追改也。"③《吴虞日记》中亦有谈及此事："余于词之本源素未了悉，每遇词调多影响而无真确之句读，且于声韵之平仄、字数之异同，均未能辨，常见周癸叔于词甚精熟，颇为诧叹，不知其全本此书（《词律》）也。"④然则周岸登于词律实亦有一研习过程，此在其集中《忆旧游》一调作品特能见出。《忆旧游》始创于周邦彦，格律当从原作，除关键处结句第四字例用入声外，上下片中段"凤钗半脱云鬓，窗影烛花摇""旧巢更有新燕，杨柳拂河桥"之"烛""拂"两处亦最宜谐以入声，然南宋时张炎《山中白云词》本调诸作却在此二字处多以上去声敷衍，流风及于后世，能明者益鲜。观《蜀雅》中结集较早之《邛都词》与《长江词》中，《忆旧游》一调数首此二处亦用上去声：

　　尔时帅府新创，筹笔厌言兵。……故人幸有冬树，潇洒振芳馨。
　　酒边散愁无计，桃叶倚桃根。……海天暗增沈恨，潮汐变晨昏。
　　秘闻总归天上，同辇罢金根。……忍吟病山词句，蝉叶怨黄昏。

可见周岸登填词初期亦不能辨，及后则迥不同矣，各集中凡填《忆旧游》调，两处悉作入声：

　　① 中国革命博物馆整理：《近代历史资料专刊·吴虞日记》（下册），成都：四川人民出版社1984年版，第649页。
　　② 胡先骕：《评朱古微〈彊村乐府〉》，华东师范大学中文系古典文学研究室编：《词学研究论文集（1911—1949年）》，上海：上海古籍出版社1988年版，第363页。
　　③ 周岸登：《长江词自序》，《蜀雅》，上海：中华书局民国二十年铅印本。
　　④ 中国革命博物馆整理：《近代历史资料专刊·吴虞日记》（上册），成都：四川人民出版社1984年版，第185页。

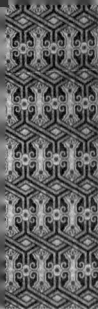

少年漫挟豪兴，欹羽倚争墩。……旧人醉郭应笑，席帽逐黄尘。

背人倦叶如诉，红怨泣尘沙。……断词字灭慵认，春蚓杂秋蛇。

暗尘乍簌玫柱，凄调落平沙。……杜陵健笔犹在，吾道一龙蛇。

傲霜病菊犹艳，村酒熟新篘。……背风败叶如诉，寒雨袭征裘。

其于词律之求索历程，由此可管窥一斑。

《蜀雅》之格律，上引诸例实仅冰山一角，限于篇幅，不再赘言。晚近时，朱彊村曾有"律博士"之誉，周岸登词之水准虽不能比肩朱氏之《彊村语业》，然仅以词律而论，实不遑多让，此亦清季民初词坛之能事也。

四、词中风物及本事

周岸登词另一大特色，即王易所谓"多赋西南逸事，足备职方"。盖周氏本即四川威远人，青壮年时又于蜀地为官，前后累计十数载之久，词中所及当时当地风物，遍览皆是。蜀国风光对其之影响，胡先骕《蜀雅序》中所言甚是："蜀本词邦，相如、子云导之先路，太白、东坡腾其来轸，自汉魏以还迄于今世，言词赋者必称蜀彦，而花间一集岿然为词家星宿海。盖其名山大川郁盘湍激、峰回峡转，亦秀亦雄，清奇瑰伟之气毓为人灵，有以致之也。"[1] 周氏常年浸淫于此间之奇山异水，无怪乎才思迭发。其《邛都词自序》中称："自四月逾邛来，讫八月奉权会理止，得日百二十，得词百三十有八。"[2] "日成一词"竟已不足以状其创制之丰，而其词中所绘瑰丽雄奇，于摄人心魄外实更令人叹为观止，兹略举数例。

《蜀雅》开篇《邛都词》卷首《高阳台·过邛崃九折坂》一阕云：

雪嶂参霄，冰苔篆树，山深寂不知春。谷响云孤，高寒路隔红尘。回车旧辙今犹昔，上青天、叱驭如闻。算千秋，通道西南，终属词人。

长卿自有凌云气，纵长门谏猎，未称高文。谕蜀何功，端宜笔扫千军。南荒更续骖鸾录，绣弓衣、愁染蛮熏。待归来，城上芙蓉，红竟秋旻。

起句"雪嶂""冰苔"之谓已是他处之词人所不能道，盖中原、江南等地固绝少有此风景。而下片"南荒更续骖鸾录，绣弓衣、愁染蛮熏"一拍则更渲出"蜀色蜀香"无限。最后结以"芙蓉""秋旻"之绮丽，真使人有如

---

① 胡先骕：《蜀雅序》，周岸登：《蜀雅》，上海：中华书局民国二十年铅印本。
② 周岸登：《邛都词自序》，《蜀雅》，上海：中华书局民国二十年铅印本。

历蜀境之感。

周词中《望海潮·蜀都赋》一首则更是久负盛名：

江山天堑，提封天府，华阳黑水梁州。霞簇锦官，云横玉垒，芙蓉城郭清秋。通道自金牛。问蚕丛杜宇，今古悠悠。邪界金堤，萦洄巴字，带双流。

雄都胜迹经游。记仙人药市，太守遨头。诗说草堂，玄谈卜肆，枇杷门巷寻幽。崇丽望江楼。借薛涛笺色，烘染芳洲。听取蜀歌渝舞，神笔定边筹。

昔左思作《三都赋》而竟洛阳纸贵，周词甫出亦传诵一时，自古锦城丝管已是令人浮想联翩，此又经周词妙笔皴擦，使人几欲一往以亲见"枇杷门巷"之旧址。此类纯以赋笔铺排之词，虽无幽怨悱恻动人之怀，然借以存一时一地之风物，实亦自有其不可忽视之价值在。

另有夏敬观盛称之《宴清都·东园暝坐，用映盦韵》，亦属周词名作：

画省喧箛鼓。边风急，穷秋烟暝催暮。蛮薰未洗，吴棉自检，薄寒珍护。筝弦也识愁端，渐瑟瑟、偷移雁柱。更送冷、败叶声干，敲窗点点如雨。

琴心寄远难凭，孙源间蜀，巴水连楚。流波断锦，孤衾怨绮，梦抽离绪。寒声已度关塞，任碎捣、繁砧急杵。数丽谯、廿五秋更，乌啼向曙。

上片边境风烟已是描摹入微，下片一抒胸臆则又感慨千端，辞藻工致，确是词家正法。此中"孙源间蜀"一句，若不明川省地理，则颇费解，实乃指川蜀境内之孙水河，特为摹状其思乡之情切也。诸如此类蜀地故实，即是王易等人所最推崇之处。

周氏集中涉及所历时地风俗之词大半，几至每一节日每一地域皆有所赋，不但喜用小序说明，且多于词题中透露消息，如《望海潮·星回节，邛海观炬，题孤云阁》之类词作，纵不明词中具体内容，亦可于词题中略知其大概。

关于周氏生平及其词之详尽本事，因罗元晖《词学家周岸登》[①]，彭静中《杰出的爱国词曲家周岸登》[②]，胡传淮《词坛巨匠周岸登与蓬溪》[③]，林荫修

---

① 中国人民政治协商会议四川省重庆市委员会文史资料研究委员会编：《重庆文史资料选辑》（第33辑），1990年版，第132页。

② 四川省蓬溪县政协第五届委员会文史资料委员会编：《蓬溪文史资料》（第28辑），2000年版，第125页。

③ 四川省遂宁市历史文化研究会编：《芝溪集》，2003年版，第258页。

《词坛巨匠周岸登》①；林荫修、郝作朝、周怀笛《周岸登教授事略》② 等俱曾以专文长篇的形式，详细说明周岸登作品中一词与一地、一词与一事之关联，且本文侧重于析论周词本身之词艺与特色，故不再累言，有兴趣之读者自可按图索骥。笔者以为，诸篇专文介绍周氏生平及其词之本事，虽不免有务与当时政局牵强附会而故作郑笺之处，然就其大体而言，仍颇可信，于了解周氏填词创作时之心理状态、幽曲用意，不无补益。

五、《和庚子秋词》略评

周岸登《蜀雅别集》两卷含《和庚子秋词》《杨柳枝词》两种各百余首。其《杨柳枝词》沿袭历代竹枝词特色，而周氏特于秀美通俗中别喻时代、身世之感慨，味兼沉厚，颇耐咀嚼。其《和庚子秋词》一卷更值注目。晚近词史中，朱彊村等人所制之《庚子秋词》秉常州词派意内言外之旨，隐指时事，所托遥深，历来为词学研究者所重，而周氏所著此卷和词则几至湮灭无闻。其《和庚子秋词自序》云："庚子秋词者，临桂王幼遐给谏、归安朱古微侍郎、临桂刘伯崇殿撰所同作也。是时给谏居下斜街，予于五六月间拳祸初亟时曾屡过之。后余先出京，甲辰重入京师，始得秋词读之，半塘已归道山，每过斜街，辄踯躅移晷，不能为怀。……簿领多暇，取而和之，起甲寅腊日，讫乙卯灯节，得词百有十六……兹之所和，未能终卷，意有愧焉。但以一时思感，寄诸文字，弃之未忍，姑录存之云尔。"③ 取而参观，不仅可知词中意旨，亦可助彼时晚清士大夫词人交游之考，实具较高之文学文献价值。

昔沈轶刘、富寿荪二先生选编《清词菁华》，曾录此一卷和词中《踏莎行·和庚子秋词沤尹韵》一首：

旧酒尘襟，新歌障扇，江湖十载经行遍。当筵禁得奈何声，试妆已是随年变。

笛里惊魂，花边倦眼，旗亭画取兴亡怨。过江涕泪满青山，无人说与当时燕。

---

① 四川省政协文史资料研究委员会、四川省文史馆编：《四川近现代文化人物》，成都：四川人民出版社 1989 年版，第 293 页。

② 中国人民政治协商会议威远县委员会文史资料研究委员会编：《威远文史资料选辑》（第 1辑），1983 年版，第 28 页。

③ 周岸登：《和庚子秋词自序》，《蜀雅》，上海：中华书局民国二十年铅印本。

词下并有二位先生短评曰："岸登《踏莎行》上片逼近朱祖谋，下片微嫌浅露伤拙。"① 盖江山兴亡、世事多变，周氏之感慨已难自矜。而是集和词中《浪淘沙·自题庚子秋词后，和鹜翁韵》一首则或可目为总括此一卷作品之意旨者：

> 华发阅山青。屈指周星。故人谁与话平生。旧事蓬莱重检点，烟浪无声。
> 蟫梦校寒棠。秋籁曾听。蠹馀残墨沁红冰。风景不殊朝市改，愁对新亭。

此作实可谓乃为其《和庚子秋词自序》中"革除已后，回忆旧所经历，时一展读，俯仰身世，都如梦影，后之视今更不知当作何语"② 一段文字自作一番注脚也。

六、余论

至于周词之不足与弊端，王易在《蜀雅序》中曾为此一辩："或微病其矜博而失情，牵律而害意，然余谓是者宁涩毋滑，宁密毋疏，奚竟俗赏为？"③ 而夏承焘《天风阁学词日记2》中有一条曾明确对周词提出过批评："张惠衣来谈，谓刘子庚、周岸登词皆难成诵，是其病处。予谓草窗不及玉田，亦即坐此。"④ 夏承焘对于晚近词坛宗尚梦窗词风并不提倡，故其所谓"皆难成诵"有夸大成分在。然周岸登词时有拗口不通处则是事实，盖密丽于辞藻则必有滞涩于气脉处，而又不能如朱彊村词步步顿挫，可见天分之于词家亦各有级差。另，周氏所作既丰，则雷同之病亦不能免，其中"弓衣""蛮熏"之类词出现频率少则数次、多则十数次，至于连篇累牍以同调赋同一题材亦所在多见，其先后填有 10 首《莺啼序》更是古今仅此一家。观其词愈久，则审美疲劳恐亦愈甚矣。

尽管如此，观周岸登于《邛都词自序》言曰："嗟乎！鼎鼎中年，已多哀乐，悠悠当世，莫问兴亡。夫君美人之思，闲情检逸之篇，不无累德之言，抑亦伤心之极致，忆云生盖先我矣。"⑤ 于《长江词自序》则称："而长江以贾簿故最名，江山文藻，触感弥深。从政之余，引宫比律，倚双白之新声，

① 沈轶刘、富寿荪选编：《清词菁华》，合肥：安徽文艺出版社 1986 年版，第 411 页。
② 周岸登：《和庚子秋词自序》，《蜀雅》，上海：中华书局民国二十年铅印本。
③ 王易：《蜀雅序》，周岸登：《蜀雅》，上海：中华书局民国二十年铅印本。
④ 夏承焘：《天风阁学词日记2》，杭州：浙江古籍出版社 1984 年版，第 667 页。
⑤ 周岸登：《邛都词自序》，《蜀雅》，上海：中华书局民国二十年铅印本。

无小红之低唱,自歌谁答,良用慨然。"① 于《丹石词自序》又有如下诸语:"昔葛稚川闻勾漏有丹砂,求为令,求长生也,出世法也。予在江右三为县,一尹庐陵,非求长生,偷生而已,无出世法,度世而已,比之稚川,愧已。稚川求长生出世不得,载郁林片石归耳。予求偷生度世不得,载石无石,思归无归,其遇较稚川为何如也。"② 则周词缘情体物之思、追步古贤之怀、伤怀身世之衰,他人固亦不应随意菲薄之也。

周岸登一生交游颇广,与吴虞、胡先骕、王易等过从甚密,往来之余又常有酬赠之作,弟子中亦不乏印刷史学家张秀民、文史学者宛敏灏及词家刘凤梧等知名人物,而要与胡、王二人最为相契。所谓知人论世,则知周者莫过胡、王。胡氏《蜀雅序》曰:"自丙辰邂逅翁于金陵舟次,有《大酺》之唱酬,忘年定交,忽忽十余载,关河阻隔,交谊弥挚。知翁之身世,嗜翁之词翰,环顾海内,鲜有余若。……居尝自谓古今作家之所成就,系于天赋者半,系于其人之身世遭遇者亦半。翁少年蜚声太学,博闻强记,于学无所不窥。壮岁游宦粤西,屡宰剧邑,退食之余,寄情啸傲,穷桂海之奥区,辑赤雅之别乘,柳州、石湖以后,一人而已。迨辛亥国变,更宰会理,抚循夷猓,镇慑反侧,暇则搜讨其异俗,网罗其旧闻,歌咏其诛丽环奇之山川风物,一如在桂。已而客居故都,落落寡合,黍离麦秀之慨,悲天悯人之怀,一寓于词,风格则祖述梦窗、草窗,而气度之弘远时或过之。盖翁之遍览西南,徽山水雄奇之胜,所遭世难恼怅诪张之局,有非梦窗、草窗所能比拟者也。丙辰参赣帅幕,武夫不足以言治,乃益肆志为词,征考其邦之文献,友其士君子,酬唱谈谦几无虚日,所作气格益苍坚,笔力益闳肆,差同杜陵客蜀以后之作。乙丙而还。世乱弥剧,翁乃避地海疆,谢绝世事,讲学之暇,闲赓前操,命意渐窥清真,继轨元陆,以杜诗韩文为词,槎枒浑朴又非梦窗门户所能限矣。"③ 可谓周氏及其词之大知音。王易《蜀雅序》中则言:"至于忧时念乱,契阔死生,自鸣不平,歌以代哭。王风楚骚之志,而引商刻羽,不恤呕心,一篇甫成,如土委地,此中甘苦,不足语于外人,惟余与二窗相向太息而已。"④ 虽寥寥数语,亦彰其精诚,读之不禁使人心有戚戚。

创作之余,周岸登于词学亦有建树。校勘方面,除前述尚有批校本《梅苑》《梦窗词》存世外,其曾以阳泉山庄本《遗山集》校朱彊村覆弘治高丽本《遗山乐府》,并据其他笔记资料增得补遗一卷,使《遗山乐府》之传于

① 周岸登:《长江词自序》,《蜀雅》,上海:中华书局民国二十年铅印本。
② 周岸登:《丹石词自序》,《蜀雅》,上海:中华书局民国二十年铅印本。
③ 胡先骕:《蜀雅序》,周岸登:《蜀雅》,上海:中华书局民国二十年铅印本。
④ 王易:《蜀雅序》,周岸登:《蜀雅》,上海:中华书局民国二十年铅印本。

今者具是矣。考证方面，夏承焘曾就吴梦窗词中关于二姜之问题专门向其求教，夏氏于日记中多有两人互通书信之记载①，并于 1931 年 11 月致朱彊村函中言："周癸叔先生客岁致晚生书，谓梦窗有二姜，一名燕，浙产，在吴娶之，死于吴。一杭人，不久遣去。又少年恋爱一女，死于水。乃据《莺啼序》《三姝媚》《画锦堂》《定风波》诸首考得。"②（吴无闻辑《夏承焘教授学术活动年表》中曾言及此事发端："1929 年 7 月……初与周癸叔通函，讨论梦窗词。"③）词学理论方面，其为王易《词曲史》所作序中，谓词学需"以科学之成规，本史家之观察，具系统，明分数，整齐而剖解之，牢笼万有，兼师众长，为精密之研究，忠实之讨论，平正之判断"，"盖词曲之为体，忠厚恻恒，闳约深美，史公所谓隐约以遂志者，有恻隐古诗之义；足以移人性灵，愉人魂魄；冀得匡拂末流，涵濡德性，而反之于诗教也"。④体现出其卓越之词，此间造诣亦非流辈可及。

顾清季民初词学体系初创之时，治词学者实亦颇多能词、擅词之行家里手，周岸登正可称此中典型，故今特稍叙其词之奥妙，以使世之合缘者有得于斯也。

---

① 夏承焘：《天风阁学词日记 2》，杭州：浙江古籍出版社 1984 年版，第 99、107、125 页。
② 《文献》丛刊编辑部编：《文献》（第 8 辑），北京：书目文献出版社 1981 年版，第 71 页。
③ 吴无闻等：《夏承焘教授纪念集》，北京：中国文联出版公司 1988 年版，第 225 页。
④ 周岸登：《序》，王易：《词曲史》，南京：江苏教育出版社 2005 年版。

唐诗如何"现在进行式"？

——李白诗中"忽然"的律动

台湾成功大学中文系　翁文娴[*]

摘要：李白诗中有一系列用到"忽然"这一意蕴者，次者例如"飘忽""茫然""失""荡漾"等表达不稳定的词也经常出现，而这些词在诗内又起关键性作用，更不能胜数。写仙家、写心境、写山水，无论大场景或者小角落刹那情绪之起伏，李白都自觉或不自觉地运用"忽然"的意念以统筹之。若说其他好诗人也自然懂虚实的道理，但别人虚实由距离而相交，亦必有个规矩程序，李白则掌握了虚实接收最快的窍门，懂得在最小的单位内运转，"忽然"便运转，其神来之笔，乃常由此而出之。

关键词：李白；诗；忽然；律动

站在 21 世纪来读 1300 年前的唐诗，对于所谓最能表现盛唐风貌的诗人如李白，我想我们亟须发展出一套当代的诗学，令李白如活在隔邻，与这时代同呼吸。经典诗人并不是只供唐、宋、元、明、清各代滋养故名经典，李白存活在历史中的意义，最后还需让当代语言创作的诗人感到亲切，感到赞叹震撼，继而吸收转化，其诗作才可以继续流传下去。

这便是当代诗学最富挑战性的工作。某些要追踪考证的议题，如永王李璘之叛、几次入长安、出生之谜、求仙隐逸的真相，已经有各方学者努力奠好基石。[①]另外一些争议性的，例如李白究竟有无能力从政？李白属儒家一派入世事功多些，还是全身保真的道家多些呢？这些问题大概无法有答案，但也确引起近代无数学者的兴趣。如此间接反映着中国学者对于政治的态度，

---

[*] 作者简介：翁文娴（1952—　），任教于台湾成功大学中文系。

① 因为李白的资料太多，不便一一举证。笔者曾做过一粗略统计，研究李白生平事迹的约占全幅十分之五，研究其思想现实性多些还是道家多些的占十分之三，其余十分之二是有关诗歌艺术的研究。这十分之二中，占八成是研究诗题材与典故的追源，或研究体裁、前人对李白有哪些影响等等。郁贤皓主编的《李白大辞典》（南宁：广西教育出版社 1995 年版，第 881 页）中列举了各朝代研究李白之学者及著作内容（包括海外成果），内容翔实，可供参考。

对于思想的非儒即道，确实有许多相同而不能自拔的束缚。① 另外，还有有关诗歌艺术的，诸如李白对前人的学习引申、李白诗在各体裁的传承与突破点、李白诗内典故的演化等，这都属于可以科学地把握、可实证追源引证的工作，至今也取得了不错的成果。②

但以上问题一摆在当代创作问题旁边，我们便感到，李白未完成的领域实在还有一大块。儒道之间的矛盾是否永恒地感动后世？他的不畏权贵在什么样的状态下才可出现？怀才不遇的愤慨是否已属历史问题？饮酒求仙追月亮值得学吗？作为一个诗人，他对当代的精神启示是什么？唐代诗艺是中国的巅峰，李白诗语言之成就，与现代诗语言并看时，距离有多远？我们可否清晰地画出它的高度与难度的棱线？"诗艺巅峰"的含义又该如何领会？③

这些问题，明显地不用实证方法便有答案，因而也必然地引起争辩。虽如此，我们还是可以定下一些规范：①问题的出现及解答必须根源于诗人的作品；②讨论的目的是对当代及李白的文学特性更为理解，最终透过"文学

---

① 此问题在宋代便引起争论，亦隐隐看见，每一代论者均脱不了当代的束缚。例如宋代以来，君臣观念令他们不能接受李白从璘事件。20 世纪，君臣观念淡薄了，对从璘事又有另一看法。但中国1949 年以后的文艺观，又不能接受李白道家之倾向。郭沫若的《李白与杜甫》（1971），虽明显扬李抑杜，但只为配合当时之批孔运动，打击杜甫之儒者情怀，书末不忘说明李白最后在道家思想中觉醒。

② 施逢雨 1992 年出版的《李白诗的艺术成就》，将李白在杂言体上的创造性、《古风》系列与六朝绮丽传统的吸收转化、绝句体式上的突破等，追索详尽，令人看见李白有所承接又有所创造的部分。

③ 或许此处应提及当代对唐诗语言研究尤具贡献的学者：美国学人高友工、梅祖麟在《中外文学》上合著的系列论文尤为瞩目（1979），并于 1989 年在上海古籍出版社出版《唐诗的魅力》，用结构及符号学观念，将唐近体诗形式之美感发挥详尽。法国学者程抱一的 Lécriture Poétique Chinoise（1977），亦用细微分析结构处理唐诗各例，成绩突出，同时将李白《玉阶怨》一诗译成《四行的内心世界》刊于《中外文学》。1973 年，该诗收入吕正惠编《唐诗论文选集》（台北：长安出版社 1985 年版）。另如徐复观《中国文学论集》（台中：民主评论社 1966 年版），叶嘉莹《迦陵谈诗》（台北：三民书局 1970 年版），二人对李白、杜甫、李商隐等语言均有精辟分析，并能自语言说至诗人的心境性情之别。此外，叶维廉在唐诗意象呈现特色方面与西方诗做比较（《比较诗学》，台北：东大图书公司1983 年版）、陈世骧举杜甫诗分析示例（《陈世骧文存》，台北：志文出版社 1972 年版），观念上的启发尤多。

的过程"，扩展自己以至对人性的把握。①

李白遂犹如一个大水晶球，映照各朝代的学术气质，当进入当代风景网时，它的水晶切面开始呈现出不同的样貌。

一、"忽然"的诗美学

长久以来，对于李白诗艺的讨论是远不如杜甫的，人们擅于发现杜甫每个字的来历，又容易感应到他用得如何好，而这好处是可以梳理、可以说明白的。对于李白，在古典中文里有许多综合性的赞叹描述语，但总结起来都说他奇妙而不可解，如清沈德潜在《说诗晬语》中言：

太白想落天外，局自变生，大江无风，涛浪自涌，白云卷舒，从风变灭。此殆天授，非人力也。

又如清方东树在《昭昧詹言》中所言：

太白当希其发想超旷，落笔天纵，章法承接，变化无端，不可以寻常胸臆摸测；如列子御风而行……②

这些不可解的妙想，近代评论家自然地用"想象力丰富"等一系列的思维来处理。有人研究其飞动的形象，有人说他具"强烈的抒情性"，亦有人以兵法的奇与变来解李白思维的奇变，③ 更有无数评论提出"积极浪漫主义"一词来综括他的特色，似乎除了屈原，中国诗史上更无人堪冠此头衔。

我们回看近代评论者的用语，仿佛只令人感到白话文的贫乏。白话架构

---

① 此处笔者承袭当代现象学评论的某些观念，大意是：一个诗人的生命应该在其整体作品中寻取，其他历史数据对于诗生命而言是次要的。参看笔者另文《评论可能去到的深度——介绍法国诗论家庄皮亚·李察（Jean-Pierre Richard）对波特莱尔处理的效果》，该文 1995 年发表于彰师大"第二届现代诗学会议"，并刊登于《倾向》文学人文季刊 1996 年总第 7、8 期合刊。后收录于著作：《创作的契机》（台北：唐山出版社 1998 年版）；《变形诗学》（北京：北京大学出版社 2013 年版）。另一观念是诠释学，特别是海德格尔及伽达玛的看法。参看笔者另文《接近那创作的契机——中国现代诠释学初探》，刊于《中国现代文学理论》1996 年 12 月号，后收录于《创作的契机》。他们认为："我"与"文本"之间，是一种相互对话的结构，阅读过程（或诠释过程），是"我"借"它"叩问了道（或存有）之真相，而"它"亦因"我"之新理解，展现了本来隐藏未露之意涵。亦可参看［美］帕玛著，严平译：《诠释学》，台北：桂冠图书公司 1992 年版。

② 裴斐、刘善良编：《李白资料汇编：金元明清之部》，北京：中华书局 1994 年版。

③ 葛景春：《兵法与诗法》，《李白与中国传统文化》，台北：群玉堂出版公司 1991 年版。

若张开在研究的逻辑上，那是比古典中文有效而实际的（例如法国汉学家程抱一对《玉阶怨》的分析）。但若用在概括性的形容上，便立即技穷，似乎只能借外国术语翻译搪塞。在这个问题上，我们认为：当代诗学应承接古典诗话用字深思的传统，再加上严谨细腻的白话分析架构，才能将问题"现代化"地说清楚。

本文尝试提出"忽然"二字以疏解李白的妙想，并非为了标新立异。事实上，李白有一系列的诗直接用到"忽然"，次者例如"飘忽""茫然""失""荡漾"等不稳定的词，而这些词在诗内又起关键性作用者，更不能胜数。沈德潜曰："读李诗者，于雄快之中得其深远宕逸之神，才是谪仙面目。"[1] 一般人易领略李白雄快的魅力，在"忽然"出现的系列里，则较倾向宕逸的表现，而吾认为，这是李白更核心的体质，能够进入，则可以驾驭雄快一面。"忽然"一词，一直相沿到现代仍通用，这是非常难得的。杰出的小说家捕捉人类永恒出现的神情，李白则捕捉到一千多年后仍具丰富表达力的词。印象中，有唐一代大家从未如此频繁、如此赤裸、如此猝然地展露心念的变化，光是这一现象，即构成李白鲜明的特色。何况此词涵盖面很大，或可追踪发展，而变为进入"李白天才"之境的钥匙。

山人劝酒

苍苍云松，落落绮皓。春风尔来为阿谁？蝴蝶忽然满芳草。……

上元夫人[2]

上元谁夫人，偏得王母娇。嵯峨三角髻，馀发散垂腰。裘披青毛锦，身着赤霜袍。手提赢女儿，闲与凤吹箫。眉语两自笑，忽然随风飘。

二诗均直接用"忽然"二字。《山人劝酒》一联，暗喻商山四皓如春风来至，则汉惠帝的势忽然而成，芳草上早布满蝴蝶；这"忽然"写出了事情的巨大转折，甚至暗写高祖之错愕，用得非常扎实。《上元夫人》二、三、四联具体写其发饰、衣妆与动作；结语二句，一笑间"忽然"上述事物全部随风消失，一堆实物幻化成虚。这词凝聚而传神地写出"仙"之为仙。[3] 商山

① 沈德潜《说诗晬语》（卷上，第803页）；沈德潜《唐诗别裁》卷六。

② （唐）李白著，瞿蜕园、朱金城校注：《李白集校注》，上海：上海古籍出版社1980年版。以下引诗均出自此。

③ 另有二诗同样写仙用"忽"字：卷8《古诗其七》："去影忽不见，回风送天声。"卷19《以诗代答元丹丘》："口衔云锦字，与我忽飞去。鸟去凌紫烟，书留绮窗前。"

四皓的行径实亦有如仙人，李白明确用"忽然"二字，带出神人仙人的气质。至于他说到自己时，却全不是这样的情调。

玉壶吟

烈士击玉壶，壮心惜暮年。三杯拂剑舞秋月，忽然高咏涕泗涟。……

冬夜醉宿龙门觉起言志

醉来脱宝剑，旅憩高堂眠。中夜忽惊觉，起立明灯前。……

赠何七判官昌浩

有时忽惆怅，匡坐至夜分。平明空啸咤，思欲解世纷。心随长风去，吹散万里云。羞作济南生，九十诵古文。……

古风二十

……在世复几时？倏如飘风度。空闻紫金经，白首愁相误。抚己忽自笑，沉吟为谁故？名利徒煎熬，安得闲余步？……

《玉壶吟》一诗，下面大段是回忆当日被皇帝诏请御宴的风光年代。重展不可挽回的经验时，李白用了三个看来热闹欢乐的行动：三杯、拂剑、舞秋月。当身体的动感带至最大时，他猝然高歌流涕。令人感受到，李白平日的欢快气息，实在亦有可能是悲伤之同面，只是偶然未达爆炸点，别人走眼错过罢了。这"忽然"二字，泄露了许多秘密，在诗句之营造上，亦犹如将两股力同时鼓胀至顶点。《冬夜醉宿龙门觉起言志》及《赠何七判官昌浩》二首，画出一个平日看不到的，深夜独处时的李白。"忽"一字，表示了他本不应如此，却意外地忽然控制不了而完全狙狂至此。二诗中均有两个场景："中夜"本应该高眠了，却惊觉明灯前；"夜分"本应该入卧了，却忽生惆怅，一直匡坐至平明。李白用"忽"字逆转了平常进行的项目，但"忽"字也说明：李白不是就此无所顾地偏离，他总清楚看到事物的这面及那面。因而，他着重的是出与入之间的变化；他敏感的是表面应然者与实际触动者之间的距离，"忽"字要表现这双双分裂的局面。

《古风二十》的分裂局面更明显：明知紫金经救不了人世的倏忽，但不读紫金经更熬不过名利关。这儿，李白用一个"抚"字，算没有那么跳跃式激动了。然而，"抚"字的时间感，又泄露着身上的矛盾正历时久矣。这么久远的一团纠缠，他用"忽"然而笑将之松懈——松懈的短暂间复又"沉吟"，

130

回归到原来的纠缠之中。这诗的分裂局面是双重的：一重是求仙/名利，另一重是纠缠/松懈。枢纽字仍汇注在"忽"。

上三峡

巫山夹青天，巴水流若兹。巴水忽可尽，青天无到时。三朝上黄牛，三暮行太迟。三朝又三暮，不觉鬓成丝。

送王屋山人魏万还王屋

……天台连四明，日入向国清。五峰转月色，百里行松声。灵溪恣沿越，华顶殊超忽。石梁横青天，侧足履半月。……

梦游天姥吟留别①

……脚着谢公屐，身登青云梯。半壁见海日，空中闻天鸡。千岩万转路不定，迷花倚石忽已暝。熊咆龙吟殷岩泉，栗深林兮惊层巅。……虎鼓瑟兮鸾回车，仙之人兮列如麻。忽魂悸以魄动，恍惊起而长嗟。惟觉时之枕席，失向来之烟霞。……

以上三首都是有关山水的诗。如《梦游天姥吟留别》这样的长篇，李白更两次用"忽"字，我们看到他轻松拈来，将大山大水的场景转一个弯，便换了，"忽"字在此用得纯熟而自觉。《送王屋山人魏万还王屋》诗中，要描写层层高叠的山，如何遣词？华顶在天台山第八重最高处，高一万八千丈；高入极点便成虚，李白用"超忽"来传递这虚意。《上三峡》中的"忽"字用得奇。"巴水"，因曲折三回形成"巴"字得名。巴水已经够长的了（"流若兹"三字仿若永远流不完），然而就在这"长"意充满时，李白来个"忽"字。事实上，巴水总会流尽的，但只有人在极高处，才会有"忽尽"的视野，有"忽然而尽"的感觉。李白用"忽"字带读者刹那转换到第三空间，这个空间显然非凡人常见的。要不它是时间：巴水在某一年一月终流尽了；要不它是高如上帝，才能忽然见到尽头。

"忽"字本来就有突变的含义，李白在山水处理中，利用"忽"字转换场景、堆实入虚，甚至不知不觉中，改变读者的视点：由凡人变成神人（古代还没有飞机）。一般论者早注意到李白山水诗的非凡成就，不过未有人指出，在这些纵横变化景象中，有时会露出小小的窍门，让人进入，豁然而解，

---

① 以上三首诗分别参见《李白集校注》第 1278、953、898 页，凡诗内地名典故数据，此校注本均有标注，在解诗时如引用到，不另注。

诸如"忽"字的应用。

上文列举了写仙家、写心境、写山水，无论大场景或者小角落刹那情绪之起伏，李白都自觉或不自觉地运用"忽然"的意念以统筹。上述是明显出现此词语的诗，但事实上，更多"忽"的相关字，或相类的"忽"之意境，时时浮动在李白诗句中。我们揭出"忽"字系列的诗，并非为了统计多寡，而是希望沿此线索，看能否找出有关枝叶，观看李白心绪变动的最远边界，甚至轨迹。

二、"忽然"的深化演变——荡漾不成圆[①]

李白对于一个连接词如此重复使用，又用得带动了整个诗意，这现象绝不是偶然的。他必定在心灵深处与这个词有相当契合，只有这样，这个词才可以如其身体一部分，听他的使唤。[②] 李白与"忽然"的契合情状如何？心之底部广漠无边无意识，但这奇特之契合（说奇特，是因为此情况未见出现在别的诗人身上）必然应有更多放射性的点，可供追索。我们先看动态的一面：

行路难（其一）

金樽清酒斗十千，玉盘珍羞直万钱。停杯投箸不能食，拔剑四顾心茫然。……

月下独酌（其一）

……我歌月徘徊，我舞影零乱。醒时同交欢，醉后各分散。永结无情游，相期邈云汉。

东山吟

……我妓今朝如花月，他妓古坟荒草寒。白鸡梦后三百岁，洒酒浇君同所欢。酣来自作青海舞，秋风吹落紫绮冠。……

---

① 出自李白的《拟古其十一》："涉江弄秋水，爱此荷花鲜。攀荷弄其珠，荡漾不成圆。佳人彩云里，欲赠隔远天。相思无由见，怅望凉风前。"引用此句欲表达"忽然"的深化，至第二阶段是故意找出"不成圆"的诗，以观看李白的不稳定性。

② 如此说，是根据对李白月亮意象研究之经验。笔者的博士论文《李白诗中的月亮》（*La Lune dans la Poésie de Li Po*）于1989年用法文写成。其中一小节以《一个意象在诗中纯熟的程度——自七首诗看李白用月的变化》为题收录在淡江大学《文学与美学》第3集（台北：文史哲学出版社1992年版）中。

南陵别儿童入京

……高歌取醉欲自慰，起舞落日争光辉。……

把酒问月

……但见宵从海上来，宁知晓向云间没？……

当涂赵炎少府粉图山水歌

……惊涛汹涌向何处，孤舟一去迷归年。征帆不动亦不旋，飘如随风落天边。……

登高丘而望远海

……银台金阙如梦中，秦皇汉武空相待。……

　　上举各诗，句子间的气都极畅旺，要人一直跟着走，走着走着又如掉落一个大空谷中，一切皆无，一切皆失落。至于我们为什么要跟着他走呢？是发现他在失落之前，总呈现出人世富丽美好的形象，而他沉迷且手舞足蹈于其中。典型者如《行路难》：其中有金樽美酒、玉盘珍羞，且描写拿杯箸、拔剑等动作。著名的《月下独酌》更明显了，又歌又舞又酒，同时舞动同时失落，这诗更因此呈现迷幻状态。李白投入生活的动作并非轻轻地点头举手而已，而是整个身体的动——舞蹈，还描写他自创青海舞，舞动时帽子被吹的尴尬又好笑之状。前有确切真实的"活"，是以接续而至的"死"也就特别惊动。例如《把酒问月》，写月向云间没了（"向"字令月如有意如有神），前句还确实着明她自海上来，好像才刚刚、缓慢地升起，充满生命的姿态（"但见"一词如写人观月的神色，好像觉得刚刚来而已）。《当涂赵炎少府粉图山水歌》一诗较复杂，表现了两股力量拉紧的趣味。在惊涛汹涌间，孤舟（生命之孤舟？）仍然坚持"去"（"一"字有意志之张力），"迷归年"是浑化的结局，它消逝了还是成仙不返了？人间是不必问的。最后，一切宁静结晶成历史，这时不必动作了，但仍残留动作的倒影——"如"梦中、"空"相待。李白也不会忘记"曾经"的颜色，那些秦皇汉武功业、银台金阙的辉煌。

　　存在的细节、动感，甚至整个肢体投入舞动，在一、二诗句的转接间，又整体滚向虚无。一种类似高速的拼合，令这些诗句一直撩着读者的心绪，它们的节拍应合了人类心底的摆荡节拍——无因由地、追踪不着地、"忽然"地感触。

送王屋山人魏万还王屋

仙人东方生，浩荡弄云海。沛然乘天游，独往失所在。……

与周刚清溪玉镜潭宴别

……此中得佳境，可以绝嚣喧。清夜方归来，酣歌出平原。

夜泛洞庭寻裴侍御清酌

日晚湘水绿，孤舟无端倪。……

拟古

……宝镜似空水，落花如风吹。出门望帝子，荡漾不可期。……

以上引都是五言诗。句子体式控制了表达的效果，这些诗念起来比上一批宁静多了。（《送王屋山人魏万还王屋》一节所引是鸿篇巨制的起句，开阔而具气势，但比起上面诗言还是宁静的）如果再跟那些有政治寓意、批评时局愤愤不平的七言歌行相比（如《蜀道难》《行路难》《远别离》等篇），这些诗更呈现一个不食人间烟火的异域。怪不得朱熹说："李太白诗不专是豪放，亦有雍容和缓的。"①或者还是袭用沈德潜的"深远宕逸"更为贴切。

这些诗的基本调子是一个虚景，它们犹如车子一直奔向荒野，开出了人间。但虚景如何刻画才可深嵌人们的脑海成其"虚"呢？为了方便分析，我们依序条列如下：

第一首：关键在"失"字，此字出而全局推翻。但酝酿这字之前，李白尽用与"失"相反的字，例如"生""浩荡""沛然""乘"（有种美妙的感觉）之类，一直鼓动情绪，最后忽然而"失"。仙人不见了，但他曾出现过的种种更加清晰。

第二首："方"字最妙，已经清夜了，好不容易"才"归来，"立即又"出发。"方"字表现了接续的、不同性质的行动。之后，平原上的酣歌完全消失在万籁寂灭的清夜，天地间就只有自己的歌声，几近梦幻。

第三首："无端倪"是没有边缘、没有方向。什么原因呢？文法上只能追问前句。那么整片的"孤"而"无"却是因为那绿色，绿色变得遮天盖地而来，包住了孤舟，弥漫了所有的方向，绿色是真还是假呢？孤舟在哪儿？一片迷离。

---

① （唐）李白著，瞿蜕园、朱金城校注：《李白集校注》，上海：上海古籍出版社 1980 年版，第 1882 页。

第四首：此诗有些字承袭前人，[①] 李白更改一二，更看出他想表达的重点。庾信《镜诗》："光如一片水"，李白是"宝镜似空水"：加"宝"字令镜的实在感、贵重感增强；又将"光"字省去，于是厚重的人间珍物刹那摇转成空与水。落花本不知多寡，"如风吹"令它们纷繁而飘动；风不是真的，但摇落的景况却是真实的。"荡漾"一句原抄自江淹："北渚有帝子，荡漾不可期。"李白更几个字，"荡漾"神韵才全出。他令主角"出门"而"望"，有盼待有行动，而且只见着背影（在落花的漫天飘动之中），"望"字是热烈的，"荡漾"才更觉无所依靠。它一面写帝子不测的水波，一面又呼应宝镜成空的水纹，更侧写落花的薄命之姿——主人心中之荡漾早已数物交汇；而更深的荡漾来自结局的"不可期"。此词在诗中如一主调，不断发出它的振幅，令其他句子颤动不安。

以上只举四例，这类诗看似沉静简单，实际非常复杂。句法之妙用，遣词的意外等等，细微处一不留神便溜掉了韵味，每个牵动的角落要说清楚，需花许多篇幅。从上述四例里，我们见到李白诗中的清虚之境仍是不断在起、伏、凝聚、消散，一词有好几种曲折含义，反与正混合一起。因为表面体式之宁静，内里不同层次的力源便更加挤迫，令整体诗句晃动而恍惚，古人所谓的"逸"大概如此。

先后所提到的诗例，雄快或宕逸，虽然没有"忽"字于其中，但在分析过程中，读者或已感到："有"与"无"的转接把玩，同时为诗之主调，李白仿似永远不能安于任何一方。此即虚实均衡是一切成功艺术的基点。[②] 但我们如何体会呢？只知在李白作品里，这原则是如此突出；而且他加上速度，将有无、虚实"忽然"而变。若说其他好诗人也自然懂虚实的道理，但别人的虚实由距离而相交，亦必有个规矩程序，李白则掌握了虚实接收最快的窍门，懂得在最小的单位内运转，"忽然"便运转。

三、"忽然"不断地累积而成"雅"？

从李白明显地提出此词，以至讨论到其诗中处处流露的"忽然"的心念及意境，那么再来看他素被人所称道的名篇，我们或许将别有所悟。例如：

---

① 此诗的资料在安旗主编的《李白全集编年注释》（成都：巴蜀书社 1990 年版）一书中有较详细的阐述。

② 此"虚实"二字或可涵盖一切相反相成的词汇，中国自古有之。如《论语·雍也》子曰："质胜文则野，文胜质则史。文质彬彬，然后君子。"刘勰《文心雕龙·辨骚》："酌奇而不失其贞，玩华而不坠其实。"又如其《风骨》篇的观念："练于骨者，析辞必精；深乎风者，述情必显。"

（1）《子夜吴歌·秋歌》："诗贵寄意，有言在此而意在彼者……本闺情语而忽冀罢征。"（沈德潜《说诗晬语》）

（2）《玉阶怨》："太白此篇，无一字言怨，而隐然幽怨之意见于言外。晦庵所谓圣于诗者此欤！"（萧士赟《分类补注李太白诗》）

（3）《乌栖曲》："乐极生悲之意，写得微婉。荒宴未几，而麋鹿游于姑苏矣。全不说破，可谓寄兴深微者。"（爱新觉罗·弘历《唐宋诗醇》）

（4）《清平调》："语语浓艳，字字流葩，美中带刺，不专事纤巧。"（周珽《唐诗选脉会通》）

（5）《关山月》："青莲'明月出天山，苍茫云海间。长风几万里，吹度玉门关。'浑雄之中，多少闲雅。"（胡应麟《诗薮》）

（6）《夜泊牛渚怀古》："诗至此，色相俱空。正如羚羊挂角，无迹可求，画家所谓逸品是也。"（王士禛《带经堂诗话》）

（7）《采莲曲》："卸开一步，取情为景。诗文至此，只存一片神光，更无形迹矣。"（王夫之《唐诗评选》）

上述各诗家用语，提及某些名篇名句中的意念，显然都是多方蕴蓄、表里不一又浑然一体。所谓浑雄与闲雅相杂，浓艳又字字带刺，乐极生悲，怨而无怨，言在此而意在彼，等等。最后所谓色相俱空，只存一片神光。

李白自己曾开宗明义提出诗歌的理想——"大雅"。① 如果此词不单指《诗经》中大雅、小雅之分类内容，而总称回归《诗经》的传统。或者，大雅概言这系列诗的蕴含精神，那么，"雅"字的提出，正是李白一直追寻的，也是古代诗评家注意到的李白歌诗的整体境界。不过，我们今日白话对"雅"字的理解，恐怕不如李白心中所期盼的丰富。如沈德潜评"明月出天山"的

---

① 李白《古风》第一篇："大雅久不作，吾衰竟谁陈？王风委蔓草，战国多荆榛。龙虎相啖食，兵戈逮狂秦。正声何微茫，哀怨起骚人。扬马激颓波，开流荡无垠。废兴虽万变，宪章亦已沦。自从建安来，绮丽不足珍。圣代复元古，垂衣贵清真。群才属休明，乘运共跃鳞。文质相炳焕，众星罗秋旻。我志在删述，垂辉映千春。希圣如有立，绝笔于获麟。""大雅"一词，宋代杨齐贤注认为是指《大雅》36篇。雅者，正也，故言王政之所由废兴也。近人俞平伯则认为"大雅""兼指雅颂，愈当代注解则认为"大雅"泛指《诗经》。（以上论点均见安旗主编：《李白全集编年注释》，成都：巴蜀书社1990年版，第936页）笔者认为，其无论指《诗经》或是《诗经》中某一部分，然则重点都并非该文献，而是指文献背后的精神。但这精神的实体如何？我们不能说《诗经》的想法就是李白的追求。究竟确切之内容如何？"大雅"二字，除了可能是诗文献，它本身也是一个形容词，它更是春秋时期雅乐舞的风貌。今人陈玉秀《雅乐舞的白话文》（台北：万卷楼图书公司1994年版）一书中就探讨了《诗经》时代雅乐、雅舞的精神内涵，以及唐代雅乐舞的持续不衰。是否这些乐舞有一个整体的美感世界，是当日李白极其推崇的？此问题，极值得专文探讨。

"闲雅"，已不易理解，必须花许多笔墨才能体会。① 要还原李白当日提出"大雅"一词的构想内容，这显然不是一个考证问题，而是诗学的美感高度能否追及的问题。

我们此处尝试性地自"忽然"理解李白，乃希望从最小的单位来把握，从李白刹那一动念间去捕捉他，在其虚实相变、只嘘气之间便觉知他，若能从每一个细小单位细细分析，则整篇的美之为美，才有可能真实。

诗话文学留给我们太多值得深思的空间。但什么是"气"？"韵"为何物？"味"又如何舐尝？这些古文字变做白话思维时，便完全不对等。当代诗学工作者无可凭借，唯一的方法是提升自己，尽量接近那个创作的世界。提出"忽然"二字，深知沿此绝不可尽知李白。色相俱空的"大雅"之景象，恐怕不是普通人用习惯的思维便能领略的。昔日法国波特莱尔刚出道时，盛名天下的大文豪雨果评之："他带给我们新的、令人颤栗的美。"② 这"颤栗"二字，或稍能恰当地表达那珍重的感觉。

自上文各诗分析中，我们一路引出"忽然"之意蕴：它滑溜溜不可捉、晃动恍惚、永远不安于位。对于平正雍容的大雅风貌，笔者认为，必须要把握其内涵：由无数"忽然"组成的小粒子；必须要体认：这些中正平和的"雅"，实在得来不易。

---

① 笔者在《李白诗中的月亮》一文中有分析《关山月》这几句话，以较大篇幅说明如何是雄浑中的闲雅。

② 此美誉除列于波氏生平年表外，亦载在大部分诗史或文学史中，是年波特莱尔 38 岁，《恶之花》系列诗出版两年。雨果是年 57 岁。

徐复观《中国艺术精神》之庄子美学思想初探

韩山师范学院文学与新闻传播学院　苏何诚[*]

摘要：徐复观与牟宗三、唐君毅是新儒学代表之三位重要人物，并与张君劢于 1957 年合撰《为中国文化敬告世界人士宣言》一文，开创了当代儒家复兴的新气象。徐复观在其《中国人性论史·先秦篇》中，说明中国的人性论思想是以儒、道两家的思想为主干开展的，因此，他在其《中国艺术精神》中，有意识地发掘中国艺术精神，并将中国文化中的儒家艺术精神归属于孔子，道家艺术精神归属于庄子。徐复观认为，庄子的心学艺术思想，奠定了中国艺术虚、静、明的精神特质，中国山水画的创作与理论也出于庄子心学。

关键词：徐复观；庄子心学；道家艺术；中国艺术精神

一、儒、道艺术精神之别

徐复观与牟宗三、唐君毅是新儒学代表之三位重要人物，并与张君劢曾于 1957 年合撰《为中国文化敬告世界人士宣言》一文，开创了当代儒家复兴的新气象。徐复观最为人所称道之学术贡献，乃是以《中国人性论史·先秦篇》《中国艺术精神》及三巨册的《两汉思想史》为代表。

《中国艺术精神》是徐复观在《中国人性论史·先秦篇》之后所写的。徐复观之所以撰写该书，是因为他认为人类文化是由道德、艺术、科学三大支柱所构成。但由于中国人与自然的关系太过于亲和，以致在科学知识方面没有太多的成就，但在道德与艺术上，则都产生璀璨的思想精华。徐复观的《中国人性论史·先秦篇》主要就是要突显具体生命的心、性，展露中国人的

---

* 作者简介：苏何诚（1971—　），台湾台北人，韩山师范学院文学与新闻传播学院副教授、博士。

道德根源与人生价值。因此，在世界文明中，中国人如何展现高超的艺术思想，是徐复观撰写《中国艺术精神》的主因，他从具体生命的心、性中，展示中国人特有的艺术生命，从道家的精神世界中，探索中国的艺术根源。[①]

徐复观在《中国艺术精神》中，有意识地发掘中国艺术精神，他认为中国文化中的艺术精神，只有由孔子和庄子所显现的两个典型，所以徐复观在第一章"由音乐探索孔子的艺术精神"提出中国古代是以音乐为中心的教育之主张，并以本章为核心，而其他章节皆是以庄子思想开拓的艺术精神。

徐复观认为，以中国的传统而言，儒家、道家的人性论可视为两种典范，这两家在内容上虽有不同，但从群体如何融入每个个体里面，也就是成己要先由成物着手，儒家、道家在这方面的性格是相同的。儒家的人性论以仁义为内容，用于国家天下的治理，从正面的角度担负了中国历史的伦理、政治责任，孔、孟成为"为人民而政治"的儒家典范。

儒家展现的是一种以孔、孟的治世思想积极入世的圣王气象，而道家所展现的是消极避世的隐士智慧。道家的思想立足点依旧是落于现实人生上，但相较于儒家，老、庄的思想更具形上思辨性。在《老子》的文本中，即表示人生在世不一定能有"成"，尤其是处在紊乱的世局之中，更是难有所成就，因此身处其中时，就要找到一个恒久不变的"常"，以此常态的规则，作为人生安身立命的依据，在此常规下生命可以得到保全。而庄子也是延续着老子的思维模式，对于人生而言，未必需要成就什么，而是一种"愿念"的生命形态。徐复观将老子、庄子这种道家既否定又肯定人生价值的人生观，定义成"上升的虚无主义"。

所谓"上升的虚无主义"，徐复观认为，春秋战国时代的持老庄思想者，他们一方面否定了周朝所流传下来的"礼"，另一方面也否定了儒家孔子、孟子建立的道德学说。不过他们把自己的精神升华到万物根源的"道"，到达庄子"独与天地精神相往来"的世界。一方面，超脱了世俗世界的羁绊，另一方面，在此精神世界里，因为涵概了万物的根源，所以也能同时把万物涵融在此世界里。因此，道家的虚无主义包含着超克的因素，更胜西方虚无主义一筹。[②]

老子所处的环境，是春秋时期，动乱正要开始，所以老子要人们从现实中找一个"常"来安身立命。而庄子身处战国时期的剧烈动乱中，因此庄子要人们从高的地方涵融社会，在超世俗中随顺世俗，上升到"道"的地方去"齐万物"。

---

① 徐复观：《中国艺术精神》，台北：台湾学生书局1976年版，序第1页。
② 徐复观：《中国的虚无主义》，《华侨日报》，1961年6月19/20日。

徐复观在该书第二章里，将庄子视为中国艺术精神的开创者，认为庄子思想开拓出了中国艺术精神，并以"心"作为中国纯粹艺术精神的主体。此外，徐复观也认为，庄子的心学艺术思想，奠定了中国艺术虚、静、明的精神特质，中国山水画的创作与理论也出于庄子心学。

二、庄子"庖丁解牛"中的"道"与"技"

英文 art（艺术）一词源自古希腊拉丁语 ars，拉丁字又源自希腊字 techn，同属于类似现今意义下的"know – how"技能，有知识与技能的含义。广义上的"艺术家"，泛指经长期训练后掌握了某种技巧或较纯熟技术的人。因此，在早期举凡各种生产、制造的技术，包含建筑、雕刻、裁缝、战略、几何、修辞等，都可以称为"艺术"。①

反观道家的艺术，并不是从思辨形上的角度去理解它，而是从修养的工夫到达的人生境界来看，可看出是一种"与道合一"的艺术精神。在《庄子》文本里，庄子往往是通过"道"来阐发艺术的，因此庄子的艺术观里，有着一种从具体的艺术活动中升华为"道"的境界，诸如这些人生对"道"的体验，也就是一种真切的艺术精神的表现。② 在《庄子》中最令人津津乐道的便是《庖丁解牛》的寓言。

《庖丁解牛》记载于《庄子·养生主》中，为一篇代表庄子艺术观的寓言，借由庖丁为文惠君解牛的情状，文惠君与庖丁的对答，了解厨子解牛工夫养成阶段的差别，突出了艺术"技"（技术）与"道"（原理）的差异。

《庖丁解牛》的寓言，主要是借由经验老到的庖丁说明一般厨师（族庖）、厉害的厨师（良庖）、经验老到的厨师（庖丁）用刀技法的不同。族庖厨艺不精，因此一个月就需要换一次刀，在古代称之为"折"。良庖厨艺已成熟，因此一年才换一次刀，在古代称之为"割"。而庖丁不然，庖丁经验老到，可称为"若新发于硎"。因此，庖丁虽然已经解过了无数头牛，但他的刀却好像新磨好的一样。"硎"是磨刀石，庖丁的解牛过程，在动作上可见，庖丁用"手""肩""足""膝"等，以刀巧妙地拆解牛的身体，呈现从容、典雅的动作"触""倚""履""踦"，解牛的时候已与牛达到合一的状态，呈现出一种巧手精工、令人叹为观止的艺术技巧。

在"庖丁解牛"的寓言里，点出一个"技"与"道"的关系，庖丁是个好道之人，而道对于庖丁之"技"，则成了一种"技"所追求的生命境界，

---

① 尤煌杰、潘小雪：《美学》，台北：空大出版社 2000 年版，第 9 页。
② 徐复观：《中国艺术精神》，台北：台湾学生书局 1976 年版，第 51 – 52 页。

饶学研究

这种"技"与西方的 art（艺术）一词不谋而合，而庖丁正是一个不折不扣经长期训练掌握了某种技巧、技术纯熟的"厨术家"。

《庖丁解牛》的寓言中对"神遇"有如下描写："臣以神遇而不以目视，官知止而神欲行。"庖丁只用精神去体会而不必用眼睛看，官能知觉都停止，而只用心神活动去进行，来达到"与道合一"的精神体验。成玄英在《南华真经注疏》一书中对此作出解释：所谓"臣以神遇而不以目视，官知止而神欲行"的"官"，即是听觉器官的耳朵、视觉器官的眼睛。"神欲行"则指当耳朵、眼睛的官能都停止作用了，纯然只靠心神随心所欲运作。①

因此，通过成玄英的解释可知，庄子的"神遇"指的是一种微妙神奇的心识状态，这种心识状态并非感官上的体验，而是一种心识上与"道"的契合。徐复观就此说明"庖丁解牛"与庄子之"道"的共通之处。

徐复观首先指出，由于庖丁"未尝见全牛"，因此他跟牛的对立解消了，也就是心与物的对立关系解消了。其次，"以神遇而不以目视，官知止而神欲行"，说明庖丁在解牛时，他的手跟心是没有距离的，因此技术对心并不会产生约束。庖丁的精神由此而得到了解放，是一种来自技术的自由感与充实感，也是人生情境中的一种艺术精神体现。②

徐复观借由此寓言说明"由技进乎道"的可能性，更进一步以薛林（Schelling，1775—1854）与佐尔格（Solger，1780—1819）的艺术哲学，说明艺术可以作为人生宇宙根源的根据，一如庄子之"道"。

徐复观认为，西方有一些思想家，在探究美的第一因时，经常出现与庄子相似相合之点，因此庄子之所谓"道"，本质上是具有艺术性的，可由这两位哲学家的理论得到明显的证明。《庄子·达生》中《梓庆削木为鐻》的寓言，是说明"质料"与"形式"的，说明二者是浑然天成、一体成形的关系。

《梓庆削木为鐻》寓言中，木工梓庆象征着"形式"，而山林中所取材之树木则象征着"质料"，二者"以天合天"——"用（我的）自然来合（树木的）自然"，来回归大地而得以保存自然之天性，增强了《庖丁解牛》寓言的"与道合一"的艺术精神。

三、庄子"道游"的艺术观

庄子在艺术上的另一个表现，则是以"游"这个概念为核心，所代表的

---

① 陈鼓应：《庄子今注今译》，台北：台湾商务印书馆 1975 年版，第 106 页。
② 徐复观：《中国艺术精神》，台北：台湾学生书局 1976 年版，第 53 页。

是一种自由解放的精神，达到精神世界与"道"的合而为一。"乘云气，御飞龙，而游乎四海之外"（《逍遥游》）、"乘物以游心"（《人间世》）、"恢恢乎其于游刃必有余地"（《养生主》）精神生命涵泳在"道"的微妙氛围里，遨游在天地万物中，得到心灵的解放，也正如徐复观引用庄子文本上的"闻道""体道""与天为徒""入于寥天一"几个概念，来表示自由解放的精神，也代表现代艺术精神中最高的体现。①

整体来说，"游"是一种无拘无束的生命形态与思维方式，它展现为《逍遥游》中的鲲鹏"抟扶摇而上者九万里"，生命精神极限的解放。"游乎天地之一气"在于"与道交游"的境界，而最后到达精神生命"道通为一"的境界，而精神生命得以超越。傅伟勋说："超形上学的突破，主要的（实践性）目的是在人的自我解放，变成一个无心解脱、自然无为的生活艺术家，这就是庄子的宗教，可用'道游'（Tao as Art）予以概括。其最好的说明，可见庄子在《逍遥游》篇所云：'若夫乘天地之正，而御六气之辩，以游无穷者，彼且恶乎待哉！'"②

"游戏"的艺术精神，是当代西方美学研究的显学，最著名的就是德国哲学家伽达默尔的"游戏"理论与海德格尔的 Ereignis 观念。

伽达默尔在《真理与方法》一书中对"游戏"概念予以说明，他认为人们必须通过某种游戏的表现来形成自己的特质，也唯有在游戏状态中，得到隐约的暗示意义来与自身的某些特征关联。③ 在艺术经验之中，艺术品取代了欣赏者的主动性，成为主体。而欣赏者成为艺术品所游戏之客体。"当艺术品的存有方式是游戏时，它立即从一个摆在面前的对象，蜕变成为仿佛在主动地玩耍中。它'前往'触动和戏弄欣赏者，让他沉迷在它的牵引中，艺术品取代了人的主动性。它才是主体。"伽达默尔的"游戏"理论，充分地诠释了艺术精神。④

另一位德国哲学家海德格尔的 Ereignis 观念，也有着一种"道游"艺术观，被称为天、地、神、人的"四重域"游戏，或"世界游戏"。海德格尔对于"游戏"概念，则是一种世界的映射游戏的居有之圆舞（der Reigen des Ereignens）。圆舞在它所在的居所照亮着四方，同时也引领着四方进入纯一性之光里。依着映射游戏来绕着而聚集起来，从本质上来看是一种环化（das

---

① 徐复观：《中国艺术精神》，台北：台湾学生书局 1976 年版，第 62 页。

② 转引自徐克谦：《庄子哲学新探——道·言·自由与美》，北京：中华书局 2005 年版，第 128 页。

③ ［德］伽达默尔·汉斯—格奥尔格著，洪汉鼎、夏镇平译：《真理与方法》，台北：时报文化有限公司 1993 年版，第 158 页。

④ 陈荣华：《葛达玛诠释学与中国哲学的诠释》，台北：明文书局 1998 年版，第 42 页。

Gering）。①

在海德格尔的思想中，我们找到与"游"意涵相符的概念。在海德格尔的"世界游戏"之中，Ereignis 所开启之"域"，统合了天、地、神、人四方，自身的映射之光投射自身与其他三方。在庄子的"卮言日出，和以天倪"所提及之"照""以明"所"涌现"光烁，贴切地表现在"世界游戏"中，从自身闪烁与澄明它物。"世界游戏"所提之圆舞，也一如"和以天倪"之"天均"（天倪）般映射着天、地、神、人，使其四方"始卒若环，莫得其伦"地嵌入世界的统一"和谐"之中。与庄子之"曼衍"所展现之与"道"交"游"之彰显，也象征艺术精神无限之解放。

因此，在徐复观的观念里，庄子的"游"，虽也有游戏的意涵，但所指的并非全然就是游戏本身，而更多的是在游戏过程中所展现出的自由精神，由此将其向上升华，象征着精神状态可借此获得自由的满足。如同康德在《判断力批判》一书中提出的"无利害关系"观点，美不涉及任何利害关系，因此由审美所引起的愉悦其实是出于知性和想象力的互相协调所带来的快感。②

同时，徐复观将"无用"与"和"两个概念，作为"游"的积极条件。通过"无用"来到精神解放的自由，也具备一种"和"的艺术态度，来与真理和谐的统合，体现出"道"最高层次的美。

四、以庄子心学为主体的艺术精神

徐复观在《中国艺术精神》一书中最重要的核心观念即是以庄子心学为主体的艺术精神，其本质呈现出"虚""明""静"的心灵状态，与艺术精神主体所朗现的心灵状态是一致的。③ 庄子心学的工夫"心斋""坐忘"决定了庄子的艺术性精神，也形成后代中国艺术精神的主流。

"心斋"是庄子虚构了孔子与颜回的一段对话，借由孔子之言来告诫世人虚心处世。"心斋"原本的含义是"心灵斋戒"，是一种心灵状态的澄思静虑、清心寡欲的修养工夫，以此来达到与道契合的精神境界。"坐忘"是庄子模拟了孔子与颜回的一段对话，也是借由孔子之言来宣扬"坐忘"的道家精神境界。所谓"坐忘"指当人静坐时心灵呈现的"忘"的状态，而这种"忘"的状态，并不是将人的杂物琐事忘记的意思，而是忘怀生命遭遇中的各

① ［德］马丁·海德格尔著，孙周兴选编：《海德格尔选集》（下），上海：上海三联书店 1996 年版，第 1180 – 1181 页。

② 徐复观：《中国艺术精神》，台北：台湾学生书局 1976 年版，第 68 – 69 页。

③ 徐复观：《中国艺术精神》，台北：台湾学生书局 1976 年版，第 81 页。

种自我执着，是一种回归大道生命纯然的状态。

因此，徐复观针对庄子的"心斋""坐忘"历程，提出了两条通路。一是摆脱由生理而来的欲望，如庄子的"堕肢体""离形"历程，消解与生俱来的生理欲望，使心不被欲望所奴役。二是摆脱知识活动，如庄子的"黜聪明""去知"历程。与物相接时，不让心立即对物产生知识上的活动，任由心智产生是非判断等价值，叨扰其心，使心不再盲目追逐无穷尽的知识，而得到解放。庄子的"虚""静""坐忘""无己""丧我"历程，即是同时能消解生理欲望与摆脱知识活动的精神境界。[①]

此外，徐复观认为庄子"心斋"的美的观照属于一种纯知觉活动。这与德国哲学家胡塞尔现象学中的"纯粹意识"有着异曲同工之妙。因此，他进一步将"心斋"与胡塞尔现象学的"纯粹意识"作比较，借此阐述艺术精神的主体。

徐复观认为，胡塞尔现象学的"搁置"，把自然世界的相关事物，通通归入括号之中，并加以暂时搁置不理，此时心中即中止判断，纯粹意识的艺术感受则油然而生，如此探出一层层更深的意识。徐复观把《庄子》中的"心斋""坐忘"等同于审美的精神状态，达到了"心斋"与"坐忘"的生命历程，也确立了美的观照，形成了艺术最后根据的精神主体。

现象学"搁置"所达到的是"纯思"之功，庄子"心斋"与"坐忘"所达到的是"离形去知"纯知觉活动的美的观照，"心斋"之心指出虚（静），由虚而"明"的性格的审美观照，更胜过现象学的"纯粹意识"。

五、庄子"素朴"的艺术观

刘勰《文心雕龙·神思》作为艺术创作论的总纲，云："是以陶钧文思，贵在虚静，疏瀹五藏，澡雪精神。"刘勰指出，创作的构思、酝酿过程，必须做到"虚静"，要排除杂念，拒绝外物的干扰，如同老子所说"疏瀹而心，澡雪而精神"、庄子所说"万物无足以挠心者"。因为唯有人处于一种虚的势能之中，才能够容纳万物，才能够在闲静中泰然观物。

苏东坡《送参寥师》诗云："欲令诗语妙，无厌空且静。静故了群动，空故纳万境。"诗人如想要诗句之中充满灵巧，就要能安住在虚空和闲静之中。因为也只有虚静之心，才能观照万物之变化，心胸开阔才能容纳万事之境界。

因此，徐复观的中国艺术精神，以庄子作为一种人与自然联结的媒介，

---

① 徐复观：《中国艺术精神》，台北：台湾学生书局1976年版，第72－73页。

达到人与自然融合一体，是道家所展现的精神境界。中国历代的山水画家、文学家，也拥有这样崇尚自然的情操，与庄子的精神世界不谋而合，如同陶渊明等田园诗人，其思想、情调皆与道家精神的客观自然融合为一。庄子展现出的艺术精神，并非追求某种美的价值，而是以追求人生精神的解脱为目标。

因此，"纯素""素朴"即是庄子的美中所含藏的特质。①

"素朴"是庄子艺术真理的本质，回返"素朴"之美，即是回归"自然"体道本真状态。如此，庄子即借由"素朴"之素净"材质"与朴实之"形式"融合为"自然"之作品，于是，"道"提升到艺术的视野上。在徐复观的观念里，庄子有别于西方人"为艺术而艺术"的观点，他所开展出来的艺术精神，并不是为了艺术而追求艺术，而是为人生而艺术，是从人格中所流露出的一股艺术精神，因此"为人生而艺术，才是中国艺术的正统"②。

六、结语

徐复观作为新儒学的一位重要成员，他一方面认同熊十力所开启的心学路向，但另一方面又有别于唐君毅、牟宗三两位先生，在重建中国哲学本体论的形上追求方面，走出自己的道家美学本体精神之路。徐复观通过庄子心学建构，赋予中国史学、文学、绘画中国文化的艺术精神，形成了他独具一格的中国文化艺术观。徐复观认为，西方人所展现的艺术精神，是无法达到真正艺术精神的主体的，往往只是停留在表象层面。因此他通过庄子来阐述中国艺术精神，达到"心斋""坐忘"的精神状态，也正是审美活动中美的观照的历程，艺术的精神主体得以在此形成。通过庄子所指出的"虚""静""明"的"心"，以"游"来表现"心"的自由解放，这都是西方美学家所忽略的。

徐复观的中国艺术精神，透过庄子的心学，主要表现在中国人的道德、宗教、艺术、认知等活动之中，透过人生的虚静、了悟、无欲等工夫实践，特别是在山水画家、文学家的艺术领域，集中体现了中国艺术的重要成就。因此，徐复观《中国艺术精神》一书中，绝大部分展现的是一种有别于儒家道德心的虚静涵养与大自然结合为一的道家艺术心。

---

①　徐复观：《中国艺术精神》，台北：台湾学生书局 1976 年版，第 134 页。

②　徐复观：《中国艺术精神》，台北：台湾学生书局 1976 年版，第 136 页。

参考文献

[1] 尤煌杰、潘小雪：《美学》，台北：空大出版社 2000 年版。

[2] ［德］伽达默尔·汉斯—格奥尔格著，洪汉鼎、夏镇平译，《真理与方法》，台北：时报文化有限公司 1993 年版。

[3] 何步正、郑臻主编：《徐复观文录》（一），台北：环宇出版社 1971 年版。

[4] 徐克谦：《庄子哲学新探——道·言·自由与美》，北京：中华书局 2005 年版。

[5] 徐复观：《中国艺术精神》，台北：台湾学生书局 1976 年版。

[6] 徐复观：《中国的虚无主义》，《华侨日报》，1961 年 6 月 19/20 日。

[7] ［德］马丁·海德格尔著，孙周兴选编：《海德格尔选集》（下），上海：上海三联书店 1996 年版。

[8] 陈鼓应：《庄子今注今译》，台北：台湾商务印书馆 1975 年版。

[9] 陈荣华：《葛达玛诠释学与中国哲学的诠释》，台北：明文书局 1998 年版。

[10] 颜昆阳：《庄子艺术精神析论》，台北：华正书局 1985 年版。

[11] ［美］爱莲心著，周炽成译：《向往心灵转化的庄子：内篇分析》，南京：江苏人民出版社 2004 年版。

重衡朱熹的"理气论"

——以人性论为考察核心

台湾清华大学中国文学系　叶人豪[*]

摘要：相较于其他理学家在人性论上的主张，朱熹的人性论就显得耐人寻味，朱熹对于天地之性的界定是"性（理）落在气质之中"。此一理解，表面上看来极具争议，似乎表明了气作为限制性的原则无法被转化殆尽。而本文则认为，朱熹人性论观点所涉及的争议正好是其用心所在。本文首先从张载与程颐的人性论出发，勾勒出一条理学人性论发展的线索，再探讨在超越性追求逐渐显题化的历史进程中，如何保留儒家基本性格里对于他人的伦理责任。我们可以从朱熹理气论中理气不杂不离的同构张力看到朱熹的现世关怀。

关键词：人性论；佛教；张载；程颐；朱熹；理气不杂不离

日本学者荒木见悟在其名著《佛教与儒教》一书中，曾针对宋代理学人性论提出一个著名的概括性观点："本来性"与"现实性"。这个对于人性论的二重性分析，精准点出了宋明儒者对于人性的本质追寻，以及工夫实践上深入性天的特色。

大抵而言，目前学界较具共识性的看法是，有别于先秦儒学，理学诸家对人性论、心性论、工夫论皆有更深入精致的体系性建构，而理学二重的人性论颇能呼应前述的说法，反映出先秦以来人性论的理论精致化的程度。不过学者们所集中讨论与争辩的热点，大抵集中于宋代理学的思想形态梳理与派别分系的归属问题，如二程别异、朱陆之争、二系说、三系说等。而本文要进一步考察的则是，被学界归类于同一思想类型的"伊川—朱熹"一系，在目前的派别分系视野下，内部被忽视的问题。

从学界对"伊川—朱熹"一系的理解来看，至少可得出两个面向：其一，

---

[*] 作者简介：叶人豪（1989—　），台湾台北人，台湾清华大学中国文学系博士。

伊川、朱熹俱强调性即理，主张理气二分。其二，相较于陆、王重视发明本心，伊川、朱熹皆重视"格物穷理"，反映出两人在成德工夫的一脉相承。

上述对"伊川—朱熹"一系的衡定，对举"陆、王""程、朱"二系的差异，虽使得理学内部复杂的思想得以厘清，诸家义理的精要处得以朗现，却也使得理学家身处历史之中的现实感难以凸显，进而转移为分系论述下义理的抽象分析。

如若我们进一步检视朱熹的人性论，便会发现朱熹对于人性论的理解其实颇有别于伊川；此外，相较于伊川，朱熹更强调人性论中"理气不杂不离"的特性。这些伊川、朱熹之间细部的扞格，若是放在较为哲学式的思想形态划分的方法论里，似乎成为一个颇难回答的问题。

因而，本文拟另外勾勒出一条理学人性论发展的线索，将张载、程颐到朱熹的人性论视为一个连续性的发展过程。于此，反映出在佛教义理的刺激下，理学的修身进程正在显题化一种后天实践回归超越性体的工夫路径，而朱熹所强调的人性论中"理气不杂不离"，有望带领我们理解，在追求超越性的氛围下，儒者如何重新承接人间的现世关怀以及对于他人的伦理责任。

一、理学人性论的二重性起源

过往学者在解读理学的思想特质时，为了避免儒家思想沾染佛道色彩招致阳儒阴释的批评，一种常见的做法是主张宋儒的思想在先秦儒家早已有迹可循，佛道思想在理学家的工夫建构过程中，仅扮演思想外部的刺激，使得宋儒将先秦儒家本有的内容开展为更加深邃的论述体系。

然而，近年来，学者逐渐注意到理学与佛道二教的密切联系与承续关系，有论者曾提出："理学家有一种思维架构是先秦儒学所不具备的，即二重式的思维形态。如对于性，理学家将之分为天地之性/气质之性，二者是非—非异的关系；对于道，理学家将之分为体/用，二者同源而相涵。"[①] 亦即，经由佛教的传入，在梵汉思维的融合后，逐渐发展出二重的性论，形成理学家对于性论的独特理解，例如"气质之性""天地之性"或"气质之性""性之本"的二重架构，此一架构与先秦人性论最大的差异是，透过变化气质，能够回返到超越的"天地之性""性之本"，如是的概念成形于北宋，以张载、程颐为代表。

其中，张载可视为首位将二重式性论结构显题化的学者。然而，可以进

---

① 林永胜：《气质之性说的成立及其意义——以汉语思维的展开为线索》，《台大中文学报》2015 年第 48 期，第 33 页。

一步追问的是，二重式性论结构既然是因应佛教的思维而起，则此一结构在什么样的意义上回应了佛教？又如何在回应的同时，彰显出儒教与佛教的区隔呢？若我们暂且放下张载的人性论转而注意到张载对佛教的批评，或许能找到一些解读张载人性论的线索，正如《正蒙·神化篇》所言：

> 世人取释氏销碍入空，学者舍恶趋善以为化，此直可为始学遣累者，薄乎云尔，岂天道神化所同语也哉！①

对一个修身的初学之人而言，如要对治自我的种种执碍作恶，透过佛教观空的方式直接性地解消自我从自身习气所衍生出种种恶之造作，恰好是非常明快且根本性的做法。关键在于，此种佛教工夫所对治习气的"销碍"与"舍恶"并非渐进式地徐徐解消，而在于从根本上直接破折，指出个体习气的凝结、各种行为习惯的执着，一旦从空观的视野下观照，恰好代表着如幻似化、以俗弊真的暂时性假象，是障碍真如的原因。

张载在一定程度上承认这样从根本上予以解消的做法"直可为始学遣累者"，具备极高的效益。单从此处来看，佛教主张解消形驱气禀产生的种种执着，达成舍恶趋善的结果，这似乎与张载所言"民吾同胞，物吾与也"的目标没有太大的冲突，那么张载为何还要提出批评呢？再对照张载文末提出的"岂天道神化所同语也哉"，在这里似乎又会产生另外一个问题，即前面张载所述"舍恶趋善"应是工夫论的语言，何以后面的批评反而是立基于"存有论"的立场呢？两者的对应关系又是什么？

更进一步来看，前述佛教视野的观照，可以从两个层次来解读：其一是文中所论"舍恶趋善"虽然是从主体内部修养面向下手，但下手处的目标直指"销碍入空"，换言之，这里的"善"是虚说，并不是具有伦理方向性的善，反而指涉的是观空后的清静状态。其二是这里的"恶"除了指涉主体自身的习气、无明，同时也意味着主体观空前对于因缘合和的流转状态的执着。

顺着前述的讨论，对照张载在人性论上的思考，我们可以很快联想到张载所说的"形而后有气质之性""气坱然太虚，升降飞扬，未尝止息，《易》所谓'絪缊'，庄生所谓生物以息相吹、野马者与"，张载对气的创生性、生生动健的描述似乎很难避开佛教对于缘起幻化的解构，相关的表述几乎都可被消融在佛教"销碍入空"的说法中，甚至反过来形成一种过程性意义的"不真"对于空的遮蔽与障碍。

---

① （宋）张载著，章锡琛点校：《张载集·正蒙·神化篇》，北京：中华书局1978年版，第16页。

可以进一步追问的是，张载在强调气化的世界观及气质之性的表述时，难道没有意识到这样的说法恰好会被佛教的证空观点所批判吗？仔细观之，张载确实意识到佛教观空说所带来的挑战并提出响应：

> 若谓万象为太虚中所见之物，则物与虚不相资，形自形，性自性，形性、天人不相待而有，陷放浮屠以山河大地为见病之说。此道不明，正由懵者略知体虚空为性，不知本天道为用，反以人见之小因缘天地。明有不尽，则诬世界乾坤为幻化。幽明不能举其要，遂躐等妄意而然。不悟一阴一阳范围天地、通乎昼夜、三极大中之矩，遂使儒、佛、老、庄混然一涂。①

张载批判佛教将性的实相视为真空，反而遗落了世界的真实意义，不过在批判佛教性、形二分（天人相分）的同时，张载又是怎么将天道与人道结合，如何能够"本天道为用"的呢？在《正蒙·诚明篇》中，张载提出个体性的人与普遍性的天的关联性：

> 人之刚柔、缓急、有才与不才，气之偏也。天本参和不偏，养其气，反之本而不偏，则尽性而天矣。性未成则善恶混，故亹亹而继善者斯为善矣。恶尽去则善因以成，故舍曰善而曰"成之者性也"。②

张载以气的刚柔、缓急、才性来说明人的个殊性，但气的千差万别最终都可以养气返本而不偏，此处的返本意味着个殊性在此时已跨越到超越性的向度，可视为一纵贯的模型。然而"成之者性也"是否意味着尚未成之前的个殊性（气质之性）就不能被归入性的范畴内？或被视为应该要被解消的虚妄呢？事实上张载仍保留了个体经验的殊异性：

> 有无虚实通为一物者，性也；不能伪一，非尽性也。饮食男女皆性也，是乌可灭？③

相较于佛教把气禀与形着视为烦恼的来源与虚妄性的存在，张载反而肯定了在工夫实践的意义上，要从饮食男女、生之谓性的当下做起，而不是将其视为一虚妄存在，保留住儒学在人间世的承担。只是真正的尽性，在张载

---

① （宋）张载著，章锡琛点校：《张载集·正蒙·太和篇》，北京：中华书局1978年版，第8页。
② （宋）张载著，章锡琛点校：《张载集·正蒙·诚明篇》，北京：中华书局1978年版，第23页。
③ （宋）张载著，章锡琛点校：《张载集·正蒙·干称篇》，北京：中华书局1978年版，第63页。

看来，必须透过工夫的实践，变化气质，回返至具有超越意义的天地之性：

> 形而后有气质之性，善反之则天地之性存焉。故气质之性，君子有弗性者焉。①

气质之性并非有待解消的虚妄假有，反而是工夫实践的起点，没有透过气质之性的实践，天地之性就无从展现，张载正是在这个部分保住气质之性的必要性。然而，张载的说法毕竟还是着重于肯定一个纵贯的结构，透过对气质之性的转化，回返到天地之性，这个转化的过程中则会涉及一些儒家基本性格如何被保留的困难。

二、"理""气"对列与性之本

相较于张载，程颐的人性论观点对于性与气作了更严格的区分，在程颐的人性论中，将张载的"天地之性"改称为"性之本"，而气质之性的部分程颐有时以"生之谓性"代称，在程颐论及性的相关说法中，最具代表性的应当是"论性不论气，不备；论气不论性，不明"。性、气的二分与对列是程颐人性论的最大特色，程颐特别标榜人性论里性的纯善义（理），高举其超越性的面向：

> 性无不善，而有不善者，才也。性即是理，理则自尧舜至于涂人，一也。②

此处的不善与才、气禀是同等概念，相较于张载，程颐更着重以气禀所带出的限制性原则与超越的理对勘：

> "生之谓性"与"天命之谓性"，同乎？性字不可一概论。"生之谓性"，止训所禀受也。"天命之谓性"，此言性之理也。今人言天性柔缓，天性刚急，俗言天成，皆生来如此，此训所禀受也。若性之理也则无不善，曰天者，自然之理也。③

---

① （宋）张载著，章锡琛点校：《张载集·正蒙·诚明篇》，北京：中华书局1978年版，第23页。
② （宋）程颢、程颐：《二程集·河南程氏遗书》（卷18），台北：里仁书局1982年版，第204页。
③ （宋）程颢、程颐：《二程集·河南程氏遗书》（卷24），台北：里仁书局1982年版，第313页。

不同于张载强调从气质之性转化到天地之性所呈现的连续性，程颐有意识地拉开天命之谓性（性）与生之谓性（气）之间的距离，此处言说的生之谓性意在指出气禀多样的个殊性，如人之性有刚柔、缓急等，只是在成的过程中因禀受的不同而有差异。

同样是二重的性论，程颐将张载的说法进行双边的强化，一方面标榜性理普遍的超越性，另一方面也强调气禀禀赋来作为对个体特殊性的说明，将理学家二重性论的架构分展得更为精致，但显题化此一架构的同时，程颐的说法更凸显了一个困难。

在张载的系统里，因为天地之性的介入，原本应该被佛家批评为缘起幻化的"气"，反而能承体起用，成为支撑儒家天道本体生生之德的实存体验，隐含儒家道德创造义的生化流行意义下的"气"，仍有被肯定的空间。然而，不同于张载，程颐以理代性，提出"性之本"的说法，严分了"性之性"与"气质之性"，将"理"作为性的实质内容，对于"顺理"的关注取代了气与本体的联系，于此，"气"的功能被伊川用来解释不同个体各殊的差异性，因而仅残余一种限制性的意义。

三、性气共存——为什么是不杂不离

值得注意的是，一般学界多会认为朱熹的"义"理论系统与实践模式与程颐是一脉相承的，这部分亦累积了丰富的研究成果。然而，一个较少被注意到的视角是，朱熹在论及人性论时，不同于程颐的严分理气，反而强调人性论中理、气之间"不杂不离"的联系性。准此，朱熹的人性论为何要如此有别于程颐的安排，就显得耐人寻味，朱熹对于"气质之性"的规定是"性（理）落在气质之中"，亦即人在现实的存有结构，始终是理与气、性与气质的结合：

> 盖性须是个气质，方说得个"性"字。若"人生而静以上"，只说个天道，下"性"字不得。所以子贡曰："夫子之言性与天道，不可得而闻也"，便是如此。所谓"天命之谓性"者，是就人身中指出这个是天命之性，不杂气禀者而言尔。若才说性时，则便是夹气禀而言，所以说时，便已不是性也。①

朱熹的思想在义理架构上继承了程颐的思考，但更值得注意的是，为什

---

① （宋）黎靖德：《朱子语类》（卷95），北京：中华书局2011年版，第2431－2432页。

么朱熹在人性论的观点上要特别以"不杂不离"的说法来取代程颐严分性气的二元架构呢？

诚然，在人性论的基础架构上，朱熹承继了过往二重性的传统，但他重新诠释了程颐论性的双重架构。在论及天地之性时，朱熹强调只能从"性堕在气质之中，故随气质而自为一性"的现实层面来理解，在人现实的存在中，没有纯然的天地之性，天地之性一定是以夹杂着现实气禀的存在方式出现于世间，理必定与气不杂不离。这样的说法，似乎反映出变化气质的过程中，人性的全然转化的困难，某种圆融无碍的完满境地无法被完全转化殆尽，总是保留着一定的限制性原则，而成为变化气质的修身过程中的某种遗憾。

然而，我们认为，朱熹的说法恰好反映出一种殊异于程颐的实践模式，在此种模式当中，被视为限制性原则的气质之性与天地之性之间并非纯然纵贯的转化模式，而是两者并存。

更确切地说，朱熹对性论结构的特殊安排，或可与朱熹为何放弃了中和旧说而改采中新说的改动联系起来，对于行为主体而言，个别的气质之性恰好对应了不同的行为模式，这些行为模式象征着与他人可见的互动行为，因而论及气质时，是不可能脱离他者而独立存在的：

> 喜怒哀乐未发之时，只是浑然，所谓气质之性亦皆在其中。至于喜怒哀乐，却只是情。[1]

> 在天为命，禀于人为性，既发为情。[2]

气质之性除了象征人的个殊与差异，同时也是自我与他人互动中可见可感的具体形式，此种具体形式恰好是透过"发而皆中节"的动态过程来作为天地之性的实质内涵。

在此，我们可以稍稍勾勒出，朱熹人性论强调理气的不杂不离，正意味着天地之性并非等待被回返的纵贯式结构的顶点，而是必须从现实的存在层面来理解，也就是天地之性总是展现于现实生活中夹杂着气禀的具体层面，从而为两者的关系提供一种更具辩证性的思考方式，而朱熹在人性论中特别强调理气的不杂不离，似乎有望提供一个新的线索，发展出一条有别于注重自我回返、将对于自我的关注突出于人对于他人责任之上的儒家修身模式（中和旧说）。无法被排除的气质之性可以被理解为对他人的永恒责任，因而

---

① （宋）黎靖德：《朱子语类》（卷4·性理一），北京：中华书局2011年版，第92页。
② （宋）黎靖德：《朱子语类》（卷5·性理二），北京：中华书局2011年版，第90页。

开启了朱熹中和新说的实践蓝图。

四、结语

在理学修身模式的建构中，为应对佛教的"空性"对于气质之性的根本性批判，理学逐渐发展出二重的性论以响应此难题，然而，透过重新勾勒张载将二重的性论显题化的起源，以及程颐对于性论的理气严分，这当中似乎可以观察到某种着重变化气质的"自我关注"倾向正逐渐被强化的历史过程，而朱熹对于性气架构"不杂不离"的坚持，表面上看来似乎意味着某种修身的转化进程中，气质之性永远无法被转化殆尽的缺憾。但若将朱熹对于性论"不杂不离"的理解与"中和新说"加以联系，似乎有望发展出一条殊异于对应佛教刺激，着重自我回返的儒家修身模式。在朱熹的人性论中，与天地之性紧密结合，无法被排除的有限性恰好呈现为一种对于他人无限的伦理责任。

肆

岭东人文研究

唐代潮州刺史考略

——兼论新近发现墓志铭中唐代刺史李少赞、韦楚望治潮史略

潮州市图书馆　陈贤武*

摘要：本文据历代潮州地方志书及《唐刺史考全编》，考察唐代潮州刺史人数、姓名、籍贯、出身、任期、政绩等基本状况，以期厘清他们对潮州产生的影响，补充完善对唐代潮州刺史的认识。

关键词：潮州刺史；海上丝绸之路；二重证据法

唐代，潮州开发程度还很低，生存环境仍旧恶劣，韩江三角洲许多地方尚未淤积成陆，山林茂密，野象成群。韩江和梅江鳄鱼出没，被称作恶溪。中原移民对当地高温多雨的湿热气候，很不适应。一直到晚唐，潮州都是有罪官宦的贬谪之地。唐代宗时宰相常衮（729—783）在大历十四年（779）至建中元年（780）贬潮，初到之日给皇帝的《谢上表》中有"慰抚海隅，少安疲氓"之语，透露出赋役负担沉重（包括摊逃）确是人口逃亡、户数下降的原因。① 到元和十四年（819），韩愈也被贬到潮州当刺史，《谢上表》也说这里是"飓风鳄鱼，患祸不测"，"毒雾瘴气，日夕发作"。②

明代潮州先贤林大钦在《潮州风俗》中言："历唐中叶，常衮刺潮，建学校，劝农桑，人蒙其教。至元和间，韩愈继之，礼赵德，敦实行，士益敦其化。"③ 潮州地区恶劣的地理景观开始有所改善。

由于北方战乱不断，中原人民纷纷南迁，移民浪潮波及潮州，使潮州地区人口数量较快地增长，经济开发程度也有所改观。水稻成为最重要的农作物品种，韩江三角洲上部一直连接到榕江、练江平原，有一大片稻作区。蕉麻是纺织生产最重要的原料，蚕桑也开始在当地出现。韩愈的《潮州祭神文》

---

* 作者简介：陈贤武（1971— ），广东潮州人，潮州市图书馆图书资料馆员。

① （清）董诰等编：《全唐文》卷418《常衮·潮州刺史谢上表》，北京：中华书局1983年版，第1890页。

② （唐）韩愈：《潮州刺史谢上表》，屈守元、常思春主编：《韩愈全集校注4》，成都：四川大学出版社1996年版，第2307页。

③ 黄挺校注：《林大钦集》，广州：广东人民出版社1995年版，第40页。

里就提到"稻既穟矣，而雨不得熟以获也；蚕起且眠矣，而雨不得老以蔟也。岁且尽矣，稻不可以复种，而蚕不可以复育也。农夫蚕妇，将无以应赋税继衣食也"①。至迟在这时候，潮州人已经掌握了丝织工艺。潮州郡城就建在这一片稻作区的东部。城西葫芦山上，有贞元十三年（797）刺史李宿所建的观稼亭。当年李刺史，倚亭西北望，大概已经是平畴百里，稻浪翻金了。② 到晚唐五代，为了捍卫这一片田园，竹竿山下，韩江下游的第一段堤围也筑建起来。

当地陶瓷业崛起之后，潮州城西北的北关窑上埔到城南洪厝埔、竹园墩，集中了成片的瓷窑群。作为陶瓷外销的支撑，当地的海上航运也发展起来。巨舰大舶，可以乘潮上溯到潮州城下，装载瓷器，远销海外。沿海，有了煮盐的盐灶。聚落景观方面，瓦房在当地已经很常见。北宋时，陈尧佐曾经对人说，自从宋璟在开元初到岭南任广州都督，教人建瓦屋，广州才有瓦屋。此后岭南各郡受到影响，潮州的瓦屋建得特别多。③ 揭阳新亨发现的唐代大型瓦屋遗址，就是当时聚落景观的一个实例。此外佛教和道教在当地流播，小北山区的一些岩洞，被辟建为石窟寺。潮州在广东的地位日渐提高，唐文宗开成五年（840）的敕旨已经说"潮州是岭南大郡，与韶州略同"④ 了。

—

研究历史，可以更深刻地了解现在，洞察未来。具有转折意义的唐代历史不应忽视，唐代时，潮州地位已不断提高，我们也应当全面研究唐代潮州的政治、经济、文化、社会的状况，考察其发展变化的原因。本文拟考察一下唐代潮州刺史的状况，包括人数、姓名、籍贯、出身、任期、政绩等基本情况，以厘清他们对潮州产生的影响。饶宗颐先生在《宋代莅潮官师与蜀学及闽学——韩公在潮州受高度崇敬之原因》中考证说："唐世潮州刺史，地方志官部所载凡十人，祀名宦祠者六人，韩愈之外为常怀德、李皋、常衮、刘

---

① （唐）韩愈：《潮州祭神文五首》（其二），屈守元、常思春主编：《韩愈全集校注4》，成都：四川大学出版社1996年版，第2323页。

② （明）解缙等编：《永乐大典》卷5343《潮州府一》，潮州市地方志办公室、韩山师范学院图书馆影印本2000年版，第57页；（清）卢蔚猷修：（光绪）《海阳县志》卷30《金石略一》，广东省地方志办公室编：《广东历代方志集成·潮州府部》（第12册），广州：岭南美术出版社2009年版，第299－300页。

③ 宋苏轼《答吴子野》七有云："尝见文惠公与伯父书云：岭外瓦屋始于宋广平，自尔延及支郡，而潮尤盛。"孔凡礼点校：《苏轼文集》（第4册），北京：中华书局1990年版，第1737页。

④ （宋）王钦若等编：《册府元龟》卷361《铨选部·条制三》，北京：中华书局1960年版，第7574页；（宋）王溥：《唐会要》卷75《选部下》，北京：中华书局1955年版，第22页。

158

暹、杨嗣复，官阶不在韩之下，又以宰相身份贬潮者，常衮、杨嗣复外，又有李德裕，今皆为人所淡忘。惟韩愈深入人心，建有专祠，历久而弥显。"① 今考嘉靖《潮州府志·官师志》录有 4 人，乾隆《潮州府志·职官志上》记载 10 人，民国《潮州志·职官志一》记有 14 人。② 之所以缺失如此严重，则因"潮州之有志乘，实肇于唐宋之世"③，然多亡佚，"以潮州最古老志书之《三阳志》而论，得从《永乐大典》中'潮'字号窥其厓略，就中有关宋元史料，至为珍贵"④。"明以前潮州遗闻旧事，赖以保存不鲜，有裨于文献多矣。"⑤《永乐大典》中"潮"字号为卷 5343～5345，共 3 册，惜缺中间 5344 号 1 册，据"目录"可知为"宦绩""人物""纪异""山川""宫室""保里""津渡""堤岸"等诸章。因前志缺失，后志只能是略古详今。今人郁贤皓先生有《唐刺史考全编》5 册⑥，是唐代刺史史料的总括式研究，为治唐史必备工具书。其中据新旧《唐书》《全唐文》《元和姓纂》《册府元龟》《资治通鉴》《金石补正》和雍正《广东通志》共辑录了 21 位，其中存疑 3 位（以"?"标出）。兹将嘉靖、乾隆《潮州府志》（以下简称嘉靖志、乾隆志），民国《潮州志》（以下简称民国志），郁贤皓《唐刺史考全编》（以下简称郁书）中所记录唐代潮州刺史名录列表如下，并略作考证。其任职时间以郁书为主：

① 饶宗颐：《饶宗颐二十世纪学术文集》卷 9《潮学》（下），北京：中国人民大学出版社 2009 年版，第 890－891 页。

② （明）郭春震纂修：（嘉靖）《潮州府志》（卷 5），广东省地方史志办公室编：《广东历代方志集成·潮州府部》（第 1 册），广州：岭南美术出版社 2009 年版，第 224 页；（清）周硕勋纂修：（乾隆）《潮州府志》（卷 31），广东省地方史志办公室编：《广东历代方志集成·潮州府部》（第 4 册），广州：岭南美术出版社 2009 年版，第 681 页；饶宗颐总纂：（民国）《潮州志》（第 5 册），潮州：潮州市地方志办公室 2005 年版，第 2007－2010 页。

③ 饶宗颐：《清以前潮志纂修始末》，《饶宗颐二十世纪学术文集》卷 9《潮学》（下），北京：中国人民大学出版社 2009 年版，第 855 页。

④ 饶宗颐：《〈三阳志〉小考》，《饶宗颐二十世纪学术文集》卷 9《潮学》（下），北京：中国人民大学出版社 2009 年版，第 861 页。

⑤ 饶宗颐：《清以前潮志纂修始末》，《饶宗颐二十世纪学术文集》卷 9《潮学》（下），北京：中国人民大学出版社 2009 年版，第 857 页。

⑥ 郁贤皓：《唐刺史考全编 5》卷 260《潮州（潮阳郡）》，合肥：安徽大学出版社 2000 年版，第 3197－3201 页。

序号	任职时间	嘉靖《潮州府志》	乾隆《潮州府志》	民国《潮州志》	郁贤皓《唐刺史考全编》	附注
1	贞观中				权万纪	京兆万年（今属陕西西安）人
2	贞观十八年（644）		张玄素	张玄素	张玄素	蒲州虞乡（今属山西永济）人
3	显庆四年（659）		唐临	唐临	唐临	长安（今属陕西西安）人
4	仪凤二年（677）	常怀德	常怀德	常怀德	常怀德	新丰（今属陕西西安）人
5	中宗时			洪珪		民国志据洪良璵《岐山续修谱序》补。嘉庆《潮阳县志·人物·循吏》："洪圭，字大丁，福建莆田人。任潮州刺史洪珪孙。"
6	武后时				韦岳子	雍州万年（今属陕西西安）人
7	开元二十五年（737）		陈思挺	陈思挺	陈思挺	《新唐书·玄宗纪》：开元二十六年"正月甲戌，潮州刺史陈思挺谋反，伏诛"
8	代宗初？			李季卿	李季卿？	京兆（今属陕西西安）人
9	大历中？				陆海？	吴郡（今属江苏苏州）人
10	大历十四年（779）	李皋	李皋	李皋	李皋	陇西成纪（今属甘肃静宁）人。乾隆志、民国志作"大历十二年"

序号	任职时间	嘉靖《潮州府志》	乾隆《潮州府志》	民国《潮州志》	郁贤皓《唐刺史考全编》	附注
11	大历十四年至建中元年（779—780）	常衮	常衮	常衮	常衮	京兆（今属陕西西安）人。乾隆志作"建中"。民国志："按：大历十四年五月，代宗崩，德宗嗣位。闰五月，衮被贬。翌年始改元。周《府志》作'建中初'误。"
12	贞元中		刘逻	刘逻	刘逻	曹州（今属山东菏泽）人。乾隆志作"建中"，民国志作"建中末年"
13	贞元中			林苇		兴化人。也见道光《广东通志·职官表三》①
14	贞元十二年（796）	李宿	李宿	李宿	李宿？	陇西（今属甘肃）人
15	贞元时			洪圭		福建莆田人。嘉庆《潮阳县志·人物·循吏》："洪圭，字大丁，福建莆田人。……登唐进士，任工部尚书，谪潮州刺史。"

---

① （清）阮元修：（道光）《广东通志》，广东省地方史志办公室编：《广东历代方志集成·省部》（第15册），广州：岭南美术出版社2006年版，第253页。

肆　岭东人文研究

（续上表）

序号	任职时间	嘉靖《潮州府志》	乾隆《潮州府志》	民国《潮州志》	郁贤皓《唐刺史考全编》	附注
16	约元和中				李璇	唐昌温《代李侍郎贺德政表》："昨者，臣以潮州刺史李璇放纵私盐，耗散公利，请从免职，以儆慢官。"
17	约元和中				林景师	下邳郡（今属江苏邳州）人
18	元和十四年（819）	韩愈	韩愈	韩愈	韩愈	河南孟县人
19	文宗时？				元敦义	河南人
20	开成五年（840）				林郁阳	福建闽县人
21	会昌元年至六年（841—846）		杨嗣复	杨嗣复	杨嗣复	虢州弘农（今河南灵宝）人。道光《广东通志·职官表四》作"开成五年"①
22	咸通时？				郭江	冯翊（今属陕西）人。郭子仪曾孙
23	昭宗时				卢光睦	虔州（今属江西宁都）人。卢光稠弟
24	昭宗时			刘安仁②		上蔡（今属河南）人

---

① （清）阮元修：（道光）《广东通志》，广东省地方史志办公室编：《广东历代方志集成·省部》（第15册），广州：岭南美术出版社2006年版，第257页。

② 元脱脱等撰《宋史》卷481《列传第二百四十·世家四·南汉世家》："南汉刘鋹，其先蔡州上蔡人，高祖安仁，仕唐为潮州刺史，因家岭表。"校勘记："安仁，原作'仁安'，据《新五代史》卷65《南汉世家》、《东都事略》卷23《刘鋹传》改。"《潮州志》原作"刘仁安"，据此改。

　　从上表可知，郁书存有疑问的是"代宗初李季卿""大历中陆海""贞元十二年李宿"三人。

　　代宗初李季卿刺潮，民国志据《全唐文》补。郁书："《全唐文》卷四五八李季卿小传：'代宗朝，官潮州刺史。'按两《唐书》本传未及。疑《全唐文》小传有误。"① 李文澜在《潮（湖）州刺史李季卿与右散骑常侍李季卿》中据独孤及《唐故正议大夫右散骑常侍赠礼部尚书李公墓志铭》考订："唐代见之于史籍有两李季卿：一在太宗朝；一在玄宗至代宗时。《太平广记》卷399《陆鸿渐》条载云：'太宗朝，李季卿刺湖州。'《说郛》卷81记载亦同。《全唐文》卷458大体据此撰'李季卿小传'，称其为'京兆人，明经擢第，代宗朝潮州刺史'。此处'潮州'疑是'湖州'之误，而湖州刺史李季卿并非'代宗朝'人；另一位玄宗至代宗朝为官的李季卿则未曾出刺湖州（或潮州）。《全唐文》卷458收李季卿所撰文章两篇：其一《三坟记》，文中有'大历'年号；其二《栖先茔记》，文内有'天宝改元''大历'云云。可见二文作者李季卿是天宝、大历年间人，终官右散骑常侍且从未出任湖州或潮州刺史。准此，《全唐文》'李季卿小传'应依据独孤及《李公墓志》以及《新唐书》改订。"② 若依此，则李季卿刺潮州（或湖州）当在太宗朝而非代宗朝。

　　大历中陆海刺潮，郁书引"《唐诗纪事》卷三二：'陆余庆与陈子昂、卢藏用为方外十友。孙海工于五言，为贺宾客所赏，自省郎典潮州，但赋诗自通。'又见《大唐新语》卷八。按《姓纂》（指《元和姓纂》）卷一□陆氏：'海，司门员外。'《新表三下》（《新唐书》）陆氏：'海，湖州刺史。'乃汾州刺史陆璨之子。岑仲勉《姓纂四校记》称：'未知潮、湖孰是。'"岑仲勉《郎官石柱题名新考订》："陆海，《英华》三九一有常衮授陆海主客员外郎制。新表：陆氏太尉枝、璨子海，湖州刺史，《纪事》三二作潮州，殆讹。"③ 汪晓雪《诗人陆海及其作品研究》认为："陆海曾为潮州长史，《唐诗纪事》记有'自省郎典潮州'，《全唐诗》陆海小传记有'自省郎出牧潮州'及《大唐新语》卷八中记有郎士元《送陆员外赴潮州》一诗，其'剖符海边州'一句中'海边州'即为潮州，而陆员外当指陆海，可知陆海确曾于潮州任职。又有道光《广东通志》卷十三《职官表四》中记有'陆海，潮州长史'。由

---

　　① 郁贤皓：《唐刺史考全编》卷260《潮州（潮阳郡）》，合肥：安徽大学出版社2000年版，第3198页。

　　② 陈国灿、刘健明主编：《〈全唐文〉职官丛考》，武汉：武汉大学出版社1997年版，第229－230页。

　　③ 岑仲勉：《郎官石柱题名新考订》，北京：中华书局2004年版，第189页。

此可知陆海潮州所任为长史一职。""依据《新唐书》宰相世系表记有'海，湖州刺史'，《唐尚书省郎官石柱提名考》卷二十六《黎先生集》三十六记有'陆海，新表：陆氏太尉枝、汾州刺史璪子海，湖州刺史。吴郡志郡守提名失载'。且雍正《浙江通志》卷一百十二'职官'部分吴兴郡太守、湖州刺史部分确记有陆海之名。及《唐文续拾》中所记'海，官朝议郎侍御史、授尚书主客员外郎、湖州刺史'。可知陆海确曾在湖州担任刺史一职。"① 则陆海是任潮州长史（为刺史佐官）而非刺史。

贞元十二年李宿②刺潮，嘉靖志作"贞元十三年"，乾隆志、民国志作"贞元十二年"。郁书考证："雍正《广东通志》：'李宿，贞元十二年由御史中丞贬潮州刺史，据《通鉴》。'按：今《通鉴·贞元十二年》无李宿贬潮刺事。"考《永乐大典》卷5343《潮州府一》："郡西有李公亭，始于唐贞元之十三年。其亭记亦是年作。"光绪《海阳县志·金石略一》载："湖山之巅有观稼亭，唐中丞李宿建。亭址今尚存，《记》则佚矣。"宋代潮州州守鲍粹《登前守李公亭》诗中有："李公亭即鲍公亭，何事因仍旧日名。官守二年如过客，风流千古是虚名。"③ 则李宿刺潮是确切无疑。

二

西安近年发现的唐代墓志中，有二方是有关潮州刺史的墓志，一方是开成三年（838）李少赞墓志，一方是大中五年（851）韦楚望墓志，均为上述各书所缺载，可补之阙。④ 他们在潮州任上政绩昭彰，皆尽瘁于任上。兹将二墓志全文录之如下⑤：

---

① 汪晓雪：《诗人陆海及其作品研究》，《湘南学院学报（社会科学版）》2018年第39卷第3期，第52页。

② 所引诸书无记载李宿籍贯，胡戟的《珍稀墓志百品·李行素墓志（870）》（西安：陕西师范大学出版社2016年版，第217页）："公讳行素，字乘之，陇西人，北朝冠族。……曾祖宿，以御史中丞为循州刺史。"由此可知其为陇西（今属甘肃）人。

③ （明）解缙等编：《永乐大典》卷5343《潮州府一》，潮州市地方志办公室、韩山师范学院图书馆影印本2000年版，第57页；（清）卢蔚猷修：（光绪）《海阳县志》卷30《金石略一》，广东省地方史志办公室编：《广东历代方志集成·潮州府部》（第12册），广州：岭南美术出版社2009年版，第299-300页；（明）解缙等编：《永乐大典》卷5345《潮州府三》，潮州市地方志办公室、韩山师范学院图书馆影印本2000年版，第190页。

④ 客洪刚：《〈唐刺史考全编〉拾补》，《中国国家博物馆馆刊》2014年第1期，第75-83页；杨晓、吴炯炯：《〈唐刺史考全编〉补正（二）》，《甘肃社会科学》2011年第1期，第173-176页。

⑤ 碑文录自张维慎、耿晨：《唐〈李少赞墓志〉考释》，西安碑林博物馆编：《碑林集刊》(11)，西安：陕西人民美术出版社2005年版，第58-63页；西安市文物稽查队编：《西安新获墓志集萃》，北京：文物出版社2016年版，第851-853页。

唐故潮州刺史上柱国李府君夫人会稽县君康夫人合祔墓志铭并序

故吏前潮州军事衙推宣德郎前棣州渤海县丞知县事赵弘嗣撰

公讳少赞，字元佐，陇西人也。曾祖尚古，皇尚衣奉御；祖颜，皇彭州刺史；父士则，皇太仆卿。

公派接天潢，荣联帝系。年未及冠，授虢州朱阳尉。政佐一同，才推不器，铓刃所及，事无滞留。历霍丘、广济、唐年县宰，皆绩著殊异，道无淄磷。或立捍寇之功，或昭惠物之政。二邑之民，于今赖之。宝历元年，左仆射康公承恩出镇，慎择宾佐，以公才堪经务，筹可参戎，奏请公充两番判官，恭守斯职，炎凉再移，远夷感抚修之恩，逾海修朝献之礼，舟航继至，曾不阙时，从前已来，未有斯比。俄历监察里行、殿中侍御史，改授观察支使。公以岁久参戎，不乐外府，频□诚恳，请归阙庭，元戎虽即眷能，其如公器难滞，荐归朝庭，恩拜潮州刺史。公仁以布政，威以除奸，不害物以沽名，不厚身而薄下。理家以约，临□以丰，教不立而民和，令不施而化洽。加以降情接士，罄礼待宾，谈谐有古人之风，举措见端雅之度，求之近代，未有比伦。洎□代之后，开筵命客，洽饮至宵。尝言："当衰迈之辰，授分符之任，首末三载，遵守诏条，幸存残年，却归京辇，得备位阙下，平生志愿，于斯为足。"岂期言犹在耳，灾已及躬，二竖不离于膏肓，浃辰奄至于伦逝，以开成元年七月廿四日终于潮州之官舍，享年七十五。而三邑之人，千里之内，悲号相属，若丧父母。即古之贤良二千石，未有臻斯者焉。

夫人曾祖植，皇左武卫大将军；祖孝义，赠工部尚书；父日知，烈考，检校尚书右仆射，晋、慈、习等州节度使，赠太子太师。夫人生自德门，所禀独异。诗礼之学，无不穷微；闺阃之仪，动而成范。故六姻仰慕焉。不幸在途遘疾，以来年七月七日终于端州端康县之旅次，享年五十九，以开成三年五月廿八日合祔于京兆府咸阳县五云乡咸阳原，祔大茔，礼也。

男有四人：长文质，前任淄州司法；次文洌，前鄜县主簿；次文简，前沂州参军；最幼文贞，器职朋晤，才质侃然，染疾未旬，次公而殁。有女七人，皆淑德慈行，可为女师，适者衣冠上族，处者淑慈有闻，皆衔荼茹，号慕无时。今振柩言旋，归于京国，扶护万里，江山几重，号慕充穷，殆不任矣。弘嗣忝迹门馆，受恩已深，衔悲叙陈，词芜浅，铭曰：

庆延自远，才唯间生。佐戎立绩，临郡有声。絜同圭璧，量比沧溟。位寿未极，俄归佳城。千秋已矣，空留德馨。

开成三年五月廿八日次子文简书

唐故潮州刺史京兆韦公墓志铭并序

弥生乡贡进士令狐寿撰

天子忧远民，每命二千石必御便殿，煦颜锡本色衣而后遣之，有以见圣朝恤民之旨。上元年，府君出刺潮阳，潮直番禺，远帝城八千里。府君喜得奉上意，不惮鳄鱼溪滩之险，若适近地。比至理所，益刻苦为政。南海俗尚鬻子息取利，官贱估得没为臧，获土产丹砂、水银、珠玉、杂货，官欺海民，理未期即成猗顿业。府君抚精竭虑，清静洁白。海路歌谣，编户苏息。而府君俸钱无余，乃为韶州、循州假守。呜呼！海峤之民受福也多，府君之家丁祸也甚。大中四年八月十三日，府君夫人卒于循州官舍，享年四十四。府君中海上毒瘴得疾，九月十七日继薨于循州，享年六十六。以大中五年十月二十九日合葬京兆府万年县小赵村，祔于先茔，礼也。抆棌双旐，间关万里。颀艳悽怆，况亲旧乎！府君讳楚望，字宣远，其先京兆人也。二十五代祖贤，父子佐汉业。八代祖世珍，仕后魏为侍中，号为西眷。曾祖讳令宾，皇洺州长史。大父讳震，皇温州刺史。烈考讳屺，皇虢州刺史，赠右散骑常侍。常侍娶安西都护郭幼贤女。府君以门子荫授宣州溧阳主簿，以卫佐充麟胜观察推官，以评事充泾原观察推官，以监察转参谋。除陕州灵宝县令，知盐铁埇桥院，拜鄠县令。授左赞善大夫，除潮州刺史。其佐侯第也，入参筹画，出领伍符；理灵宝也，造仓廪于河次，置候馆于道左。栾炉叠设，成之子来。□羊相郑公，肃观察陕郊。两涉殊考，借留一年。时久不雨，衰敛之吏搜刮乡里，以答取为能。府君独揖廉使，请捡死庙。廉使益重，百姓益爱。及自埇上除鄠县，灵宝之民日东其首，祖饯于道。皆曰父母，孰忍西去。畿甸军人横恣，以府君之清慧，敛手丧气，不敢奸法，其当官也如此。夫人京兆杜氏，封南阳县君，华阴县令孝辅之曾孙，赠吏部郎中清之孙，黄州刺史义符之女，睦州寿昌县令崔君稷之外孙。夫人修蘋蘩，鼓琴瑟，有年矣。男五人：曰迥、曰遵、曰逞、曰遛、曰迪，皆修立孝谨。遵嗣殿中季父，早亡，女二人继殡，二人尚未许嫁。将葬外祖母裴夫人，泣告小子曰：吾家全盛时，伯仲五人显赫，联取进士第。伯氏入朝为御史，季弟为拾遗殿中，不谓衰薄。手足凋坠，伶俜存立，止吾一身。唯不熟吾家事，宜识其墓。府君犹子鄠县尉芙，实襄其事，垂涕请铭。铭曰：

韦氏之先，显显绵绵。在汉中叶，先辅帝业。魏之侍中，大建家法。于惟府君，操植松筠。参画制锦，朗习有闻。夫人克严柔淑，宜家昔也。和鸣亲戚，喧哗今也。同穴里巷，吁嗟。杜陵之隈，终南之北，重泉永固。贞石不泐，刻铭于兹。识府君与，夫人之德。

外甥乡贡进士柳庭实书

已有学者考述了二志墓主生平①，兹不赘述。然仍有些剩义可供发覆，兹就其在潮州任上再做点考订。

李少赞（762—836）由于在外任官年深月久，频频诚恳请归，朝廷以元老故，于唐文宗太和末年恩拜为潮州刺史。在任上。他"仁以布政，威以除奸，不害物以沽名，不厚身而薄下"，加之"降情接士，馨礼待宾"，因而取得了"教不立而民和，令不施而化洽"的政绩，因而他于开成元年（836）七月廿四日尽瘁于潮州之官舍后，才有"三邑之人，千里之内，悲号相属，若丧父母"的送葬场面，称叹其为"即古之贤良二千石，未有臻斯者焉"。《新唐书·地理志七》："潮州潮阳郡，下。本义安郡。……县三：海阳，中下。有盐。潮阳，中下。永徽初省，先天初复置。程乡。中下。"② 这里"三邑"即指此三县，大约区域为今潮汕三市及梅州市。二千石：汉制，郡守俸禄为二千石，即月俸百二十斛。世因之称郡守。而撰者赵弘嗣，官职为前潮州军事衙推、皇德郎，前棣州渤海县丞知县事。因为志主李少赞为潮州刺史，则赵弘嗣乃以"前潮州军事衙推"的身份自称"故吏"而为原长官撰写了墓志铭。棣州，今属山东。衙推：唐时节度、观察、团练诸使的下属官吏。唐·韩愈《祭鳄鱼文》："维年月日，潮州刺史韩愈，使军事衙推秦济，以羊一、猪一投恶溪之潭水，以与鳄鱼食。"③《新唐书·百官志四下》："观察使、副使、支使、判官、掌书记、推官、巡官、衙推、随军、要籍、进奏官各一人。"④ 此也可补方志职官之缺。

据韦楚望墓志云："府君中海上毒瘴得疾，（大中四年，850）九月十七日继薨于循州，享年六十六。"则其生于德宗贞元元年（785）。墓志又曰："上元年，府君出刺潮阳，潮直番禺。"⑤ 按：唐上元年号共使用两次，其中高宗上元共 3 年（674—676），肃宗上元共 2 年（760—761）。不论哪个上元年，志主均尚未出生，更不可能任潮州刺史。此"上元年"宜可作"（今）上元

① 张维慎、耿晨：《唐〈李少赞墓志〉考释》，西安碑林博物馆编：《碑林集刊》（11），西安：陕西人民美术出版社 2005 年版，第 58 – 63 页；白艳妮：《新见〈唐潮州刺史韦楚望墓志〉考释》，《文博》2016 年第 6 期，第 75 – 80 页。

② （宋）欧阳修、宋祁：《新唐书》（卷43 上），北京：中华书局 1975 年版，第 1097 页。

③ （唐）韩愈：《祭鳄鱼文》，屈守元、常思春主编：《韩愈全集校注4》，成都：四川大学出版社 1996 年版，第 2318 页。

④ （宋）欧阳修、宋祁：《新唐书》（卷49 下），北京：中华书局 1975 年版，第 1310 页。

⑤ 番禺为广州首邑。后晋刘昫等撰《旧唐书》卷41《地理四·岭南道·广州》："在京师东南五千四百四十七里。"（北京：中华书局 1975 年版，第 1712 页）唐李吉甫撰，贺次君点校《元和郡县志》卷34《岭南道·潮州》："西北至上都取虔州路五千六百二十五里。……西北至虔州一千五百里。……西南至广州水陆路相亲约一千六百里。"（北京：中华书局 1983 年版，第 895 页）唐杜佑《通典》卷182《州郡十二·潮阳郡潮州》："去西京七千六百六十七里。"（北京：中华书局 1984 年版，第 969 页）

年"解，志主卒于大中四年，考唐宣宗李忱于会昌六年（846）三月登基，翌年始改年号为"大中"①，志主可能是于大中元年"出刺潮阳"。②

志主"中海上毒瘴得疾"，所谓毒瘴，即瘴气，也称瘴疠。中国历史上，"烟瘴之地"一度成为岭南地区的代名词，岭南也由此成为中原人眼中的畏途。首先，我们要搞清楚"烟瘴"到底是什么。瘴气，在中医理论中多指南方山林中湿热蒸郁能致人疾病的有毒气体，人触之辄病疟。因为南方地区多山林地带，湿热，蚊虫多，成为疟疾传播的天然土壤。《岭表十说》提道："岭外虽以多暑为患，而四时亦有伤寒、温疫之疾，其类不一，土人不问何病，悉谓之瘴。治疗多误，夭阏（夭折）者何可胜数。"③ 尤其是对于那些初涉岭南的中原人而言，本就容易水土不服而致身体虚弱，再加上病毒肆虐，很可能就要面对死亡的威胁。古代医疗条件十分有限，在疟疾这样的疾病面前，大多数医生也是束手无策的。志主很可能是患了疟疾。

韶州、循州和潮州同属岭南道，为下州，其刺史正四品下。④ 所谓"假守"，古时称权宜派遣而非正式任命的地方官，因刺史出缺或为亲王遥领，志主曾代摄此二州守。而任此二"假守"，也为志书所缺载。⑤

墓志中涉及志主刺潮的政绩有这样一段话："南海俗尚鬻子息取利，官贱估得没为臧，获土产丹砂、水银、珠玉、杂货，官欺海民，理未期即成猗顿业。府君抚精竭虑，清静洁白。海路歌谣，编户苏息。""鬻子息取利"就是放高利贷，"息"是利息，"臧"是奴仆，还不起高利贷的人就要变成奴仆。"猗顿"也作"倚顿"，春秋时代鲁国人，因畜养牛羊及煮盐贩卖而致富。官民买来奴仆，利用他们从事海外贸易。官员从中获得很多财富，而韦楚望则两袖清风。

唐代时私家奴婢现象普遍，人数众多。有因贫困而自卖为奴者，有因战

---

① （后晋）刘昫等：《旧唐书》卷18《本纪第十八下·宣宗》，北京：中华书局1975年版，第613、616页。

② 白艳妮《新见〈唐潮州刺史韦楚望墓志〉考释》则认为："据郁贤皓先生研究：武宗会昌元年到六年（841—846），杨嗣复为潮州刺史；开成五年（840），林郁阳为潮州刺史，则林郁阳初刺潮州当在开成初。按潮州刺史为志主所任最高官职，其后曾相继为韶州、循州假守，最后亡于循州任上，则其初刺潮州当不会太早。因而，志主任潮州刺史的时间很可能在文宗太和年间（827—835）。此'上元'很可能为'太和'之误。此又可补《唐刺史考全编》之阙。"（《文博》2016年第6期，第79页）杨晓、吴炯炯《〈唐刺史考全编〉补正（二）》（《甘肃社会科学》2011年第1期）从其说。

③ （宋）李璆、张致远原辑，（元）释继洪纂修，张效霞校注：《岭南卫生方》（中卷），北京：中医古籍出版社2012年版，第32页。

④ （宋）欧阳修、宋祁：《新唐书》（卷43上），北京：中华书局1975年版，第1096–1097页。

⑤ （清）阮元修：（道光）《广东通志》，广东省地方史志办公室编：《广东历代方志集成·省部》（第14册），广州：岭南美术出版社2006年版，第258页。

乱被掳掠为奴者，有掠卖岭南地区人口为奴者，等等。《旧唐书·宪宗本纪》元和八年（813）九月诏："比闻岭南五管并福建、黔中等道，多以南口饷遗，及于诸处博易，骨肉离析，良贱难分……此后严加禁止，如违，长吏必当科罚。"① 然诏行而禁不止，元和十二年（817），孔戣出任岭南节度使，"先是帅南海者，京师权要多托买南人为奴婢，戣不受托。至郡，禁绝卖女口"②。宣宗朝，该地仍在房劫人口为货物，典卖平民为奴婢。③《唐会要》卷 86《奴婢》也记载有大历十四年（779）、元和四年（809）和八年（813）、大和二年（828）关于禁止掠夺、买卖、饷遗、博易、岁贡南口的诏敕，可见当地恶俗。④ 在潮州也不例外，元和十四年（819）韩愈贬潮，8 个月中为潮州人做了不少好事，其中之一就是释放奴隶。这件事，正史把它放在韩愈移官袁州之后⑤，韩愈的学生皇甫湜在《韩文公神道碑》里却说韩愈在潮州，"贬潮州刺史。大官谪为州县，薄不治务，先生临之，若以资迁。洞究海俗，海夷陶然，遂生鲜鱼稻蟹，不暴民物。掠卖之口，计庸免之，未相直，辄与钱赎，及还，著之赦令。转刺袁州，治袁如潮"⑥。又据文宗时宰相、曾为潮州刺史的杨嗣复之次子杨授所撰《林存古墓志》记载："有唐分司御史杨授下指使人林存古，潮阳人也。谨厚小心，忠孝皆有，在吾家二十五年矣。劬劳勖力，功绩彰名，求之辈流，不可多得。……以咸通七年三月二十二日卒于余家，年四十有一。"⑦ 林存古侍奉杨家 25 年，41 岁病卒，则其于 16 少年时沦为杨府的奴仆。他与妻阿罗为岭南之潮阳人，或于未成年时遭掠卖。

这种用奴仆或养子经营海外贸易的习俗，至明代时也见于闽南。晚明泉州人何乔远的《闽书·风俗》论述福建各地风俗："海澄有番舶之饶，行者入海，居者附赀。或得婆子弃儿，抚如所出，长使通夷，其存亡无所患苦。"乾隆《龙溪县志》卷十《风俗》："生女有不举者，间或假他人子为子，不以窜宗为嫌。其在商贾之家，则使之挟赀四方，往来冒霜露。或出没巨浸，与风

---

① （后晋）刘昫等：《旧唐书》卷 15《本纪第十五下·宪宗》，北京：中华书局 1975 年版，第 447 页。

② （后晋）刘昫等：《旧唐书》卷 154《孔巢父传附从子戣传》，北京：中华书局 1975 年版，第 4098 页。

③ （清）董诰等编：《全唐文》卷 81《宣宗皇帝·禁岭南货卖男女敕》，北京：中华书局 1983 年版，第 847 页。

④ （宋）王溥：《唐会要》卷 86《奴婢》，北京：中华书局 1955 年版，第 1569－1573 页。

⑤ 后晋刘昫等《旧唐书》卷 160《列传第一百一十·韩愈》："袁州之俗，男女隶于人者，逾约则没入出钱之家。愈至，设法赎其所没男女，归其父母。仍削其俗法，不许隶人。"（北京：中华书局 1975 年版，第 447 页）

⑥ 屈守元、常思春主编：《韩愈全集校注 5》，成都：四川大学出版社 1996 年版，第 3106 页。

⑦ 赵振华：《唐代奴仆林存古墓志研究》，《考古》2005 年第 9 期。

涛争顷刻之生，而己子安享其利焉。"① 潮州和闽南地域邻近，同属闽南语系，风俗接近，宋元时期的闽南已经非常发达，所以这种习俗或许在更早时期的闽粤沿海已经形成。

我们知道，古代的潮州不以出产丹砂、水银、珠玉等闻名，不仅现在的矿产调查中很难找到，而且唐代潮州的土产记载中也没有。唐代李吉甫的《元和郡县图志》记潮州物产说："开元贡：蕉葛布，蚺蛇胆，鲛鱼皮，甲香，灵龟散。元和贡：细蕉布，甲香，鲛鱼皮，水马。"② 杜佑的《通典·食货六》记载各地贡品："潮阳郡：贡蕉布十匹、蚺蛇胆十枚、鲛鱼皮十张、甲香五斤、石井、银石、水马，今潮州。"③ 这两部书的成书年代都是元和间，正是韦楚望经历的年代。

丹砂是硫化汞，又名朱砂，《神农本草经》上说："丹砂，味甘，微寒。主身体五脏百病。养精神，安魂魄；益气；明目；杀精魅邪恶鬼。久服通神明不老。能化为汞。生山谷。"④ 水银是液态汞，古代制药，因金属坚硬不易捣碎，即巧妙利用金属与汞成汞齐这一特性，先制汞齐，然后粉碎。《本草衍义》卷 5 中汞"得铅则凝，得硫黄则结，并枣肉研之则散"，"铜得之则明"，指与硫黄反应结成固态 HgS，与铅铜等成为汞齐。水银的用途在于能制造各种汞齐。汞金合金的出现，比罗马著名学者普林尼（Pliny）的记载早 2～3 世纪。而丹砂、水银另一个重要的用处就是作为炼丹的主要材料。中国古代的炼丹活动起源于公元前 3 世纪，核心内容是通过人工方法制作既可以使人长生不死，又能用于点石成金的丹药。这里所说的"丹"原本即指丹砂，后被泛指各种"长生药"或"点金药"。《神农本草经》和《本草纲目》都认为丹砂能使肾水升而心火降，形成心肾相交，因此长久服用，便能延年不老，《神农本草经》卷 3 说水银"杀金、银、铜、锡毒；熔化还复为丹，久服成仙不死"⑤。于是丹砂、水银便成为古代炼丹材料的不二之选。⑥

李唐王朝宣称老子为"本宗"，在强大的王权扶植之下，道教进入了前所

① （明）何乔远：《闽书》，福州：福建人民出版社 1994 年版，第 946 页；（乾隆）《龙溪县志》，台北：成文出版社 1967 年版，第 105 页。

② （唐）李吉甫撰，贺次君点校：《元和郡县图志》卷 34《岭南道·潮州》，北京：中华书局 1983 年版，第 895 页。

③ （唐）杜佑：《通典》卷 6《食货六》，北京：中华书局 1984 年版，第 36 页。

④ （清）顾观光辑，杨鹏举校注：《神农本草经》（卷 2），北京：学苑出版社 2002 年版，第 11 页。

⑤ （清）顾观光辑，杨鹏举校注：《神农本草经》（卷 3），北京：学苑出版社 2002 年版，第 130、131 页。按语云："陈藏器云：'入耳能食脑至尽，入肉令百节挛缩，倒阴绝阳。'《衍义》引韩愈的话说其'杀人不可计'，可见'久服神仙不死'实为荒诞。据报道，大多数人服后无症状，急性中毒多半由误服升汞引起。"

⑥ 陈道章：《中国古代化学史》，福州：福建科学技术出版社 2000 年版，第 407－409 页。

未有的黄金时期。唐代大一统的中央政府推行自上而下的崇道政策，这为道教盛行全国提供了制度性保障。武德七年（624）朝廷下令，将道教最低级的入门经典从"三皇文"改为《老子》，唐玄宗开元二十九年（741）春，朝廷在两京、诸州各置玄元皇帝庙和崇玄学，置生徒，令习《老子》《庄子》《列子》《文子》，每年举行明经考试。崇玄学与道举，成为文人士子在科举之外的另一条出路。长庆二年（822），唐穆宗敕令士民入道籍者，须能精熟《老子》及《度人经》或者《黄庭经》。

炼丹术是道士们的主要炼养法术之一。唐代道教发展，炼丹术兴盛，一个重要表现是在相当程度上向社会公开，且被视为一种高级养生方法，在更加广泛的社会层面流行，尤其风行于皇室贵戚、官僚士大夫和文人之中。"唐宣宗大中年间，长安及四海精心烧炼龙虎（铅汞）者数千人。"① 唐代参与炼丹的人数之众，由此可见一斑。唐代的许多皇帝迷恋丹药。尽管历史上秦始皇、汉武帝也迷信神仙之术，但是唐朝皇室成员因迷恋、服食丹药而去世的情况，在中国历代王朝中是最为严重的。唐代皇帝躬自炼丹或服用丹药，对于推广炼丹的风气起了巨大作用。唐玄宗是著名的崇道皇帝，早年就热心丹药。史书记载：玄宗御极多年，尚长生轻举之术。于大同殿立真仙之像，每中夜夙兴，焚香顶礼。天下名山，令道士、中官合炼醮祭，相继于路。投龙奠玉，造精舍，采药饵，真诀仙踪，滋于岁月。② 直到老年，玄宗对炼制丹药的兴趣一直持续不衰。朝廷赐物中都有炼制丹药的丹砂钟乳之类。高季辅上疏切谏时政得失，（太宗）特赐钟乳一剂，曰："进药石之言，故以药石相报。"③

帝王的行为成了臣子的表率，因此在唐代社会炼丹服药的风气长盛不衰。而炼丹所需的丹砂、水银更是成为必需品。在中国，其主要分布在贵州、湖南、重庆、陕西、广西等地。越南也以出产丹砂闻名。《晋书·葛洪传》："葛洪，字稚川，丹阳句容人也。……以年老，欲练丹以祈遐寿，闻交阯出丹，求为句漏（今属广西北流）令。帝以洪资高，不许。洪曰：'非欲为荣，以有丹耳。'帝从之。洪遂将子侄俱行。至广州，刺史邓岳留不听去，洪乃止罗浮山炼丹。"④ 唐开元年间（713—741），唐王朝为了发展安南与内地的贸易往来，曾专门委派市舶使至安南。在赋役制度方面，唐在安南实行租庸调制和两税法，安南须向唐中央政府上供方物。所贡方物主要有犀角、象牙、玳瑁、

---

① 陈国符：《中国外丹黄白法考》，上海：上海古籍出版社1997年版，第402-404页。
② （后晋）刘昫等：《旧唐书》卷24《礼仪志四》，北京：中华书局1975年版，第934页。
③ （后晋）刘昫等：《旧唐书》卷78《高季辅传》，北京：中华书局1975年版，第2703页。
④ （唐）房玄龄等：《晋书》卷72《葛洪传》，北京：中华书局1974年版，第1191页。

珠玑、蕉、槟榔、鲛革、蚺蛇胆、翠羽、藤器、孔雀尾、沉香、班竹、丹砂等。清薛福成在《赤道下无人才说》中言："光绪庚寅（1890），福成出使泰西。……其物产丰饶，如再熟之嘉谷，千寻之名材，暨夫沉香、檀香、荔枝、豆蔻、肉桂、金、银、铅、锡、水银、丹沙（砂）、明珠、美玉、宝石、珊瑚、琥珀、金刚钻、驯象、文犀、孔雀、翡翠、锦鸡、大贝、玳瑁之族，往往挺秀孕珍，以供天下不竭之用。"①

潮州地区自古以来与海外的交通一直不断。隋炀帝大业六年（610），陈棱"与朝请大夫张镇周发东阳兵万余人，自义安泛海，击琉球国"②。隋代的义安郡，地域包括现在的粤东与闽南，这次军事行动是从港口出发，潮州与福建漳泉地志对此有不同的推测。③假如陈棱从粤东出发，那么，根据《隋书·陈棱传》"月余而至。琉球人初见船舰，以为商旅，往往诣军中贸易"的记载，可以推知隋代经常有发自此地区的商船前往琉球贸易。因而，陈棱率领的东阳兵，不从就近的福州或泉州港口出发而是从义安郡出击琉球，或者就因为这里的人习熟航道的缘故。④到中唐时，因潮州瓷器远销海外，此地的海上航运又有进一步的发展，巨舰大舶可以乘潮上溯到潮州城下。

从潮州城西北的北关窑上埔，到城南洪厝埔、竹园墩，集中了成片的瓷窑群；韩江上游，程乡县水车窑出产的青釉瓷器远销东南亚。1981年，参加上海古外销陶瓷学术讨论会的泰国代表带来了泰国曼谷出土的九块中国瓷片，其中两块的造型、釉色及垫烧方法均与潮州唐代的产品完全相同，是唐代潮州窑产品出口泰国的有力证物。20世纪80年代以来，在潮州韩江打捞出水的古陶瓷中，有双耳长腹罐、四系罐、长柄盖壶、花口四出筋饼足碗等青釉瓷，这些器物胎壁较厚，质偏松，胎色灰黑，釉色有青色、青绿、青灰，施釉居多内外满釉，与唐代水车窑、北关窑出土的实物比对，几乎一模一样，可见

---

① （清）薛福成著，邓亦兵编选、校点：《庸庵随笔》，北京：中共中央党校出版社1998年版，第55页。

② （唐）魏徵等：《隋书》卷64《陈棱传》，北京：中华书局1973年版，第1519页。

③ （明）陈天资纂修：《东里志》（卷2），潮州：潮州市地方志办公室2004年版，第45页；黄炳元：《泉州与鹿港》，《福建文博》1990年增刊。

④ 饶宗颐《隋代潮州与琉球之关系》："《隋书·陈棱传》云'发东阳兵'，此语颇费解。因东阳郡在浙江金华，吴置。……自潮州出海，而发浙南之兵，道途遥远，于理似不宜。考《隋书·地理志》，义安郡，梁置东扬州，后改曰瀛州。及陈，州废，平陈，置潮州。《寰宇记》作东阳州，如此处所称东阳，乃用义安旧名，则所领仍是潮州兵也。"见饶宗颐：《饶宗颐二十世纪学术文集》卷9《潮学》（下），北京：中国人民大学出版社2009年版，第824页。黄挺、陈占山则认为："陈棱率领的东阳兵（今浙江金华），不从就近的温州或福州、泉州港口出发，一定要抵达义安郡之后，才出击琉球，或者就因为义安人习熟航道的缘故。"见黄挺、陈占山：《潮汕史》，广州：广东人民出版社2001年版，第84页。

172

韩江"出水缶"中，有相当部分青釉瓷就是唐代潮州窑产品，这些"出水缶"大部分就是当时水运时留下来的。近年来在东南亚发现的唐代青釉瓷中都能看到这种垫烧的潮州窑产品。1998年，德国打捞公司在印尼勿里洞岛海域发现一艘唐代沉船，命名为"黑石"号，"黑石"号装载着经由东南亚运往西亚、北非的中国货物，船中中国瓷器达67000多件，除发掘寻获大批湖南长沙窑瓷器、邢窑白瓷、白釉绿彩瓷以及越窑青瓷外，船中还有唐代潮州窑青瓷产品，如双系卷唇带流注壶、卷口椭圆鼓腹带流罐、青瓷碗、四棱大碗、菱花口碗等。这些都说明了潮州青瓷产品在唐代已经远销海外。而从出土的唐代潮州陶瓷来看，多为莲花、菊花瓣纹，这些造型外观及纹饰也正是为了迎合当时东亚各国的崇佛心理，也可以说，唐代潮州的青瓷已经受到外国人的青睐，是海上丝绸之路的重要商品之一。[①]

以上列举说明潮州在唐代已具备远洋贸易能力，韦楚望墓志所说唐代潮州的丹砂、水银、珠玉，都应是从海上贸易获得的货物。[②] 原有资料只记载潮州向海外出口的是瓷器，但其他往来的商品则付之阙如，此墓志为潮州海上丝绸之路提供了第一手的佐证资料。

结　语

综上所述，辑得唐代潮州刺史25人，其中剔除1人（陆海），存疑1人（李季卿）；从刺史的籍贯看，除籍贯不明2人（陈思挺、李璇）外，其中北方人17人，南方人6人，北方人占大多数，说明这里曾是贬谪与流放之地。"潮州底处所，有罪乃窜流"[③]，在唐代，岭南地区依然被视为自然环境恶劣、经济文化落后的"荒蛮之地"，于是，岭南地区便成为贬谪那些朝廷罪臣的"理想"去处，从而形成历史上一极具特色的历史现象。据不完全统计，仅仅唐代，流配、贬谪广东而有史籍可考者便有数百之众，其中"流人"近300人（次），"左降官"近200人，皇亲国戚37人（家），宰相49人（次），高

---

① 黄挺、李炳炎主编：《南国瓷珍：潮州窑学术研讨会论文集》，香港：香港中文大学文物馆2012年版；黄舒泓、李炳炎编著：《唐宋潮州窑》，北京：作家出版社2015年版。

② 周运中在《韦楚望墓志所见唐代潮州海上丝绸之路》（《广东史志》2019年第6期，第41－46页）一文中认为"唐代潮州的丹砂、水银、珍珠很可能来自广西沿海"，"发现唐代广西和潮州之间的贸易关系"。殊不知唐代广西无出海口，《资治通鉴·唐德宗贞元九年》："云南王异牟寻遣使者三辈，一出戎州（今宜宾），一出黔州（今彭水），一出安南，各赍生金、丹砂诣韦皋。金以示坚，丹砂以示赤心，三分象所与书为信，皆达成都。"（北京：中华书局1976年版，第7547页）云南也需从安南（越南）出海抵成都。潮人贸易哪能舍近求远？此与广西之航路实值得商榷。

③ （唐）韩愈：《泷吏》，屈守元、常思春主编：《韩愈全集校注2》，成都：四川大学出版社1996年版，第768页。

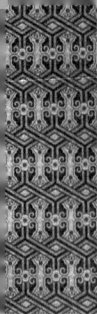

官名士为数众多。① 而这些人初皆视此为畏途，唐神龙元年（705），沈佺期因谄附张易之被流放驩州（今越南荣市），做《入鬼门关》诗："昔传瘴江路，今到鬼门关。" 韩愈《左迁至蓝关示侄孙湘》："知汝远来应有意，好收吾骨瘴江边。"②

这批中原官宦们贬谪潮州之后，从庙堂之高跌落到江海之远。他们沉潜意念，奋发精神，关心民瘼，带来了先进的中原文明和清廉刚直的浩然正气；他们行教化，兴水利，勤政不息，让南下的"北风"与蔚蓝色的海洋交融、碰撞、冲刷、浇灌着潮州这片土地。在潮州乃至岭南的发展史上，写下了浓墨重彩的篇章。若太宗贞观十八年（644）张玄素刺潮，"不鄙夷远民，闻命即就道履任。抚摩困穷，兴建学校，悉心以勤民事"③。常怀德，高宗仪凤二年（677）刺潮，"诛崖山贼，以礼义教民，民皆化之"④。常衮于大历十四年（779）贬潮州，"捐赀垦田，以供罗浮游士。莅州，兴学教士，潮俗为之丕变，士类尊敬之。曰：'此劲中人（指宦官），不当滥污师席者也'，争传诵其文字。……以清俭自贤"⑤。元和十四年（819），韩愈刺潮，荐赵德"摄海阳县尉为衙推官，专勾当州学以督生徒，兴孝悌之风"⑥。赵德编《昌黎文录》六卷，以教于乡。苏轼在《潮州韩文公庙碑》中赞韩愈"自是潮州之士，皆笃于文行，延及其民，至于今，号称易治"⑦。明代大儒王阳明曾云："今之岭南诸郡以饶足称，则必以潮为首举，甚至以为虽江、淮财赋之地，亦且有所不及。……得守牧如（韩）退之、李德裕、陈尧佐之徒相望而抚掬梳摩之，故积有今日之盛，实始于此。"⑧ 潮州先贤林大钦在《潮州风俗》更言："语政治也，在唐如李常之辈，咸推赤子以为国"，"是以李德裕有吾邦文

---

① 张其凡 2009 年 4 月在广州文化讲坛所做的名为《中国古代岭南的贬官文化——以宋代为中心的考察》的讲座。王雪玲的《两〈唐书〉所见流人的地域分布及其特征》（《中国地理历史论丛》2002 年第 4 期，第 79—85 页）就两《唐书》中所见有名有姓的流人具体流放地的统计，指出两《唐书》所载有名有姓且有具体流放地者共 211 人，其中岭南道有 138 人，约占流人总数的 65%。

② 连波、查洪德：《沈佺期诗集校注》，北京：中华书局 2001 年版，第 152 页。

③ （明）郭棐撰，黄国声、邓贵忠点校：《粤大记》卷 11《宦迹类·循良芳躅上》，广州：广东人民出版社 2014 年版，第 300 页。

④ （明）郭春震纂修：（嘉靖）《潮州府志》卷 5《官师志》，广东省地方史志办公室编：《广东历代方志集成·潮州府部》（第 1 册），广州：岭南美术出版社 2009 年版，第 224 页。

⑤ （明）郭棐撰，黄国声、邓贵忠点校：《粤大记》卷 11《宦迹类·循良芳躅上》，广州：广东人民出版社 2014 年版，第 301 页。

⑥ （唐）韩愈：《潮州请置乡校牒》，屈守元、常思春主编：《韩愈全集校注 4》，成都：四川大学出版社 1996 年版，第 2312 页。

⑦ 孔凡礼点校：《苏轼文集》（第 2 册），北京：中华书局 1990 年版，第 509 页。

⑧ 《送骆蕴良潮州太守序》，（明）王阳明著，陈恕编校：《王阳明全集 4》，北京：中国书店 2014 年版，第 69 页。

献之称"①。亦让卸任的刺史留恋此地并定居下来，成为当地望族。嘉庆《潮阳县志·人物·循吏》："洪圭，字大丁，福建莆田人。……登唐进士，任工部尚书，谪潮州刺史。览潮阳山水之胜，遂家焉。时邑地旷人稀，圭使人开垦田亩，家资巨万，而慷慨好施。"七世孙洪宗启，"后唐进士。……本支蕃盛"②。而唐代地方官由中央政府直接任命，他们的命运往往与最高统治集团内部斗争联系在一起。若"牛李党争"中被贬来潮州的李德裕、李宗闵、杨嗣复③等。

傅璇琮在《唐刺史考全编》序一中言："我曾说过，我们在考证唐代历史人物和唐代诗人时，一定要注意利用文物考古资料。这一点，陈寅恪先生早已指出，他总结王国维治学成就，概括为三点，第一点即为'取地下之实物与纸上之遗文互相释证'，认为这一点与其他两点真正做到了，就'足以转移一时之风气，而示来者以轨则'（《王静安先生遗书序》，载《金明馆丛稿二编》）。近几十年来，出土的唐代文献材料非常丰富，谁能够真正用力于此，必然大有所获。读郁先生利用新出土文献，并据以补充、改正原著，确使人有新鲜之感，这样做，可以一洗仅引用若干旧注旧说而长篇发挥的那种陈陈相因的陋习。其实我们可以充分利用建国以来的考古成果，从文学研究角度来从事考古成果的分析研究，开辟一门文学考古学。"④

郁贤皓也曾说："就目前的唐代文学研究而言，除了纸上的材料之外，地下发掘出来的主要是贞石资料，主要是唐人墓志。充分利用唐人墓志，可以使唐代文学研究取得重要进展。但这是一项艰苦的工作，每一个成果的取得，都要付出大量的劳动，经过与典籍记载结合起来综合研究才能取得。稍有不慎，就可能出现差错。但这是一项有意义的工作，殷切希望学术界有更多的同人不辞辛劳地运用'二重证据法'来从事唐代文学研究，使唐代文学研究获得更多的成果。"⑤

考唐代刺史的任期并未固定下来，或要求 30 个月，或 36 个月，或三考

---

① 黄挺校注：《林大钦集》，广州：广东人民出版社 1995 年版，第 40 页。李常：合称词。唐代潮州刺史前有常怀德、李皋，后有常衮、李宿，皆方志所称。

② （清）唐文藻纂修：（嘉庆）《潮阳县志》（卷 16），广东省地方史志办公室编：《广东历代方志集成·潮州府部》（第 14 册），广州：岭南美术出版社 2009 年版，第 284－285 页。

③ 李德裕（787—850），河北赞皇人，唐文宗时宰相，宣宗大中元年（847）贬潮州司马；李宗闵（约783—846），陇西成纪（今甘肃秦安县）人，唐文宗时宰相，大和九年（835）谪潮州司户；杨嗣复（783—848），唐文宗时宰相，武宗会昌元年（841）"以宰相贬潮州刺史，不以迁谪介意，勤于吏治，民称神明"（嘉靖《潮州府志·官师志》）。

④ 郁贤皓：《唐刺史考全编1》，合肥：安徽大学出版社 2000 年版，第 6 页。

⑤ 郁贤皓：《李白与唐代文史考论》（第 3 卷），南京：南京师范大学出版社 2008 年版，第1035－1036页。

一替，或四考得替，不同时期有所变化，有逐渐向三年发展的趋势。① 则所考出这 25 位潮州刺史只不过是九牛一毛，仍需我们进一步探讨补充，使之日臻完善。这方面，已有李裕民、黄挺《两宋潮州知州考》② 为我们起了典范作用。

正如饶宗颐先生所言："随着地下文物的不断出现，新的史料日益丰富，关心和有志于地方文献的人才亦越来越多，如果能在旧有的基础上进一步提高地方志的质和量，在史料采用的综合性和科学性方面，在思想内容的广度和深度上，进行开掘拓展，相信在地方文献和文化学术的研究上，必能超迈前人，取得更加丰硕的成果。"③

附：

25 位潮州刺史任职时间、籍贯一览表

序号	任职时间	姓名	籍贯
1	贞观中	权万纪	京兆万年（今属陕西西安）
2	贞观十八年（644）	张玄素	蒲州虞乡（今属山西永济）
3	太宗时	李季卿？	京兆（今属陕西西安）
4	显庆四年（659）	唐临	长安（今属陕西西安）
5	仪凤二年（677）	常怀德	新丰（今属陕西西安）
6	中宗时	洪瑀	福建莆田
7	武后时	韦岳子	雍州万年（今属陕西西安）
8	开元二十五年（737）	陈思挺	
9	大历十四年（779）	李皋	陇西成纪（今属甘肃静宁）
10	大历十四年至建中元年（779—780）	常衮	京兆（今属陕西西安）
11	贞元中	刘遑	曹州（今属山东菏泽）
12	贞元中	林苇	兴化
13	贞元十二年（796）	李宿	陇西（今属甘肃）
14	贞元时	洪圭	福建莆田

① 张卫东：《唐代刺史的任期与特点》，《中州学刊》2009 年第 4 期，第 165 – 167 页。

② 潮汕历史文化研究中心、汕头大学潮汕文化研究中心编：《潮学研究 4》，汕头：汕头大学出版社 1995 年版，第 33 – 64 页。

③ 饶宗颐：《中国历史文献研究会第十一届年会暨潮汕历史文献与文化学术讨论会演讲摘要》，《饶宗颐二十世纪学术文集》卷 9《潮学》（下），北京：中国人民大学出版社 2009 年版，第 916 页。

饶学研究

序号	任职时间	姓名	籍贯
15	约元和中	李璇	
16	约元和中	林景师	下邳郡（今属江苏邳州）
17	元和十四年（819）	韩愈	河南孟县
18	文宗时？	元敦义	河南
19	太和末年至开成元年（836）	李少赞	陇西（今属甘肃）
20	开成五年（840）	林郇阳	闽县
21	会昌元年至六年（841—846）	杨嗣复	虢州弘农（今河南灵宝）
22	大中元年至四年（847—850）	韦楚望	京兆（今属陕西西安）
23	咸通时？	郭江	冯翊（今属陕西）
24	昭宗时	卢光睦	虔州（今属江西宁都）
25	昭宗时	刘安仁	上蔡（今属河南）

肆　岭东人文研究

潮州壬社社事考略

广东崇正拍卖有限公司　许习文[*]

摘要：壬社是民国时期广东潮州地区著名的诗社，由饶锷所创建。长期以来，因文献不足，社中成员的姓名、人数等一直存在争议。兹据《新岭东日报》上刊行的《壬社社刊》等文献进行校定，对壬社成立及其运行情况作进一步之梳理。

关键词：潮州；壬社；饶锷

文士结社之风，由来已久，潮州亦然。近代饶锷先生在《壬社序》中说，潮州文士结社之风，可以追溯到明代。受当时全国著名的文人社团——复社风气所影响，潮州也出现了贞社和达社。而清末的韩社、壶社，则继起于南社之后。关于明清潮州文人结社的风气，曾楚楠先生《明清潮州社事考》一文，更把潮人本土结社最早之记载推到明隆庆元年（1567）方若左在潮州城缔结的文社。考之甚详，兹不赘引。本文主要谈谈近代另一诗人团体——壬社。该社成立时间不长，几乎是昙花一现，但在当时潮州诗界却有一定的影响。由于资料缺乏，后来学界谈到壬社特别是社员的问题时都莫衷一是，或语焉不详。本文试图通过新发现之材料，抛砖引玉，谈谈壬社的人员构成问题。

壬社成立于1932年，岁次壬申。首任社长是饶锷。饶锷在壬社成立之时，专门写了《壬社序》。他在序中说："乃近日邑之能诗者，飙起云涌，其盛犹不减于曩时。于是辜君师陶、杨君光祖等以为不可不集思广益，遂纠同志发起为是社。爰于壬申元日觞集于莼园之盟鸥榭，时来会者十六人。而余以园之主人，谬承推引，亦获躬与其盛。酒半酣群商名社，或以某名最宜，或以名当为某。而卒因社始于壬申，定名曰壬。"文章透露了以下信息：一是

---

*　作者简介：许习文（1970—　），广东揭阳人，汕头岭海诗社顾问、广东崇正拍卖有限公司首席执行人。

当时参加觞集的有十六人。二是因始于壬申故定名壬社。我们可以推定，当时参加觞集的这十六人，就是壬社的创始社员。这十六人的名单，除了主人饶锷外，还有序中所提到的辜师陶、杨光祖。这两人在当时潮州诗坛上颇有影响。其他参加当日雅集的社员到目前未能确考，以致后来学界谈到此事时有多种说法并存。

笔者手头刚好有两份壬社成立不久后在《新岭东日报》上刊行的社刊，经过梳理，不少问题便得以显山露水。这两份壬社社刊分别是第二期和第三期，出版时间为1932年4月14日和1932年5月13日。社刊发表于当年的《新岭东日报》上，从相隔一个月的出版周期来看，应是每月一期。因为壬社的社员中，不少是报界中人，如吴子寿、吴君懋、刘幼芳等，饶锷也曾经是《粤南报》的主笔，故有在报纸版面发表社刊的便利条件。但壬社成立后不久，社长饶锷便于当年的六月因病遽逝，社长继任者是石铭吾。

壬社的社员，除了饶锷《壬社序》中提出的十六人外，加入壬社的诗人是不断增加的，而且不局限于"邑之能诗者"，一些客居潮汕的外籍诗人也加入进来，如金天民，就是浙江籍落户潮州的。新加入的社员名单，都在社刊上公布。如壬社社刊第二期，就公布了新入社社员，计有郭餐雪、吴子寿、沈蘁和陈筹，以吴子寿年齿最长，60岁。其中郭餐雪、吴子寿和陈筹在潮州近代文学史上都是比较有名的人物。而沈蘁，号简子，杭州人，客居潮州。在饶锷《天啸楼集》中有《米友石研山歌》诗，序中有"庚午元月余得研石一枚，磊砢玲珑，石理坚苍可爱，有铭字二十，署款万钟，友人沈君简子考定为明季米仲昭十三石斋旧物……"沈君简子即为沈蘁，知此人既能诗，又精鉴定。另外，郭餐雪也是在第二期加入的社员，由于当年他在潮州艺坛的名声颇盛，故有学者把他误列入当日莼园觞集的十六名创社者之中。在这一期的社刊上，刚好也发表了郭餐雪的七律四首，诗题为《偶饮海珍楼适壬社诸君宴集，归后赋呈，时壬申二月十四夜》。更可证郭餐雪当时还不是壬社中人，只是在海珍楼偶逢壬社诸君宴集。他在诗中说"画债重重宁省事，吟朋款款屡征歌"。也许就是这次偶遇，郭餐雪才应邀入社的。

在第三期的壬社社刊上，注明加入的社员有李青（仰莲）、谢建中（少宾）、戴仙俦（贞素）、黄季黼、郑翼（雪耘）、张梦蕉、刘仲英。其中以李青年齿最长，58岁，时在潮州开设杏苑国文专修馆。郑晓屏曾为他作《李仰莲国文专修馆叙》，帮他招徕生徒。张梦蕉最小，28岁。而郑雪耘虽是潮人，却长居上海，后为复旦大学教授。郑雪耘的生年有多个版本，一说1890年，一说1901年，而这一年入社注明37岁，则其生年当以1896年为是。李仰莲、张梦蕉名字俱见《天啸楼集》中。谢建中，字少宾，又作少斌，潮安人。民

国丙辰刊的《三渔集约钞》有他的序文，知其是著名诗人杨少山门下，注明的通讯处是礐光中学。黄季罴的通讯处是汕头电报局。这也可为考证其人提供一点线索。戴贞素则是当时的粤东名士，其子即左联作家戴平万。刘仲英则与石铭吾、侯乙符同为陈石遗所赏，号称"岭东三杰"。

壬社每期有限定的社课，如第三期，则限定以"韩江楼"为题；体韵不拘，故第三期的社刊中，社员的作品，则全部咏韩江楼者。由于社员在社刊上发表作品时，有署原名、有署别号的，故署别号者颇费考证之功。如署"拉因"者，当为丘玉麟。詹安泰有《寄怀丘拉因玉麟》《风云日紧阻雨不得归郡寓书寄丘拉因》诸作。"半饱"则为陈筹，以文名。"青萍"则为林青萍，业医，詹安泰集中也有多首与他有关的诗词，如《林青萍索诗赋此贻之》："林君好肺肠，诗医两所喜。近废诗不读，于医探奥旨……""仲攀"则为柯松坡之子柯翮，字仲攀，亦世家子。"君懋"则为吴莜。吴君懋著有《蕉声词》，为朱孝臧所赏。"祝南"则为詹安泰，其与夏承焘被后世誉为南北两词宗。"仲良"当为陈倬云之子陈显，字仲良。有署"碧海"者，当为张尚芳。饶锷曾为作《碧海楼诗序》，谓："张生尚芳，今之倜傥之士也，能诗歌，喜效昆体，余尝劝之学后山，而生弗善也。近裒集旧作为诗若干首，曰《碧海楼诗钞》，既乞序其师戴贞素，复欲得予一言为益……"戴贞素的《听鹃楼诗草》中也有多首与张尚芳有关的诗作，称之为"张生尚芳"，则为生辈无疑。但张尚芳题《听鹃楼诗草》二绝，及在壬社社刊第二期署名"碧海"《赠戴贞素先生》七律一首："笔秃砚荒铅椠老，卖文鬻字不疗贫。青衿祇与谋生累，慧业空为造劫因。也有□丝思杜牧，岂无芳草附灵均。怜君三十年来事，倦眼惺忪看世人。"味其语气，不类为师长写者，殊为不解。

壬社中还有一女诗人，署"惜馀女士"者，当为游惜馀。游惜馀丈夫翁云巢也能诗，闺中唱随殊为相得。惜馀女士曾有《送春》一诗脍炙人口，戴贞素《秋夜怀人七首》中怀游惜馀有句云："此生举案逢知己，当日伤春过老成。"即盛赞其送春诗。刘幼芳也有怀惜馀诗："霜风吹老女诗人，不信诗怀老更新。无限幽愁君莫问，红妆负煞卅年春。"故知惜馀女士在当时潮州诗界也颇为活跃。翁云巢去世后，惜馀女士便携同幼子赴暹罗就教职，后遂不知所踪。

目前壬社社刊第一期遗憾未能寓目。但按照第二、三期社刊的体例来推测，第一期当刊有创社十六人名字。再从第二、三期社刊的作者来推测，除去第二、三期新加入的社员外，第一期社员当为：饶锷、辜师陶、杨光祖、石铭吾、王显诏、金天民、柯仲攀、邱汝滨、蔡儒兰、游惜馀、詹安泰、刘幼芳、刘曦岩、吴君懋、丘玉麟、张尚芳、林青萍、杜联菜、陈仲良、翁一鹤、饶宗颐等。以上这些人都是在第二、三期的壬社社刊上有发表作品者，理当视为社员。其中饶宗颐见之壬社社刊二期诗作两首，考之写作时间，为目前所见最早的诗作。而当日觞聚于饶氏莼园之十六人者，在此名单中求之，虽不中亦不远矣。

饶锷病逝后，壬社失去了经济的主要支持者，虽由石铭吾继任社长，但延续的时间多久，社刊有没续刊，社员有没扩展，还有一些与壬社有着千丝万缕的关系又不能确证其入社与否者，如佃介眉、杨睿聪、康晓峰等，则只能留待再做进一步的考证。

蔡梦香诗述评

韩山师范学院文学与新闻传播学院　陈　伟*

摘要：蔡梦香是民国时期广东潮州的文化名人，以诗、书、画名世。晚年移居海外，终老马来西亚。其诗天机活泼，每有神悟。中经乱离，飘零海外，沧桑历尽，犹能旷达自遣，与东坡南海诗境，颇有相似之处。其论诗贵能得真得情，而以明达为旨归，是民国潮人移居海外诗人的代表人物之一。

关键词：蔡梦香；诗；海外

　　蔡梦香（1890—1972），广东潮州人，以诗、书、画名世。饶宗颐早岁曾从其学书。其生平见饶宗颐撰《蔡梦香先生墓志铭》："公讳梦香，潮安县南关镇人也。早岁卒业上海法政大学，南渡重洋，出长棉兰直名丁宜学校，继执教新加坡端蒙爪夷崇光等校，往来星槟间，数度返梓，每不一载而返，终其身视星马如故乡。公耽思旁讯，喜为诗，重意而轻辞，不傍前人蹊径，刃迎缕解，戛戛独造。中岁得养生术，居恒闭眼兀坐，吞津液，默念己名，或暗诵五元音，以澡雪五藏，谓是可延年祛病，故寿逾八十而神明不衰。昔英诗人丁尼生自思其名字，系念不散，能得神秘之境，公未读其书，而理与遥契，亦云异已。夙研法书，自擘窠小楷，波磔点画，靡不殚究，锲而不舍，若有神鬼役其指臂，而执笔之法屡易，老而日新，自出机杼，俯仰今古，无当意者，晚岁书所造益奇，而解人益不易得矣。公卒于柔佛，临殁为诗自悼，享寿八十有三。弟乐生博士，以心理学名于时，子绍兰娴于医。铭曰：于意于辞必己出，不陌不阡异剽贼。宁畸人而侔于天，藏魄于斯表芳躅。公元一九七二年八月。"

　　饶宗颐《题辞》曰："先生寝无床，喜蜷屈卧醉翁椅上，终日在呵欠吐纳之中，一生离于梦者，仅十之二三。"萧遥天《死生不出地球外，四海六洲皆故乡》一文曰："先生常在梦中，最喜蜷屈醉翁椅，寝图枕史，而魂梦自与相

---

　　* 作者简介：陈伟（1982—　），广东潮州人，韩山师范学院文学与新闻传播学院文博馆员。

接。醒则咖啡一瓯，展书寻梦。兴起，渐发吟诵：初则若隐若现，若亡若存；继则喷薄出之，吞吐出之；忽而高扬，忽而低抑，忽而宏亮，忽而幽细，忽而浩瀚流畅，忽而沉郁顿挫；其回荡肺腑，比音乐更为深厚。我们常为之辍笔停工，为之耳诵心唯，为之排脑摇头，为之手舞足蹈。我说：'蔡梦香，何字字注入情感，移人如此之深？如现女子身，则一篇缠头，何只万贯？'他答说：'现丈夫相有何不可？'笑着告诉我们一件年轻时代值得骄傲的罗曼蒂克，他太太所以彩球抛与，正发端于他那抑扬顿挫的书声呢！"

蔡梦香著有《蔡梦香先生书画诗集》，其诗天机活泼，每有神悟。中经乱离，飘零海外，沧桑历尽，犹能旷达自遣，想坡老南海诗境，亦不过如此。其论诗贵能得真得情，而以明达为旨归。他有《宗汉兄句有得诗旨》一诗："宗派何须别，汉唐一以真，兄能求解俗，句不务惊人。有物皆有则，得情乃得神。诗源在言志，旨意贵明申。"实为夫子自道。

闲园即事二首（其一）

半日闲园赏咏忙，春蚕老去却丝长。

风流未减袁才子，别有胡姬伴夕阳。

二句化用李商隐《无题》："春蚕到死丝方尽。"三句"袁才子"指袁枚。结语"胡姬"实为星洲花名。饶宗颐《由 Orchid 说到兰》一文曰："新加坡最吸引人的植物，莫如 Orchid 了。人们赐予她以嘉名，呼为胡姬；从这个称号看来，好像把美人的名用于香草。可是胡姬花的特点，以色而不以香；和中国人所爱好的兰，号为'王者香'，似乎是两样不同的风格。"饶宗颐有《题画诗》："屏山围处合鏖诗，瓶里胡姬绝世姿。寄语玉人休劝酒，柳花不似故园时。"可与蔡梦香此作共读。

闲园即事二首（其二）

新制兔毫试墨初，椰风蕉月夜窗虚。

兰亭临罢惜馀沸，更拾零笺作草书。

此诗信手拈来，道其作书之感，何等风神朗逸。公于书法寝馈既深，饶宗颐《蔡梦香先生墓志铭》："夙研法书，自擘窠小楷，波磔点画，靡不殚究，锲而不舍，若有神鬼役其指臂，而执笔之法屡易，老而日新，自出机杼，俯仰今古，无当意者，晚岁书所造益奇，而解人益不易得矣。"萧遥天《死生不出地球外，四海六洲皆故乡》："常爱以废纸书写绘画，随作随毁，不轻易示

人，益为藏家所宝。"皆可为此诗做注脚。

复员后返梓贱旦喜承王雨若前辈索书生圹碑字

时数限人百不宜，庚寅以降古今奇！
天留此笔久无用，得为先生题墓碑。

此作写抗战胜利复员后返回潮州，乡前辈王雨若请其为题墓碑，足见时人对蔡公书法之推重。公不但为人题墓，亦早已自题其墓。萧遥天《死生不出地球外，四海六洲皆故乡》曰："先生手头好像很阔绰，随身行装却很轻很少，只有一个又旧又小的藤箱。一天，工友偷偷告诉有关先生的离奇新闻，他打扫房间，发觉先生那只小藤箱敞开着，空空洞洞，也许三几件衣裤拿去烫洗便空洞了。里面藏着折叠的一张黄纸，好奇地拿起展开一观，呀！'处士讳梦香公之墓'，多么刺目，赫然是属于蔡先生自己的一块墓碑。这秘密泄漏，我们不好意思去寻根究底，他老先生却敏感地占先声明，这没什么离奇，也不必怎样秘密，索性张挂壁间让大家共赏，字体摹汉礼器碑，是他自己写的，古朴苍劲。他笑着说：'自己的身后事让自己做好，不是减少后人的麻烦吗？'他只身侨居海外数十年，此碑久已写好，有句云：'随处尽堪埋我骨，天涯终老亦何妨。死生不出地球外，四海六洲皆故乡。'其旷达如此。"蔡梦香另有《远嘱》一诗告其子辈："乱离难论孝，明哲须爱身，一语嘱儿辈，莫念未归人。无我无一切，有身方有家。惜取绮窗梅，春来还著花。"亦是天真旷达。

名画家王显诏兄见拙作扇面赏许不置，竟以墨竹一帧系句求换曰："蔡梦香既善山水，予不能不作恽南寿之避。"赋志愧感，并奉正谬：

山水自娱写偶然，敢当石谷赏南田？
道人风度古君子，直继前贤诱后贤。

萧遥天《死生不出地球外，四海六洲皆故乡》云："自谓所擅诗书画，惟画艺最高，也最少作。偶写扇面为山水画家王显诏兄所见，自愧不及，写墨竹求换，系句云：'蔡梦香既善山水，予不能不作恽南寿之避。'便可一证。"

旅怀和林庶利兄依原韵（二首）

沧桑经眼感余生，世味人情了了明。白酒有缘近贤圣，黄粱无梦到公卿。

孤松拔地空千尺，大鸟何时始一鸣。得失穷通总前定，不须多事渎君平。

"酒近贤圣"用《三国志·魏志·徐邈传》:"时科禁酒,而邈私饮至于沉醉。校事赵达问以曹事,邈曰:'中圣人'。达白之太祖,太祖甚怒。度辽将军鲜于辅进曰:'平日醉客谓酒清者为圣人,浊者为贤人,邈性脩慎,偶醉言耳'。竟坐得免刑。""黄粱梦"见唐沈既济《枕中记》,喻荣华富贵如梦一般,转眼成空。"大鸟一鸣"用《史记·滑稽列传》:"此鸟不飞则已,一飞冲天;不鸣则已,一鸣惊人。"结语"君平"用《汉书·王贡两龚鲍传》:"(严)君平卜筮于成都市,……裁日阅数人,得百钱足自养,则闭肆下帘而授《老子》。"君平善卜,此谓穷通早定,不必问卜君平。此首驱遣史典,信手拈来,寄其感慨,足瞻学养。

磊落光明守大方,时艰无补愧身当,优游蔗境原非福,澹泊菜根久自香。
志壮未忘三害去,道微难见四维张。风云叵测乡音杳,临老天涯几断肠。

"蔗境"用《晋书·文苑传·顾恺之》:"恺之每食甘蔗,恒自尾至本。人或怪之,云:渐入佳境。"后因以"蔗境"喻人之晚景美好。"三害"用晋周处典,周少年时危害乡里,时人把他同南山虎、长桥蛟并称为"三害",见《晋书·周处传》。"四维"指礼、义、廉、耻为治国之四纲,见《管子·牧民》:"国有四维……何谓四维?一曰礼,二曰义,三曰廉,四曰耻。"此首写其客居海外,老境渐临而功业无成,只剩一腔思乡愁绪,无可奈何。

新柳·怀香港小青

别离情绪似粗谙,渐放柔丝系客骖。袅袅腰支年十五,纤纤眉样月初三。
轻风舞蝶娇无限,细雨藏莺弱未堪。最是翠楼春正好,娉婷艳影映桃潭。

萧遥天《死生不出地球外,四海六洲皆故乡》:"近几年我至星洲,必与畅叙,仍是蜷曲一椅,徐徐梦醒,年登耄耋,春兴依旧。老人那一股心穴的清泉几乎冲刷了新加坡河的污浊,揉眼歌台已换了口味,最捧潮音名旦小桃,每粉墨登场,必卓杖坐观,三年无间风雨。谓小桃一举手一投袂尽足寄情,香草美人,诗骚弦管,其怡人端在生命力的含蓄而充沛。"蔡梦香好捧名旦,小青、小桃,皆此中可人儿也。

己亥复活节夜困酒假寐，梦与亡室素秋①同游白云乡醒后感作八九用前韵

人生忧患始识字，长才短命殆天意！九泉无计寄泪言，此恨绵绵四十年。白头许共竟自老，燕泥洛尽空梁倒。销魂今夜梦境奇，卿乘彩鸾我青蛾。酒醒客窗对孤影，一灯似豆忆遗诗。

不许人间留只字，残稿雁殃岂料意。天乎天乎复何言？辜负苦吟生之年。芳菊久凋陶潜老，东流去水难西倒。安得返魂仙术奇，一如春雷起蛰螭。岁岁空逢复活节，肠断秋娘折枝诗！

刘文菊曰："这首诗写于 1959 年 3 月 22 日复活节这一天，是记写梦中与素秋相见的情形，感情醇厚，对素秋的怀念之情四十年来绵绵不绝，并不曾因为岁月的流逝而减弱。这首诗痛惜素秋生前苦心吟咏，不料诗稿全部被毁。慨叹时光不可回转，素秋早已香消玉殒，诗人也是古稀之年。诗人在象征着重生与希望的复活节里，祈祷能有返魂仙术让素秋起死回生，再做神仙俦侣，却是年年空盼，岁岁肠断，只能梦里相见。读之令人肝肠寸断。在这首诗后，蔡梦香做了一个小注，简略介绍了冯素秋的生平，交代了当年准备付梓刊印的《秋声》集，在日寇侵华时，潮州陷落，诗稿丧失，甚是可惜，只是存留'今夜夜窗灯似豆，更无魂向此中销'一句而已。"②

蔡梦香之妻冯素秋，也是一奇女子。1924 年饶锷应蔡梦香之请，为其亡妻作《冯素秋女士传》："女士氏冯，名菊芳，字素秋。原籍浙江仁和。父孝根先生，通儒术，渊博有文。兄印月，弟瘦菊，俱以诗知名当世。女士幼而聪慧，秉承家学，子史百氏咸造其藩。尤工吟咏，每有作，则好事者辄窃登报章。《岭东日报》载女子诗，自女士始。年十八毕业鮀江女子师范，往来潮汕，恒短服而男装。当清之季世，士怀故国，海宇骚然。其间以女子言革命者，有山阴秋瑾名最著。女士以浙产，侨居潮州，读其书，颇趄之。慨然以继起廓清自任，密与其戚卢君青海规划革命，方略甚悉。会武昌首义，清帝逊位，女士闻之，跃然大喜。夙愿既售，则退而温习故籍，向所策划，终自闷不告人。寻适蔡君兰生，称佳偶。任地方教育者殆十年，所造就颇夥。最后与蔡君浮海授学新嘉坡，伉俪交勉，在外二年，以勤劳得瘵疾而归。民国十三年二月某日卒，年三十有一，子一人名兰孙。女士既死，蔡君悼之，哀

---

① 素秋：冯氏，字菊芳，能诗。原籍浙江仁和县人，父宦潮，因家焉。十九于归予。年未三十而逝，遗稿《秋声》二卷，未付梓，日寇陷潮，遭丧失，可惜也！稿中有"今夜夜窗灯似豆，更无魂向此中销"句。

② 刘文菊：《论饶锷的散文艺术——以〈冯素秋女士传〉为例》，《饶学研究》（新版第 1 辑），广州：暨南大学出版社 2014 年版，第 201 页。

无所为计，则裒其遗诗如干首，署曰《秋声》，将梓以问世。来告其友饶锷，曰：素秋于兰生非寻常夫妇也，其视兰生若兄，兰生亦视之若弟。其归兰生也，实以文字相感召。顾兰生家贫，又自惭才弱，终无以副素秋所慕。而素秋与兰生相守以至于死，未尝有一日慊于词色。其为人沉毅端重识大义，内谨饬而外矫然。是固不拘牵于小节，而能以道德自绳者。中间奔走教育，其颠顿劬劳之状一于诗发之。今素秋死矣，年之永不永何足论？独其行事，兰生深惧其泯没，无以慰知己于地下。念平生执友积学能文章者莫吾子若，敢乞一言为之论次，俾书诸卷首。若然，则微特兰生之感焉不既，即素秋虽死可无憾矣。凡蔡君之所以称述其妇者如此。嗟乎！吾国女权不振垂四千年矣！古传所称女子懿德，大抵皆偏重于家政伦常，其有涉书史、干外事者，则世以为大悖。自欧风东渐，往时妇德之说稍稍撤其藩篱，然婹婹淫荡者，又扇于自由恋爱，时有越轨逾闲之事。守旧之徒群起诋击，至归咎于女学之不宜兴。得行循中道，贞毅磊落如女士者，著其事以间执言者之口，此自天下之人之有心于扶植女教者皆乐道之。矧余凤习于冯氏，与女士之兄印月尤契，蔡君又余所故善者，其于女士之殁，又乌可默焉无言？宜乎蔡君之欲得余文，而余不能以不文辞也。既应其请，遂传之如右，并为推论，以与世之为女子者劝焉。"

冯素秋一门英杰，其兄冯印月，其弟冯瘦菊皆以诗名世，印月与饶锷尤相契，共结"壬社"。其妹冯铿则是左联五烈士之一，冯铿立志革命，正是受了素秋的影响。素秋早逝，蔡梦香遗恨终生，悼亡之作屡见其集中，这两首七古，就是代表。

槟城月夜宿醉林居独酌放吟

人生及时行乐耳，安羡浮云之富贵。适兴囊空且典衣，五千十千习堪良宵供一醉。醉对明月放我吟，明月于我交最深，故乡相随直到今。结交世人须黄金，黄金结交少知音。我交明月以诗酒，乐趣常在其中寻。吟罢复醉醉复吟，举头低头感不禁，天地悠悠夜沉沉，惟有明月知我心，颇疑前身是明月，同癖爱此佳山林。此地去来不烦叹无车，饮食不烦叹无鱼。任去任来饮且食，可云于意无不如，不比长安不易居。

这首歌行对月长吟，笔调近乎李白、唐寅，纯是一片浪漫。蔡梦香童心，于兹可见。

重送刘生作筹乘机赴香港用近作听琴韵

刘生归家似作客，清樽畅叙曾几夕。忽欲重行又见临，兼金留赠情何深。天涯岁暮感予忱，古道如弹七弦琴。云当酒食先生馔，此调今人久消沉。佳章更工新格律，厚谊不渝旧苔岑。嗟予艳系历年所，时负征鸿惠远音。青衫复为别离湿，白发能任愁闷侵？潜龙已懒出沧海，倦鸟空思还故林。天生我才百无用，茫然莫识造物心。送生飞港苦寥寂，登楼徒有云树吟。

刘作筹（1911—1993），字均量（君量），广东潮州龙湖人，居香港，国际知名的书画鉴赏家和收藏家，为蔡梦香高足。此诗为蔡梦香相送之作。

题遥天兄食风楼随笔

萧子何幽默，楼名耐味思。食风堪饱死？臣朔不须饥。
秃笔挥随意，奇文能值钱。异乡酒价贵，犹足醉花前。

萧遥天（1913—1990），又名萧公畏，号姜园，广东潮阳人。20世纪30年代参加岭东新文化运动，1950年去香港，1953年定居马来西亚槟城，从事教学和文艺创作，尤潜心研究潮州文化。60年代为普及马来西亚华文教育，创办《教与学月刊》。70年代在东南亚各地举行书画展20多次。主要著作有《潮州文化丛书》《食风楼诗柞》《中国人名的研究》《萧遥天全集》等。萧遥天是蔡梦香的同乡好友，又都漂泊海外，感同身受。"食风"盖用潮州俗语"食风配水"，意即吃不饱饭。"臣朔饥"用《汉书·东方朔传》："朱儒长三尺余，奉一囊粟，钱二百四十。臣朔长九尺余，亦奉一囊粟，钱二百四十。朱儒饱欲死，臣朔饥欲死。"后半言萧子漂泊异乡，以文换酒，亦是一奇。

自嘲

七十而无闻，此生已矣真。
沧桑双冷眼，天地一闲人。
玄想泯今古，息交远鬼神。
犹偕管城子，蠖屈欲求申。

这首五律一片神行，颔联写其身世，颈联状其境界。"管城子"指笔，韩愈作寓言《毛颖传》，称笔为管城子。

读星大赵教授珍重阁唱和集赋睡诗依韵奉和

有阁名珍重，睡足迟迟日。高枕羡赵翁，能闲几全十。书味常在胸，胜游不烦出。梦里见周公，千载若一隙。笑予乏绰裕，从好忙逾昔。夜眠或未能，敢安昼寝席。鸡鸣起孜孜，临事尚碰壁。

梦饶生宗颐三用珍重阁唱和集韵

故乡好湖山，从游未虚日。一别隔重冥，经年倏叠十！君作天雁飞，我如岫云出。著述与行吟，忙闲两无隙。尺素情远遗，梦里乐如昔。不劳访载舟，情亲共醉席。白月清风夜，陶然在赤壁。

偶成五用珍重阁唱和集韵

索居今交游，丹青惜老日。益友久睽三，仙洲未历十。吟燕失又巢，巾车顿少出。浅酌度孤宵，椰齐适眼隙。沧桑已惯阅，抚今不追昔。醺醺睡北窗，风月占一席。世事厌闻知，尘剑挂闲壁。

1966年，新加坡大学赵尊岳作诗《和苏轼海南赠息轩道士韵》，一时和韵者甚众。赵尊岳前后叠韵至五十二首，香港饶宗颐亦赓和至四十七首。同时还有李弥厂、曾履川相继和韵，"动盈筐袟，缟纻投报，极一时之盛"（选堂《南海唱和集·小引》）。东坡原作题为《司命宫杨道士息轩》，诗云："无事此静坐，一日似两日。若活七十年，便是百四十。黄金几时成，白发日夜出。开眼三千秋，速如驹过隙。是故东坡老，贵汝一念息。时来登此轩，目送过海席。家山归未能，题诗寄屋壁。"显然，此诗并非东坡诗中上乘之作，但东坡先生可能未曾想到，八百年后竟会有这么一批漂泊海外的诗人相与和韵，从而成就了一段诗坛佳话。其中梦饶宗颐一首，盖饶氏早年书法得蔡梦香发蒙，故有师生之谊。后饶宗颐为其撰墓志铭及诗书画集《题辞》，皆崇以师礼。蔡梦香门生，以饶宗颐与刘作筹最为出色，师棣之谊，亦历久弥深。

胞弟乐生久别见念自美飞星来访，临分感赋二绝句，俱老矣！未卜后会何处何时

相逢疑梦寐，往事费追思。逆旅数新爱，孔怀舍汝谁。

筹资同轼辙，踪迹各天涯。卅载欣重聚，匆匆又远离。

此首言蔡梦香的胞弟蔡乐生特意从美国飞到新加坡来看望蔡梦香，故蔡梦香写了这两首五绝相送。"孔怀"用《诗·小雅·常棣》："死丧之威，兄弟孔怀。"郑玄笺："维兄弟之亲，甚相思念。""轼辙"是将他兄弟二人比为

苏轼、苏辙。蔡乐生博士，是旅美著名的心理学家。兄弟情深，临老不远万里相见，特为感人。

旅感用李白春夜独酌韵

千愁付斗酒，独客少所亲，醉眼看浮云，自笑真寡人。念天地悠悠，毋乃赘此身。好月惜残夜，好花伤暮春。鹬蚌久争持，蛮触纷斗乱。何时臻大同，老弱免离散。桃源嗟难寻，举世尽楚汉。

蔡梦香晚岁客居异域，亲旧凋零，已无复当年的干云豪气。此诗独酌无亲，忧时伤世，可见其晚年心境。

易簀诗
处处崎岖行不得，艰难万里度云山。
不如归去去何处，随遇而安难暂安。

易簀典用《礼记·檀弓上》："曾子寝疾，病，乐正子春坐于床下，曾元、曾申坐于足，童子隅坐而执烛。童子曰：'华而睆，大夫之簀与？'……曾子曰：'然。斯季孙之赐也，我未之能易也。元，起易簀！'"按古时礼制，簀只用于大夫，曾参未曾为大夫，不当用，所以临终时要曾元为之更换。后因以称人病重将死为"易簀"。故此首实为蔡梦香临终诗。

蔡澜《梦香老先生》曰："今天读他的遗作，知道他在临终那几年已丧失了豪迈，他写道：处处崎岖行不得，艰难万里度云山。不如归去去何处，随遇而安难暂安。这首诗与他当年之'四海六洲皆故乡'的旷达心情是相差多远，不禁为他老人家流泪。"

饶学研究论著续编（2013—2021 年）

中山大学饶宗颐研究院　李启彬*

编撰凡例

1. 韩山师范学院周录祥教授曾撰有《饶学研究论著初编》，收录 1965—2012 年之饶学研究成果。此编则收录 2013—2021 年之资料，略有续貂之意，故名为"续编"。

2. 所收资料按年份先后排序，每年之中，分为"期刊论文""专著或论文集中的文章""硕博论文""专著或论文集""艺术图录"五类。

3. 所收文章者，包括研究论文、随笔、序跋、书评等体裁。关于饶锷先生之研究也属于饶学范畴，相关文章者，也一并收录。

4. 如同一文章多次发表于不同刊物者，不重复收录，以首次刊登为准。如同一文章出现于会议论文集和出版论文集，则以出版物为准。

5. 饶学研究成果日渐丰硕，难免挂一漏万，纰漏之处，以俟方家匡正。

2013 年

期刊论文：

左文：《万古不磨意　中流自在心——饶宗颐先生印象》，《报刊荟萃》2013 年第 1 期。

史兆琨：《知古而不泥古　国学大师饶宗颐的"治学观"》，《祖国》2013 年第 3 期。

＊作者简介：李启彬（1991—　），广东潮州人。毕业于华南师范大学，现供职于中山大学饶宗颐研究院。

王剑雄：《一代通儒饶宗颐》，《山西青年》2013 年第 1 期。

闵定庆：《"古雅"：饶锷先生的文化心态与审美境界》，《华南理工大学学报（社会科学版）》2013 年第 1 期。

汪小洋：《学术大家与文人传统——饶宗颐先生与当代学者书画创作》，《民族艺术》2013 年第 2 期。

刘伟忠、姜舜源：《一代通儒饶宗颐》，《读者欣赏》2013 年第 4 期。

孙立川：《饶宗颐先生对福建人文考察与研究举隅》，《学术评论》2013 年第 2 期。

邵晓峰：《中流自在心——饶宗颐先生的治学之道》，《民族艺术》2013 年第 3 期。

郑炜明、龚敏：《饶宗颐的民间信仰研究》，《哈尔滨工业大学学报（社会科学版）》2013 年第 4 期。

黄坤尧：《饶宗颐的词学成就》，《词学》2013 年第 1 期。

陈伟明：《杰出校友风采系列　饶宗颐》，《韩山师范学院学报》2013 年第 4 期。

詹伯慧：《杂忆家父詹安泰与饶宗颐先生的深情厚谊》，《韩山师范学院学报》2013 年第 4 期。

金英明：《浅谈饶宗颐的文化历史观》，《韩山师范学院学报》2013 年第 4 期。

闵定庆：《论饶锷国学方法论意识的自觉》，《江西师范大学学报（哲学社会科学版）》2013 年第 4 期。

陈珏：《选堂老人 20 世纪汉学交游考——高罗佩篇》，《韩山师范学院学报》2013 年第 5 期。

张啸东：《以见饶公的"澄心"与"凝思"——〈书法六问——饶宗颐谈中国书法〉一书编后琐谈》，《中国美术》2013 年第 6 期。

李永晨：《从〈中国人名的研究·序言〉探究饶宗颐的人名学思想》，《文艺生活》（下旬刊）2013 年第 10 期。

李远荣：《走近百岁大师饶宗颐》，《炎黄纵横》2013 年第 11 期。

专著或论文集中的文章：

欧明俊：《饶宗颐先生口述学术史访纲——兼论口述学术史研究》，《饶学国际学术研讨会论文集》，潮州：韩山师范学院 2013 年版。

王汉武：《琴心·史识——试探饶宗颐教授对古乐的理解与创见》，《饶学国际学术研讨会论文集》，潮州：韩山师范学院 2013 年版。

吴榕青：《饶宗颐先生早年古地辨的成就与贡献——以〈楚辞地理考〉中心》，《饶学国际学术研讨会论文集》，潮州：韩山师范学院 2013 年版。

陈伟武：《取精用弘，仪态万方——选堂先生古文字研究之于书法》，《饶学国际学术研讨会论文集》，潮州：韩山师范学院 2013 年版。

洪楚平：《天人合一：选堂书画艺术之禅心》，《饶学国际学术研讨会论文集》，潮州：韩山师范学院 2013 年版。

张永强、陈少如：《饶宗颐先生的摹古论书与书学探索》，《饶学国际学术研讨会论文集》，潮州：韩山师范学院 2013 年版。

许晓云：《饶选堂〈固庵词〉的主要特色》，《饶学国际学术研讨会论文集》，潮州：韩山师范学院 2013 年版。

许昌敏：《饶宗颐教授艺术年谱》，《饶学国际学术研讨会论文集》，潮州：韩山师范学院 2013 年版。

张泽华、常平：《从革故鼎新谈饶宗颐先生"西北宗"说》，《饶学国际学术研讨会论文集》，潮州：韩山师范学院 2013 年版。

郑毅：《略论〈潮州志〉的修纂与中国方志学的发展》，《饶学国际学术研讨会论文集》，潮州：韩山师范学院 2013 年版。

王振泽：《饶宗颐先生与法国汉学家戴密微》，《饶学国际学术研讨会论文集》，潮州：韩山师范学院 2013 年版。

王炜中：《浅谈饶宗颐教授不倦超越的治学精神》，《饶学国际学术研讨会论文集》，潮州：韩山师范学院 2013 年版。

陈汉初：《饶宗颐为侨批申遗和研究指明方向——从 2000 年 12 月潮学讲座谈起》，《饶学国际学术研讨会论文集》，潮州：韩山师范学院 2013 年版。

李启彬：《基于儒　入于道　归于释——谈儒释道对饶宗颐先生学艺人生之影响》，《饶学国际学术研讨会论文集》，潮州：韩山师范学院 2013 年版。

林英仪：《〈潮州志〉的出版传播、创新特色与影响综述》，《饶学国际学术研讨会论文集》，潮州：韩山师范学院 2013 年版。

陈耿之、林泽茂：《浮滨文化与饶宗颐地方文化学术思想》，《饶学国际学术研讨会论文集》，潮州：韩山师范学院 2013 年版。

陈胜生：《饶老四次挥毫　昭示侨批辉煌》，《饶学国际学术研讨会论文集》，潮州：韩山师范学院 2013 年版。

硕博论文：

涂芊：《饶宗颐〈长洲集〉研究》，华中师范大学硕士学位论文，2013 年。

专著或论文集：

饶宗颐：《文津雕版博物馆木刻诗词丛刊：饶宗颐诗钞》（红、蓝、黑印本），北京：国家图书馆出版社 2013 年版。

饶宗颐编撰：《潮州先贤像传》，广州：花城出版社 2013 年版。

饶宗颐著，陈韩曦、翁艾注译：《选堂诗词评注：黑湖集》，广州：花城出版社 2013 年版。

曾宪通：《选堂访古留影与饶学管窥》，广州：花城出版社 2013 年版。

艺术图录：

宋玮、邓伟雄、陈天保主编：《艺汇齐鲁——饶宗颐教授山东书画集》，香港：集古斋有限公司 2013 年版。

李焯芬、邓伟雄、陈凤莲主编：《吃茶去——饶宗颐茶道艺术品展览》，香港：香港中华文化促进中心 2013 年版。

邓伟雄、陈天保、龚敏主编：《雄伟气象——饶宗颐教授书画集》，香港：香港大学饶宗颐学术馆 2013 年版。

杨晓棠、邓伟雄主编：《艺汇长安——饶宗颐美术馆开幕特展图录》，香港：香港大学饶宗颐学术馆 2013 年版。

邓伟雄主编：《饶宗颐学艺研究中心艺术丛书Ⅰ·益寿安宁——听涛轩藏饶宗颐教授书画集》，香港：云泉簃艺术集团有限公司 2013 年版。

陈伟刚、邓伟雄主编：《饶宗颐学艺研究中心艺术丛书Ⅱ·紫石风华——饶宗颐铭画暨陈伟刚端砚艺术》，香港：云泉簃艺术集团有限公司 2013 年版。

邓伟雄、雷雨主编：《饶宗颐书画大系》，深圳出版发行集团、海天出版社 2013 年版。"大系"全套共 21 个专题，计 24 卷，分别为《采英掇华》《寰宇风光》《神州气象》《腕底山川》《万紫千红》《传神写貌》《沙州余韵》《清凉境界》《尺寸千里》《清风徐来》《珠联璧合》《文房清供》《通会今古》《殷周余韵》《汉家威仪》《晋唐风致》《宋明逸意》《嘉言隽句》《雄奇书势》《书韵联情》（上、下）、《几上龙蛇》（上、中、下）。

中山大学古文字研究所编：《岭南艺缘——饶宗颐书画作品集》，广州：广东画苑出版集团 2013 年版。

林江山、许晓生主编：《选堂联集：饶宗颐书法》，合肥：安徽美术出版社 2013 年版。

2014 年

期刊论文：

胡孝忠：《饶宗颐与顾颉刚交谊考述》，《四川师范大学学报（社会科学版）》2014 年第 1 期。

黄坤尧：《香港诗坛三大家——陈湛铨、饶宗颐、苏文擢》，《中华诗词》2014 年第 2 期。

施议对：《饶宗颐为人修学三境界》，《山西青年》2014 年第 3 期。

刘迎迎：《从〈中国人名的研究·序言〉探究饶宗颐的人名学思想》，《赤峰学院学报（汉文哲学社会科学版）》2014 年第 3 期。

樊克宁：《饶宗颐：大隐于市一鸿儒》，《晚晴》2014 年第 6 期。

罗慧：《饶宗颐与香港敦煌吐鲁番研究中心》，《华南师范大学学报（社会科学版）》2014 年第 3 期。

唐晓峰：《饶宗颐古地理研究的三个特征》，《华南师范大学学报（社会科学版）》2014 年第 3 期。

李润生：《饶宗颐：大师中的大师》，《黄河·黄土·黄种人》2014 年第 14 期。

王志鹏：《饶宗颐与敦煌曲研究》，《华南师范大学学报（社会科学版）》2014 年第 3 期。

陈福康：《读饶宗颐先生〈国史上之正统论〉》，《上海大学学报（社会科学版）》2014 年第 4 期。

刘涛：《论饶宗颐〈选堂赋话〉中的赋学批评》，《韩山师范学院学报》2014 年第 4 期。

陈贤武：《家学与传承——以饶锷、饶宗颐父子为例》，《湖南人文科技学院学报》2014 年第 4 期。

孙少华：《饶宗颐先生文史治学法管窥》，《华侨大学学报（哲学社会科学版）》2014 年第 3 期。

骆婧：《再议"潮泉腔"与宋元戏文的传播——从饶宗颐、龙彼得戏文研究说起》，《华侨大学学报（哲学社会科学版）》2014 年第 3 期。

陈伟：《饶宗颐与汪中之辞赋骈文比较》，《新文学评论》2014 年第 3 期。

古滕客：《饶宗颐的长寿养生秘诀》，《晚霞》2014 年第 23 期。

张光茫：《饶宗颐的养生秘笈》，《家庭医学》2014 年第 12 期。

严海建：《饶宗颐：中国文化的一座高峰》，《党建》2014 年第 12 期。

专著或论文集中的文章：

林伦伦：《饶学是一门国际性的学问——在饶学国际学术研讨会开幕式上的讲话》，《饶学研究》（第 1 辑），广州：暨南大学出版社 2014 年版。

杨式挺：《略说考古学与饶学》，《饶学研究》（第 1 辑），广州：暨南大学出版社 2014 年版。

郭伟川：《论选堂先生学术》，《饶学研究》（第 1 辑），广州：暨南大学出版社 2014 年版。

黄征：《读饶宗颐先生编著〈法藏敦煌书苑精华〉札记》，《饶学研究》（第 1 辑），广州：暨南大学出版社 2014 年版。

周慧：《读〈法藏敦煌书苑精华·写经〉札记》，《饶学研究》（第 1 辑），广州：暨南大学出版社 2014 年版。

龙红、王玲娟：《真文人　大艺术——饶宗颐先生书画艺术论》，《饶学研究》（第 1 辑），广州：暨南大学出版社 2014 年版。

马亚中、高春花：《读〈选堂诗词集序〉有感》，《饶学研究》（第 1 辑），广州：暨南大学出版社 2014 年版。

赵松元、林钰、陈洁雯：《"清"：选堂诗词艺术魅力之审美解读》，《饶学研究》（第 1 辑），广州：暨南大学出版社 2014 年版。

李炳炎：《饶宗颐教授与潮州窑》，《饶学研究》（第 1 辑），广州：暨南大学出版社 2014 年版。

佃锐东：《潮州佃饶两家的百年文缘》，《饶学研究》（第 1 辑），广州：暨南大学出版社 2014 年版。

杨锡铭：《饶宗颐教授与泰华文化界之诗缘》，《饶学研究》（第 1 辑），广州：暨南大学出版社 2014 年版。

刘文菊：《论饶锷的散文艺术——以〈冯素秋女士传〉为例》，《饶学研究》（第 1 辑），广州：暨南大学出版社 2014 年版。

陈贤武：《饶钝盦先生学术年表初编》，《饶学研究》（第 1 辑），广州：暨南大学出版社 2014 年版。

专著或论文集：

饶宗颐：《饶宗颐佛学文集》，北京：北京出版社 2014 年版。

饶宗颐：《文化之旅》，香港：牛津大学出版社 2014 年版。

饶宗颐著，陈韩曦、翁艾注译：《选堂诗词评注：佛国集》，广州：花城出版社 2014 年版。

饶宗颐著，陈韩曦编：《饶宗颐书画题跋集》，广州：花城出版社 2014 年版。

邓伟雄：《饶荷盛放——饶荷的形成与发展》，香港：香港大学饶宗颐学术馆 2014 年版。

邓伟雄：《咲き誇る饒蓮——"饒蓮"の誕生と発展》，香港：香港大学饶宗颐学术馆 2014 年版。

邓伟雄：*Opulence of the Jao's Lotus—The Formation and Development of the Jao's Lotus*，香港：香港大学饶宗颐学术馆 2014 年版。

郑炜明、胡孝忠编：《饶宗颐教授著作目录三编》，济南：齐鲁书社 2014 年版。

王国华编纂：《书法四字经：从饶宗颐习书学撰句》，北京：人民美术出版社 2014 年版。

姚锡安：《古调传响千山外——饶宗颐教授瑞士古琴录音 1979》，香港：香港大学饶宗颐学术馆 2014 年版。

赵松元主编：《饶学研究》（第 1 辑），广州：暨南大学出版社 2014 年版。

艺术图录：

邓伟雄、陈伟明主编：《潮州市饶宗颐学术馆藏饶宗颐教授艺术作品图录》，香港：香港大学饶宗颐学术馆 2014 年版。

魏学峰、谢志成主编：《诗心禅意——饶宗颐大师书画展作品集》，成都：四川博物馆 2014 年版。

中山大学传统文化研究中心编：《中大因缘——饶宗颐书画展作品集》，广州：广东画苑出版集团 2014 年版。

郑方伟、邓伟雄主编：《永嘉艺情——饶宗颐温州书画展图录》，香港：香港大学饶宗颐学术馆 2014 年版。

邓伟雄、邬宛廷、雷雨主编：《饶宗颐教授铭古琴系列（一）——修心养德》，香港：美在斯艺术交流集团 2014 年版。

2015 年

期刊论文：

郑会欣：《饶宗颐：21 世纪是中国的文艺复兴时代》，《今日中国》2015

年第 1 期。

林墩旭:《展现大师风范　书写人文情怀——以大型电视纪录片〈饶宗颐〉为例》,《西部广播电视》2015 年第 2 期。

陈艳群:《奇人饶宗颐》,《文学自由谈》2015 年第 1 期。

陈伟:《饶宗颐教授六十岁以后诗词创作略述》,《韩山师范学院学报》2015 年第 1 期。

闵定庆、李玲:《从"韩愈崇拜"到"六一风神"——试论饶锷散文文体学认知的体验化特征》,《四川师范大学学报（社会科学版）》2015 年第 2 期。

薛焕宋:《通儒情怀,生命品格——以大型纪录片〈饶宗颐〉为例》,《西部广播电视》2015 年第 8 期。

吕章申:《学艺融通——"饶宗颐百岁艺术展"序》,《荣宝斋》2015 年第 5 期。

郭景华:《会通与互文:饶宗颐两汉艺术史论及其当代意义》,《古代文学理论研究》2015 年第 1 期。

孔令彬:《饶宗颐〈谈李芸甫的家世〉补正》,《艺术探索》2015 年第 3 期。

叶向阳:《戴密微与饶宗颐:20 世纪中外学者交往的楷模——读〈戴密微教授与饶宗颐教授往来书信集〉》,《国际汉学》2015 年第 2 期。

黄继澍:《饶宗颐与潮州新方志》,《广东史志》2015 年第 3 期。

王明洪:《"画中寻梦总无边"——国学大师饶宗颐的长寿之道》,《养生月刊》2015 年第 7 期。

陈履生、Peng Fasheng:《学艺融通:饶宗颐先生的绘画特色》,《孔学堂》2015 年第 3 期。

闵定庆:《饶锷诗学体认的近代性格》,《中国韵文学刊》2015 年第 3 期。

伊蕊:《百岁饶宗颐　著名国学大师》,《台声》2015 年第 16 期。

殷学国:《饶宗颐〈秋兴和杜韵〉诗学话语分析》,《暨南学报（哲学社会科学版）》2015 年第 7 期。

赵小华:《图像:饶宗颐文化史研究的灵动因素》,《暨南学报（哲学社会科学版）》2015 年第 7 期。

陈艳群:《我所了解的国学大师饶宗颐》,《名人传记》2015 年第 9 期。

周少川、罗彧:《饶宗颐学术思想刍论》,《北京社会科学》2015 年第 9 期。

施议对:《论饶宗颐的形上词》,《江苏师范大学学报（哲学社会科学版）》2015 年第 5 期。

杨锡铭：《郑午楼先生心目中的饶宗颐教授》，《韩山师范学院学报》2015 年第 5 期。

陈伟：《饶宗颐教授与韩师的因缘》，《韩山师范学院学报》2015 年第 5 期。

曾宪通：《选堂先生与秦汉时制研究》，《韩山师范学院学报》2015 年第 5 期。

周少川：《饶宗颐先生在海外传播中华文化的贡献》，《韩山师范学院学报》2015 年第 5 期。

林旭升：《饶宗颐先生"奇古"书风之演变》，《韩山师范学院学报》2015 年第 5 期。

蔡典娉、林伦伦：《以禅通艺，道通为一——饶宗颐书学成就与其诗文琴画之关系》，《韩山师范学院学报》2015 年第 5 期。

罗朝蓉：《饶宗颐〈古村词〉乡国情怀探析》，《韩山师范学院学报》2015 年第 5 期。

张超中：《"神仙起居法"与饶宗颐的"心境书法"》，《中国道教》2015 年第 6 期。

刘进：《饶宗颐先生对弘扬侨批价值的贡献》，《八桂侨刊》2015 年第 4 期。

专著或论文集中的文章：

陈伟武：《选堂先生语言文字学成就述略》，《饶宗颐国学院国学丛书——饶宗颐学术研究论文集》，香港：中华书局（香港）有限公司 2015 年版。

沈建华：《饶宗颐与〈甲骨文通检·贞人问题与坑位〉前言》，《饶宗颐国学院国学丛书——饶宗颐学术研究论文集》，香港：中华书局（香港）有限公司 2015 年版。

王志鹏：《饶宗颐先生的儒家学术思想发微》，《饶宗颐国学院国学丛书——饶宗颐学术研究论文集》，香港：中华书局（香港）有限公司 2015 年版。

朱渊清：《国史上的正统论涉及的理论问题》，《饶宗颐国学院国学丛书——饶宗颐学术研究论文集》，香港：中华书局（香港）有限公司 2015 年版。

李均明：《〈补资治通鉴长编稿系列〉之简牍史料长编》，《饶宗颐国学院国学丛书——饶宗颐学术研究论文集》，香港：中华书局（香港）有限公司

2015 年版。

郝润华：《追根探源 辨章学术——饶宗颐先生的文学目录学研究》，《饶宗颐国学院国学丛书——饶宗颐学术研究论文集》，香港：中华书局（香港）有限公司 2015 年版。

徐华中：《饶宗颐的诗学——以情景事理为中心的讨论》，《饶宗颐国学院国学丛书——饶宗颐学术研究论文集》，香港：中华书局（香港）有限公司 2015 年版。

张宏生：《饶宗颐先生的词学研究及其成就》，《饶宗颐国学院国学丛书——饶宗颐学术研究论文集》，香港：中华书局（香港）有限公司 2015 年版。

施议对：《饶宗颐形上词的落想问题》，《饶宗颐国学院国学丛书——饶宗颐学术研究论文集》，香港：中华书局（香港）有限公司 2015 年版。

孙少华：《事类、事义、事形：汉赋文本风格的形成与辞赋观念的变化——由饶宗颐先生对"事""义"的辨析谈起》，《饶宗颐国学院国学丛书——饶宗颐学术研究论文集》，香港：中华书局（香港）有限公司 2015 年版。

游志诚：《饶宗颐〈文心雕龙〉研究述评》，《饶宗颐国学院国学丛书——饶宗颐学术研究论文集》，香港：中华书局（香港）有限公司 2015 年版。

郭伟川：《略谈选堂先生早年的经历与学术机缘》，《饶宗颐国学院国学丛书——饶宗颐学术研究论文集》，香港：中华书局（香港）有限公司 2015 年版。

宗静航：《"证据周遍""本经证本经"——饶宗颐教授学术方法简介》，《饶宗颐国学院国学丛书——饶宗颐学术研究论文集》，香港：中华书局（香港）有限公司 2015 年版。

郑炜明：《饶宗颐先生的生平、志节和学术举隅》，《饶宗颐国学院国学丛书——饶宗颐学术研究论文集》，香港：中华书局（香港）有限公司 2015 年版。

郑炜明：《论饶宗颐先生的华学观》，《香港大学饶宗颐学术馆十周年馆庆同人论文集·饶学卷》，上海：上海古籍出版社 2015 年版。

郑炜明、陈玉莹：《选堂字考——兼及先生名、字、号的其他问题》，《香港大学饶宗颐学术馆十周年馆庆同人论文集·饶学卷》，上海：上海古籍出版社 2015 年版。

郑炜明：《选堂先生轶事数则》，《香港大学饶宗颐学术馆十周年馆庆同人论文集·饶学卷》，上海：上海古籍出版社 2015 年版。

郑炜明、陈玉莹：《饶锷先生的潮州方志学初探》，《香港大学饶宗颐学术馆十周年馆庆同人论文集·饶学卷》，上海：上海古籍出版社 2015 年版。

龚敏：《饶宗颐先生的琴学初探》，《香港大学饶宗颐学术馆十周年馆庆同人论文集·饶学卷》，上海：上海古籍出版社 2015 年版。

黄杰华：《饶宗颐教授的敦煌文学研究》，《香港大学饶宗颐学术馆十周年馆庆同人论文集·饶学卷》，上海：上海古籍出版社 2015 年版。

黄杰华：《饶宗颐教授舆藏学研究》，《香港大学饶宗颐学术馆十周年馆庆同人论文集·饶学卷》，上海：上海古籍出版社 2015 年版。

胡孝忠：《椎轮为大辂之始：论饶宗颐先生与历史考据学》，《香港大学饶宗颐学术馆十周年馆庆同人论文集·饶学卷》，上海：上海古籍出版社 2015 年版。

胡孝忠：《饶宗颐与顾颉刚交谊考述》，《香港大学饶宗颐学术馆十周年馆庆同人论文集·饶学卷》，上海：上海古籍出版社 2015 年版。

郑宝璇、邓伟雄：*A Representation of the Contemporary Traditionai Chinses Paintiong：the Art of Jao Ttsung－i*，《香港大学饶宗颐学术馆十周年馆庆同人论文集·饶学卷》，上海：上海古籍出版社 2015 年版。

邓伟雄：《别开天地——对饶宗颐教授近年绘画创作的一些看法》，《香港大学饶宗颐学术馆十周年馆庆同人论文集·饶学卷》，上海：上海古籍出版社 2015 年版。

黄兆汉：《饶宗颐教授彩笔下的金银世界》，《香港大学饶宗颐学术馆十周年馆庆同人论文集·饶学卷》，上海：上海古籍出版社 2015 年版。

罗慧、孙沁：《香港大学饶宗颐学术馆饶宗颐教授资料库暨饶学研究中心藏"〈江南春集〉档案"初探》，《香港大学饶宗颐学术馆十周年馆庆同人论文集·饶学卷》，上海：上海古籍出版社 2015 年版。

郑炜明：《饶宗颐〈挽季羡林先生［用杜甫长沙送李十一（衔）韵]〉补记》，《香港大学饶宗颐学术馆十周年馆庆同人论文集·饶学卷》，上海：上海古籍出版社 2015 年版。

李焯芬：《丹青不老——选堂先生九五华诞纪事》，《香港大学饶宗颐学术馆十周年馆庆同人论文集·饶学卷》，上海：上海古籍出版社 2015 年版。

郑炜明：《记饶宗颐先生九五华诞研讨会——兼略述饶氏敦煌学成就》，《香港大学饶宗颐学术馆十周年馆庆同人论文集·饶学卷》，上海：上海古籍出版社 2015 年版。

郑炜明、邓伟雄：《饶宗颐教授学艺年表（1917—2013)》，《香港大学饶

宗颐学术馆十周年馆庆同人论文集·饶学卷》，上海：上海古籍出版社 2015年版。

樊锦诗：《从敦煌学研究来看饶宗颐先生的治学精神（纲要）》，《饶宗颐教授百岁华诞国际学术研讨会会议论文集》，香港：香港大学 2015 年版。

单周尧：《谈饶公书艺之富于变化（摘要）》，《饶宗颐教授百岁华诞国际学术研讨会会议论文集》，香港：香港大学 2015 年版。

陈珏：《饶宗颐先生之跨世纪汉学贡献点滴谈》，《饶宗颐教授百岁华诞国际学术研讨会会议论文集》，香港：香港大学 2015 年版。

欧明俊：《从饶宗颐先生阅历及成就看学术大师的条件》，《饶宗颐教授百岁华诞国际学术研讨会会议论文集》，香港：香港大学 2015 年版。

江林昌、孙进：《汉字与中国古代文明——读饶宗颐先生〈符号汉字与字母〉》，《饶宗颐教授百岁华诞国际学术研讨会会议论文集》，香港：香港大学 2015 年版。

陈民镇：《“史前文字学”的设想与实践——饶宗颐先生与史前刻画符号研究》，《饶宗颐教授百岁华诞国际学术研讨会会议论文集》，香港：香港大学 2015 年版。

陈应时：《感谢饶公对我研究敦煌乐谱的扶持》，《饶宗颐教授百岁华诞国际学术研讨会会议论文集》，香港：香港大学 2015 年版。

荣新江：《饶宗颐教授与丝绸之路研究》，《饶宗颐教授百岁华诞国际学术研讨会会议论文集》，香港：香港大学 2015 年版。

季芬：《史学考据之证据法研究——兼论饶宗颐先生的“五重证据法”》，《饶宗颐教授百岁华诞国际学术研讨会会议论文集》，香港：香港大学 2015年版。

胡振宇：《三重证据法与殷代地域研究——以饶公致胡厚宣先生信为例》，《饶宗颐教授百岁华诞国际学术研讨会会议论文集》，香港：香港大学 2015年版。

游志诚：《饶宗颐〈易经〉学述论》，《饶宗颐教授百岁华诞国际学术研讨会会议论文集》，香港：香港大学 2015 年版。

孙进、江林昌：《原始宗族与民族“典”“册”——读饶宗颐先生〈经学昌言〉》，《饶宗颐教授百岁华诞国际学术研讨会会议论文集》，香港：香港大学 2015 年版。

孙少华：《饶宗颐先生〈文选〉研究的成就与启示——以氏著〈文选卮言〉为中心》，《饶宗颐教授百岁华诞国际学术研讨会会议论文集》，香港：香港大学 2015 年版。

郭景华：《饶宗颐〈文心雕龙〉研究述略》，《饶宗颐教授百岁华诞国际学术研讨会会议论文集》，香港：香港大学 2015 年版。

徐华中：《饶宗颐论杜甫诗及其他》，《饶宗颐教授百岁华诞国际学术研讨会会议论文集》，香港：香港大学 2015 年版。

沈宝春：《谈饶宗颐先生诗词中的古文字命题》，《饶宗颐教授百岁华诞国际学术研讨会会议论文集》，香港：香港大学 2015 年版。

施议对：《饶宗颐形上词的落想问题》，《饶宗颐教授百岁华诞国际学术研讨会会议论文集》，香港：香港大学 2015 年版。

金春媛：《也谈饶宗颐的形上词说》，《饶宗颐教授百岁华诞国际学术研讨会会议论文集》，香港：香港大学 2015 年版。

陶原珂：《选堂先生题画词致思方式试探》，《饶宗颐教授百岁华诞国际学术研讨会会议论文集》，香港：香港大学 2015 年版。

冯瑞龙：《饶教授〈古村词〉〈瑞士纪游〉的词心画意赏析兼与〈固庵词〉略作比较》，《饶宗颐教授百岁华诞国际学术研讨会会议论文集》，香港：香港大学 2015 年版。

罗慧、孙沁：《饶宗颐教授〈江南村集〉版本研究》，《饶宗颐教授百岁华诞国际学术研讨会会议论文集》，香港：香港大学 2015 年版。

衡正安：《学延百世　艺立标杆——试论饶宗颐的书法艺术以及对当今书坛的重大意义》，《饶宗颐教授百岁华诞国际学术研讨会会议论文集》，香港：香港大学 2015 年版。

吴华：《承古开新　再铸龙魂——饶宗颐先生"中国西北宗山水画说"探微》，《饶宗颐教授百岁华诞国际学术研讨会会议论文集》，香港：香港大学 2015 年版。

黄兆汉：《浅论饶宗颐写倪黄》，《饶宗颐教授百岁华诞国际学术研讨会会议论文集》，香港：香港大学 2015 年版。

陈伟：《论饶锷古文之取法门径》，《饶宗颐教授百岁华诞国际学术研讨会会议论文集》，香港：香港大学 2015 年版。

郑会欣：《关于饶公口述史进展的简介》，《饶宗颐教授百岁华诞国际学术研讨会会议论文集》，香港：香港大学 2015 年版。

祝晓风：《我与饶宗颐先生的文字缘——兼谈饶宗颐先生对后学的影响》，《饶宗颐教授百岁华诞国际学术研讨会会议论文集》，香港：香港大学 2015 年版。

周畅：《饶宗颐文化符号传播学研究》，《饶宗颐教授百岁华诞国际学术研讨会会议论文集》，香港：香港大学 2015 年版。

李伯谦：《饶宗颐先生的学术实践对我们的启示》，《饶学研究》（第 2 卷），广州：暨南大学出版社 2015 年版。

孙爱玲：《"游于方内，而寄情无始"——选堂面向实相的精神取向》，《饶学研究》（第 2 卷），广州：暨南大学出版社 2015 年版。

邱立诚：《饶宗颐教授与粤东考古》，《饶学研究》（第 2 卷），广州：暨南大学出版社 2015 年版。

周少川：《饶宗颐先生对潮汕历史文献的发掘与研究》，《饶学研究》（第 2 卷），广州：暨南大学出版社 2015 年版。

黄继澍：《饶宗颐〈潮州志〉的编纂特色》，《饶学研究》（第 2 卷），广州：暨南大学出版社 2015 年版。

王晓卫：《以正存思，以奇振采——论饶宗颐之俪体序》，《饶学研究》（第 2 卷），广州：暨南大学出版社 2015 年版。

王奎光：《饶宗颐与中国现代词学之姜夔词研究》，《饶学研究》（第 2 卷），广州：暨南大学出版社 2015 年版。

陈伟：《也谈岳飞〈满江红〉词真伪的研究成果——略述饶宗颐先生〈贺兰山与满江红〉兼与王曾瑜、郭光两先生商榷》，《饶学研究》（第 2 卷），广州：暨南大学出版社 2015 年版。

郭景华：《文化史视野下的主体创作心理机制研究——以饶宗颐的黄公望研究为探究中心》，《饶学研究》（第 2 卷），广州：暨南大学出版社 2015 年版。

陈民镇：《饶宗颐先生与二十世纪楚辞学》，《饶学研究》（第 2 卷），广州：暨南大学出版社 2015 年版。

胡晓明：《王气既苏：记饶宗颐先生》，《饶学研究》（第 2 卷），广州：暨南大学出版社 2015 年版。

沈启绵：《大师与古桥——饶宗颐教授与广济桥的因缘》，《饶学研究》（第 2 卷），广州：暨南大学出版社 2015 年版。

硕博论文：

陈仕考：《饶宗颐书法研究》，中国艺术研究院硕士学位论文，2015 年。

张敏：《饶宗颐禅意诗学研究》，云南大学硕士学位论文，2015 年。

专著或论文集：

饶宗颐：《殷代贞卜人物通考》，香港：中华书局（香港）有限公司 2015 年版。

饶宗颐：《老子想尔注校笺》，香港：中华书局（香港）有限公司 2015年版。

饶宗颐：《中国史学上之正统论》，北京：中华书局 2015年版。

饶宗颐：《符号·初文与字母——汉字树》，香港：商务印书馆（香港）有限公司 2015年版。

饶宗颐著，陈韩曦、翁艾注译：《选堂诗词评注：羁旅集》，广州：花城出版社 2015年版。

陈韩曦编：《饶宗颐著述录：书中书》，广州：花城出版社 2015年版。

陈韩曦：《饶宗颐——东方文化坐标》，广州：花城出版社 2015年版。

中华诗词研究院编：《当代中华诗词名家精品集·饶宗颐卷》，北京：中国青年出版社 2015年版。

黄兆汉：《学艺相辉——饶宗颐教授书画艺术我见》，香港：香港大学饶宗颐学术馆 2015年版。

邓伟雄：《香江情怀——饶宗颐教授笔下的香港风光》，香港：中华书局（香港）有限公司 2015年版。

邓伟雄：《笔底造化——饶宗颐教授绘画研究》，香港：中华书局（香港）有限公司 2015年版。

郑炜明：《真的假不了——饶宗颐先生的生平、志节和学术举隅》，香港：香港大学饶宗颐学术馆 2015年版。

施议对编纂：《饶宗颐——志学游艺人生》，澳门：澳门特别行政区政府文化局 2015年版。

香港浸会大学饶宗颐国学院编：《饶宗颐国学院国学丛书——饶宗颐学术研究论文集》，香港：中华书局（香港）有限公司 2015年版。

郑炜明主编：《香港大学饶宗颐学术馆十周年馆庆同人论文集·饶学卷》，上海：上海古籍出版社 2015年版。

郑炜明主编：《饶宗颐教授百岁华诞国际学术研讨会论文选集》，香港：紫荆出版社 2015年版。

赵松元主编：《饶学研究》（第2卷），广州：暨南大学出版社 2015年版。

艺术图录：

吕章申主编：《学艺融通——饶宗颐百岁艺术》，合肥：安徽美术出版社 2015年版。

《中流自在心——饶宗颐学艺馆开幕志庆暨饶宗颐教授捐赠作品图录》，澳门：澳门特别行政区政府文化局 2015年版。

洪楚平、邓伟雄主编：《天地太和——饶宗颐百寿百联》，广州：岭南美术出版社 2015 年版。

潮州市政协编：《梓里情缘——民家珍藏选堂书画作品展图录》，广州：岭南美术出版社 2015 年版。

邓伟雄主编：《香江艺韵——饶宗颐教授百岁学艺展图录》，香港：香港特别行政区康乐及文化事务署 2015 年版。

2016 年

期刊论文：

陈伟：《万古不磨意，中流自在心——饶宗颐诗词赏析二则》，《名作欣赏》2016 年第 1 期。

陈伟：《论饶宗颐的七言绝句》，《中国韵文学刊》2016 年第 1 期。

王可：《从饶学到华学的视界——饶宗颐教授百岁华诞国际学术研讨会述略》，《学术研究》2016 年第 3 期。

黄海德：《饶宗颐先生〈星马华文碑刻系年（纪略）〉之学术价值管窥》，《华侨华人文献学刊》2016 年第 2 期。

陈民镇：《新材料与新格局——饶宗颐艺术史研究的史料观与方法论》，《贵州社会科学》2016 年第 5 期。

朱万章：《饶宗颐：学者之书与文人之画》，《群言》2016 年第 7 期。

罗朝蓉、赵玉田：《论饶宗颐形上词的境界——从〈古村词〉说起》，《学术交流》2016 年第 8 期。

王诗雨：《饶宗颐的清代词选本及词话的研究》，《郑州航空工业管理学院学报（社会科学版）》2016 年第 4 期。

毛蕊：《饶宗颐的〈楚辞〉研究》，《商丘师范学院学报》2016 年第 10 期。

专著或论文集中的文章：

陈应时：《论饶宗颐敦煌乐谱实证法》，《饶学与华学——第二届饶宗颐与华学暨香港大学饶宗颐学术馆成立十周年庆典国际学术研讨会论文集》，上海：上海辞书出版社 2016 年版。

欧明俊：《会通之学——饶宗颐先生学术的博大气象》，《饶学与华学——第二届饶宗颐与华学暨香港大学饶宗颐学术馆成立十周年庆典国际学术研讨会论文集》，上海：上海辞书出版社 2016 年版。

黄海德：《饶宗颐先生与〈老子想尔注〉研究》，《饶学与华学——第二届饶宗颐与华学暨香港大学饶宗颐学术馆成立十周年庆典国际学术研讨会论文集》，上海：上海辞书出版社 2016 年版。

沈宝春：《饶宗颐先生与〈说文解字〉》，《饶学与华学——第二届饶宗颐与华学暨香港大学饶宗颐学术馆成立十周年庆典国际学术研讨会论文集》，上海：上海辞书出版社 2016 年版。

纪秀生、索燕华：《从〈中国人名的研究·序言〉研读饶宗颐先生的人名学思想》，《饶学与华学——第二届饶宗颐与华学暨香港大学饶宗颐学术馆成立十周年庆典国际学术研讨会论文集》，上海：上海辞书出版社 2016 年版。

王素：《略谈选堂先生对东南亚华文碑铭整理的功绩——从〈星马华文碑刻系年〉说起》，《饶学与华学——第二届饶宗颐与华学暨香港大学饶宗颐学术馆成立十周年庆典国际学术研讨会论文集》，上海：上海辞书出版社 2016 年版。

任昉：《略谈选堂先生对墓志整理的贡献——以〈唐宋墓志：远东学院藏拓片图录〉为中心》，《饶学与华学——第二届饶宗颐与华学暨香港大学饶宗颐学术馆成立十周年庆典国际学术研讨会论文集》，上海：上海辞书出版社 2016 年版。

郝润华、周日蓉：《〈潮州艺文志〉与民国时期地方著述目录的编纂》，《饶学与华学——第二届饶宗颐与华学暨香港大学饶宗颐学术馆成立十周年庆典国际学术研讨会论文集》，上海：上海辞书出版社 2016 年版。

骆婧：《再议"潮泉腔"与宋元戏文的传播——从饶宗颐、龙彼得戏文研究说起》，《饶学与华学——第二届饶宗颐与华学暨香港大学饶宗颐学术馆成立十周年庆典国际学术研讨会论文集》，上海：上海辞书出版社 2016 年版。

陈娟珠：《饶宗颐教授对中华传统文化的贡献：以心经为中心兼述书画禅意》，《饶学与华学——第二届饶宗颐与华学暨香港大学饶宗颐学术馆成立十周年庆典国际学术研讨会论文集》，上海：上海辞书出版社 2016 年版。

郭伟川：《礼学、玉文化与中国古代文明——略谈选堂先生导夫先路的学术贡献》，《饶学与华学——第二届饶宗颐与华学暨香港大学饶宗颐学术馆成立十周年庆典国际学术研讨会论文集》，上海：上海辞书出版社 2016 年版。

黄坤尧：《饶宗颐的唐词研究》，《饶学与华学——第二届饶宗颐与华学暨香港大学饶宗颐学术馆成立十周年庆典国际学术研讨会论文集》，上海：上海辞书出版社 2016 年版。

邓昭祺：《张惠言〈词选〉之失》，《饶学与华学——第二届饶宗颐与华

学暨香港大学饶宗颐学术馆成立十周年庆典国际学术研讨会论文集》，上海：上海辞书出版社 2016 年版。

游志诚：《饶宗颐文选学评述》，《饶学与华学——第二届饶宗颐与华学暨香港大学饶宗颐学术馆成立十周年庆典国际学术研讨会论文集》，上海：上海辞书出版社 2016 年版。

何祥荣：《从〈选堂赋话〉看饶宗颐的赋学本源论》，《饶学与华学——第二届饶宗颐与华学暨香港大学饶宗颐学术馆成立十周年庆典国际学术研讨会论文集》，上海：上海辞书出版社 2016 年版。

施议对：《文学与神明——从诗歌到哲学的提升》，《饶学与华学——第二届饶宗颐与华学暨香港大学饶宗颐学术馆成立十周年庆典国际学术研讨会论文集》，上海：上海辞书出版社 2016 年版。

冯瑞龙、冯振辉、郑玲：《词画双绝——〈固庵词〉的词心画意赏析》，《饶学与华学——第二届饶宗颐与华学暨香港大学饶宗颐学术馆成立十周年庆典国际学术研讨会论文集》，上海：上海辞书出版社 2016 年版。

邵晓峰：《饶宗颐先生的泼彩荷花艺术探微》，《饶学与华学——第二届饶宗颐与华学暨香港大学饶宗颐学术馆成立十周年庆典国际学术研讨会论文集》，上海：上海辞书出版社 2016 年版。

赵小华：《会通　互文　证史：略论图像在饶宗颐文化史研究中的运用》，《饶学与华学——第二届饶宗颐与华学暨香港大学饶宗颐学术馆成立十周年庆典国际学术研讨会论文集》，上海：上海辞书出版社 2016 年版。

林锦江：《从饶宗颐教授书法艺术理论的发微到饶宗颐教授书法艺术欣赏》，《饶学与华学——第二届饶宗颐与华学暨香港大学饶宗颐学术馆成立十周年庆典国际学术研讨会论文集》，上海：上海辞书出版社 2016 年版。

刘晓峰：《三危在望　山水一宗——饶宗颐先生"中国西北宗山水画说"探析》，《饶学与华学——第二届饶宗颐与华学暨香港大学饶宗颐学术馆成立十周年庆典国际学术研讨会论文集》，上海：上海辞书出版社 2016 年版。

董恩林：《简述饶宗颐先生的经学思想与成就——以〈饶宗颐二十世纪学术文集〉经术部分为例》，《第一届饶宗颐与华学国际学术研讨会论文集》，济南：齐鲁书社 2016 年版。

谭世宝：《教授的教授，导师的导师——略述饶公宗颐先生对中国古典学术的发扬光大》，《第一届饶宗颐与华学国际学术研讨会论文集》，济南：齐鲁书社 2016 年版。

郝润华：《饶宗颐先生的目录学成就》，《第一届饶宗颐与华学国际学术研讨会论文集》，济南：齐鲁书社 2016 年版。

于浴贤：《浅谈饶宗颐开阔的赋学视域——以一场赋学演讲为例》，《第一届饶宗颐与华学国际学术研讨会论文集》，济南：齐鲁书社 2016 年版。

周国林、陈冬冬：《饶宗颐先生的清代"正统论"研究》，《第一届饶宗颐与华学国际学术研讨会论文集》，济南：齐鲁书社 2016 年版。

苏庆华：《饶宗颐教授与东南亚研究》，《第一届饶宗颐与华学国际学术研讨会论文集》，济南：齐鲁书社 2016 年版。

邵小龙：《慧目探骊 妙手点金——饶宗颐先生关于前丝绸之路时期中西文化交流的研究》，《第一届饶宗颐与华学国际学术研讨会论文集》，济南：齐鲁书社 2016 年版。

黄继澍：《要确立饶宗颐方志实践与理论在方志学和饶学研究中的应有地位》，《第一届饶宗颐与华学国际学术研讨会论文集》，济南：齐鲁书社 2016 年版。

陈汉初：《〈外国音书〉的发现与初步研究——兼论选堂公对华人海外拓殖史的关注》，《第一届饶宗颐与华学国际学术研讨会论文集》，济南：齐鲁书社 2016 年版。

王炜中：《饶宗颐潮学研究的新建树——着力宣导侨批文化》，《第一届饶宗颐与华学国际学术研讨会论文集》，济南：齐鲁书社 2016 年版。

曾楚楠、蔡少贤：《鸿篇巨制 嘉惠后人——整理饶宗颐总纂〈潮州志补编〉工作中的点滴体会》，《第一届饶宗颐与华学国际学术研讨会论文集》，济南：齐鲁书社 2016 年版。

马华祥：《饶宗颐戏曲观探析——从〈明本潮州戏文五种说略〉说开去》，《第一届饶宗颐与华学国际学术研讨会论文集》，济南：齐鲁书社 2016 年版。

李炳炎：《饶宗颐教授与潮州考古——以潮州窑为中心》，《第一届饶宗颐与华学国际学术研讨会论文集》，济南：齐鲁书社 2016 年版。

杨锡铭、王侨生：《饶宗颐教授与泰国缘分述略》，《第一届饶宗颐与华学国际学术研讨会论文集》，济南：齐鲁书社 2016 年版。

陈伟：《饶宗颐辞赋骈文分类举隅》，《第一届饶宗颐与华学国际学术研讨会论文集》，济南：齐鲁书社 2016 年版。

王晓卫：《论饶宗颐的赋》，《第一届饶宗颐与华学国际学术研讨会论文集》，济南：齐鲁书社 2016 年版。

鲁锦寰、王爱平：《通会之际——饶宗颐先生博大精深的书法观》，《第一届饶宗颐与华学国际学术研讨会论文集》，济南：齐鲁书社 2016 年版。

詹伯慧：《岁月悠悠说大师——追忆与饶公两代交谊的往事》，《第一届饶

宗颐与华学国际学术研讨会论文集》，济南：齐鲁书社 2016 年版。

杨式挺：《即之弥近，仰之弥高——我所认识的饶宗颐教授》，《第一届饶宗颐与华学国际学术研讨会论文集》，济南：齐鲁书社 2016 年版。

陈哲：《饶钝庵先生学术述评》，《海丝·陶瓷国际论坛暨饶宗颐教授百岁华诞庆典论文集》，北京：光明日报出版社 2016 年版。

郭伟川：《略谈选堂先生在学术上对我的启迪》，《海丝·陶瓷国际论坛暨饶宗颐教授百岁华诞庆典论文集》，北京：光明日报出版社 2016 年版。

李启彬：《超以象外 得其环中——论饶宗颐先生之书道历程》，《海丝·陶瓷国际论坛暨饶宗颐教授百岁华诞庆典论文集》，北京：光明日报出版社 2016 年版。

杨子怡：《漫论选堂诗的文人气》，《海丝·陶瓷国际论坛暨饶宗颐教授百岁华诞庆典论文集》，北京：光明日报出版社 2016 年版。

殷学国：《饶宗颐教授和韵写作研究》，《海丝·陶瓷国际论坛暨饶宗颐教授百岁华诞庆典论文集》，北京：光明日报出版社 2016 年版。

刘文菊、李坚诚、陈伟：《饶宗颐与许伟余、许心影父女交游考略》，《饶学研究》（第 3 卷），广州：暨南大学出版社 2016 年版。

丘陶亮：《指画史的拓展——谈饶宗颐〈吴韦指画花卉卷跋〉在美术史上的意义》，《饶学研究》（第 3 卷），广州：暨南大学出版社 2016 年版。

陈贤武：《据理力争 义正词严——读饶宗颐教授佚文〈论金中建校与保存古物——致金中建校委员会书〉及其他》，《饶学研究》（第 3 卷），广州：暨南大学出版社 2016 年版。

陈民镇：《饶宗颐先生古典文学研究述略》，《饶学研究》（第 3 卷），广州：暨南大学出版社 2016 年版。

林伦伦：《博学鸿儒，潮学领袖——我所认识的饶宗颐教授》，《饶学研究》（第 3 卷），广州：暨南大学出版社 2016 年版。

张耀荣：《〈饶宗颐——东方文化坐标〉：震古烁今启示录》，《饶学研究》（第 3 卷），广州：暨南大学出版社 2016 年版。

专著或论文集：

饶宗颐：《画𩽾——国画史论集》，香港：香港大学饶宗颐学术馆 2016 年版。

饶宗颐：《饶宗颐道学文集》，香港：天地图书有限公司 2016 年版。

饶宗颐：《选堂佛韵》，北京：故宫出版社 2016 年版。

饶宗颐述，吴怀德记：《选堂教授香港大学授课笔记七种（1960—

1962）》，香港：香港大学饶宗颐学术馆 2016 年版。

饶宗颐著，邓伟雄、龚敏编校：《以琴养德——饶宗颐琴学艺文集》，香港：香港大学饶宗颐学术馆 2016 年版。

饶宗颐著，陈伟注：《饶宗颐辞赋骈文笺注》，广州：暨南大学出版社 2016 年版。

饶宗颐著，陈伟注：《饶宗颐绝句选注》，广州：暨南大学出版社 2016 年版。

饶宗颐著，陈韩曦、李元骏、翁艾注译：《选堂诗词评注：瑶山集》，广州：花城出版社 2016 年版。

饶宗颐著，陈韩曦、翁艾注译：《选堂诗词评注：题画集》，广州：花城出版社 2016 年版。

李焯芬：《国之瑰宝饶宗颐先生——不容诋毁》，香港：紫荆出版社 2016 年版。

邓伟雄：《学艺交融——饶宗颐教授书画面面观》，香港：香港大学饶宗颐学术馆 2016 年版。

邓伟雄：《通会意境——饶宗颐教授书法研究》，香港：中华书局（香港）有限公司 2016 年版。

王国华编著：《心经简林：饶宗颐心经书法艺术》，北京：人民美术出版社 2016 年版。

谢耿编：《饶宗颐楹联书画鉴赏》，广州：暨南大学出版社 2016 年版。

贾益民、李焯芬主编：《第一届饶宗颐与华学国际学术研讨会论文集》，济南：齐鲁书社 2016 年版。

郑炜明主编：《饶学与华学——第二届饶宗颐与华学暨香港大学饶宗颐学术馆成立十周年庆典国际学术研讨会论文集》，上海：上海辞书出版社 2016 年版。

赵松元主编：《饶学研究》（第 3 卷），广州：暨南大学出版社 2016 年版。

艺术图录：

陈伟刚、邓伟雄主编：《端石聚珍——选堂铭绘陈伟刚镌刻端砚谱》，香港：云泉簃艺术集团有限公司 2016 年版。

邓伟雄主编：《莲莲吉庆——饶宗颐教授荷花书画巡回展图录》，香港：香港大学饶宗颐学术馆 2016 年版。

邓伟雄、陈浩明主编：《云衢雅聚——选堂书画选集》，香港：云泉簃艺术集团有限公司 2016 年版。

于在海、邓伟雄、洪楚平主编：《古调今情——饶宗颐作品史料集》，合肥：合肥市赖少其艺术馆 2016 年版。

陈世强、邓伟雄主编：《学艺传承——东莞市文化馆展览厅开幕特展图录》，香港：云泉筱艺术集团有限公司 2016 年版。

邓伟雄主编：《艺苑璇玑——璇玑铭意楼藏选堂书画集》，香港：饶宗颐基金有限公司 2016 年版。

邓伟雄主编：《云林艺缘——云林居藏选堂书画集》，香港：饶宗颐基金有限公司 2016 年版。

2017 年

期刊论文：

侯捷飞：《饶宗颐先生"史前文字学"命题的路径与意义》，《天中学刊》2017 年第 1 期。

王权朝：《论开"西北宗"山水画新境界》，《大舞台》2017 年第 3 期。

潘海军：《论饶宗颐〈人间词话平议〉》，《关东学刊》2017 年第 3 期。

石梓成：《饶宗颐在〈中国人名的研究序言〉中的思想见解》，《学园》2017 年第 15 期。

郭孟杰：《饶宗颐词学研究文献综述》，《名作欣赏》2017 年第 17 期。

郑松辉：《饶宗颐侨批学术思想及其学术价值研究》，《汕头大学学报（人文社会科学版）》2017 年第 6 期。

施议对：《饶宗颐志学游艺人生》，《国学学刊》2017 年第 2 期。

殷学国、吴声琼：《选堂登游诗研究》，《关东学刊》2017 年第 7 期。

骆慧瑛：《饶公观音贯古今——浅谈饶宗颐教授笔下唐代观音菩萨画像》，《敦煌学国际联络委员会通讯》2017 年第 0 期。

艾兴君：《养生重在修心——国学大师饶宗颐的养生之道》，《科学养生》2017 年第 9 期。

陈民镇：《交错视界中的中外交通——饶宗颐与中外交流史研究》，《社会科学辑刊》2017 年第 5 期。

施议对：《饶宗颐与澳门的学艺之缘》，《澳门理工学报（人文社会科学版）》2017 年第 3 期。

沈建华：《关于〈甲骨文通检〉饶宗颐先生甲骨书札》，《中国文化》2017 年第 2 期。

赵玉龙：《震古铄今：读〈饶宗颐——东方文化坐标〉》，《兰台世界》2017 年第 22 期。

专著或论文集中的文章：

曾宪通：《谈谈新见继志亭碑文对饶学研究之意义》，《华学·第 12 辑：饶宗颐教授百岁华诞庆贺专号》，广州：中山大学出版社 2017 年版。

林伦伦：《选堂教授与"潮学"》，《华学·第 12 辑：饶宗颐教授百岁华诞庆贺专号》，广州：中山大学出版社 2017 年版。

陈伟武：《从幽默到沉默 选堂先生谐趣散记》，《华学·第 12 辑：饶宗颐教授百岁华诞庆贺专号》，广州：中山大学出版社 2017 年版。

李启彬：《选堂夫子期颐荣寿序》，《华学·第 12 辑：饶宗颐教授百岁华诞庆贺专号》，广州：中山大学出版社 2017 年版。

李启彬：《饶宗颐先生早期书法初探》，《华学·第 12 辑：饶宗颐教授百岁华诞庆贺专号》，广州：中山大学出版社 2017 年版。

硕博论文：

陈泽森：《饶宗颐词及词学思想研究》，暨南大学硕士学位论文，2017 年。

包敏杰：《饶宗颐〈白山集〉研究》，云南大学硕士学位论文，2017 年。

专著或论文集：

饶宗颐：《晞周集》，香港：联合出版集团 2017 年版。

饶宗颐著，梅大圣注：《选堂诗词集通注》，广州：暨南大学出版社 2018 年版。

饶宗颐著，陈韩曦、宋振锟、翁艾注译：《黄石集》，广州：花城出版社 2017 年版。

饶宗颐著，陈韩曦、翁艾注译：《冰炭集》，广州：花城出版社 2017 年版。

饶宗颐著，陈韩曦、翁艾注译：《南征集》，广州：花城出版社 2017 年版。

饶宗颐著，陈致、王珏编：《师道师说：饶宗颐卷》，北京：东方出版社 2017 年版。

郭伟川：《饶宗颐的学术文化》，广州：花城出版社 2017 年版。

王国华编纂：《书法四字经：跟饶宗颐学书法》（修订版），香港：中华

书局（香港）有限公司 2017 年版。

郑炜明编：《香港当代作家作品选集：饶宗颐卷》，香港：天地图书有限公司 2017 年版。

赵松元、殷学国、陈伟编：《饶宗颐诗学论著汇编》，北京：光明日报出版社 2017 年版。

沈建华编：《饶宗颐甲骨书札》，上海：中西书局 2017 年版。

中山大学饶宗颐研究院主编：《华学·第 12 辑：饶宗颐教授百岁华诞庆贺专号》，广州：中山大学出版社 2017 年版。

艺术图录：

邓伟雄主编：《大吉艺缘——大吉堂藏选堂书画集》，香港：饶宗颐基金有限公司 2017 年版。

莫家良、陈冠男主编：《崇德延年——香港中文大学艺术系与文物馆藏饶宗颐教授书画》，香港：香港中文大学艺术系与文物馆 2017 年版。

李焯芬、邓伟雄、郑炜明主编：《敦煌韵致——饶宗颐教授之敦煌学术艺术展图录》，香港：香港大学饶宗颐学术馆 2017 年版。

邓伟雄、吴美美、邬宛廷等主编：《艺道相辉——选堂迟园艺术因缘》，香港：饶宗颐基金有限公司 2017 年版。

2018 年

期刊论文：

潘鲁生：《饶宗颐学术思想对民间文艺研究的启示》，《章回小说》2018 年第 2 期。

陈民镇：《饶宗颐先生与地域文化研究》，《地域文化研究》2018 年第 1 期。

林晓萍：《浅谈饶宗颐学术思想》，《大众文艺》2018 年第 2 期。

林晓萍：《饶宗颐先生学术研究地位及学术与文艺理论研究》，《大众文艺》2018 年第 3 期。

洪楚平、洪澈：《饶宗颐教授笔谈"华学"》，《神州民俗》2018 年第 1 期。

冯天瑜：《"天教"——与饶宗颐先生晤谈一题》，《博览群书》2018 年第 3 期。

王国华、吴睿娜：《我与饶宗颐先生的忘年交》，《世纪》2018 年第 2 期。

慕津锋：《饶宗颐与梁羽生的师生情谊》，《传记文学》2018 年第 3 期。

刘文菊：《饶宗颐先生 1940 年代散佚诗文拾零》，《汕头大学学报（人文社会科学版）》2018 年第 3 期。

陈履生：《学艺融通——饶宗颐先生的绘画特色》，《书画世界》2018 年第 3 期。

李兰祥：《大师虽已 其神永具——纪念国学大师饶宗颐先生》，《老年教育（书画艺术）》2018 年第 3 期。

郑炜明：《饶宗颐：大先生，小故事》，《新华月报》2018 年第 5 期。

郑欣淼：《踏莎行草忆饶公》，《中华诗词》2018 年第 4 期。

莫家良：《饶宗颐教授与传统中国书画》，《书与画》2018 年第 4 期。

唐锦腾：《记饶宗颐教授的行草书教学》，《书与画》2018 年第 4 期。

林巍：《自由成就了他——饶宗颐》，《英语世界》2018 年第 4 期。

刘慧：《饶公虽去星犹在——西泠印社惜别第七任社长饶宗颐先生》，《文化交流》2018 年第 4 期。

彭涛：《对〈潮商〉寄予厚望 饶宗颐教授为〈潮商〉杂志题写刊名》，《潮商》2018 年第 2 期。

黄赞发：《扶掖后进 虚怀若谷 深切怀念饶宗颐先生》，《潮商》2018 年第 2 期。

张丽纯：《饶老与百年中行的故事》，《潮商》2018 年第 2 期。

方晓旻：《心有邦国，饶老与汕头的不解之缘》，《潮商》2018 年第 2 期。

陈韩曦：《饶宗颐先生谈"琴诗书画"》，《书摘》2018 年第 4 期。

常彬：《中华文化与丝路文明暨第三届饶宗颐与华学国际学术研讨会综述》，《文学评论》2018 年第 3 期。

王岳川：《君子不器 依仁游艺——饶宗颐先生的学术艺术境界》，《教育传媒研究》2018 年第 3 期。

殷学国、郑莉瑜：《诗与人的辉映：饶宗颐山水诗的人格精神》，《重庆三峡学院学报》2018 年第 3 期。

许民彤：《饶宗颐不敢当"大师"》，《思维与智慧》2018 年第 10 期。

郑炜明：《饶宗颐先生的理论建设》，《跨文化对话》2018 年第 2 期。

吴承学：《饶宗颐的中国文学研究》，《文学评论》2018 年第 4 期。

荣新江：《他生愿作写经生——饶宗颐教授与敦煌学研究》，《佛学研究》2018 年第 1 期。

樊锦诗：《追忆饶宗颐先生的敦煌缘》，《佛学研究》2018 年第 1 期。

蒋连根：《饶宗颐与金庸：相识在机缘，相知于佛缘》，《名人传记》2018 年第 7 期。

郭景华、殷学国：《论饶宗颐艺术史论的文化精神——以对〈画䫴——国画史论集〉的探论为中心》，《韩山师范学院学报》2018 年第 4 期。

陈伟：《以古茂之笔，抒新纪之思——论饶宗颐的辞赋骈文》，《韩山师范学院学报》2018 年第 4 期。

肖玉华：《饶宗颐散文论》，《韩山师范学院学报》2018 年第 4 期。

郭少敏：《姚名达与饶宗颐目录学思想之关系研究》，《文艺生活》（下旬刊）2018 年第 8 期。

赵松元：《"选堂气象"及其艺术表现——以〈偶作示诸生〉其二的文本释读为中心》，《韩山师范学院学报》2018 年第 4 期。

孙鹤：《从当代书画市场的兴衰看文人书法的价值——以启功、饶宗颐为例》，《艺术市场》2018 年第 9 期。

毛睿：《饶宗颐琴学一瞥：涓子"琴心"与道家"啬"的美学》，《人民音乐》2018 年第 11 期。

胡孝忠：《饶宗颐早期甲骨学研究的渊源、方法与成就——兼论广东省立文理学院在光孝寺之校史》，《华南师范大学学报（社会科学版）》2018 年第 6 期。

郑炜明、罗慧：《饶宗颐香港史研究略论》，《华南师范大学学报（社会科学版）》2018 年第 6 期。

罗慧、孙沁：《由〈江南春集〉相关书画看饶宗颐学艺融通的艺术人生》，《华南师范大学学报（社会科学版）》2018 年第 6 期。

专著或论文集中的文章：

刘洪一：《向先生致敬》，《饶宗颐纪念文集》，深圳：海天出版社 2018 年版。

刘洪一：《彼岸另界　先生安好》，《饶宗颐纪念文集》，深圳：海天出版社 2018 年版。

王宋荣：《甘棠遗爱，德厚流光——缅怀国学大师饶宗颐教授》，《饶宗颐纪念文集》，深圳：海天出版社 2018 年版。

李焯芬：《学人的典范——永远怀念饶教授》，《饶宗颐纪念文集》，深圳：海天出版社 2018 年版。

邓伟雄：《饶宗颐教授绘画理论与实践》，《饶宗颐纪念文集》，深圳：海天出版社 2018 年版。

郁龙余：《饶宗颐：当代中国人的人文楷模》，《饶宗颐纪念文集》，深圳：海天出版社 2018 年版。

吴承学：《饶宗颐的意义》，《饶宗颐纪念文集》，深圳：海天出版社 2018 年版。

杨宏海：《追忆饶宗颐先生》，《饶宗颐纪念文集》，深圳：海天出版社 2018 年版。

赵善轩：《饶宗颐、三杉隆敏与海上丝路考》，《饶宗颐纪念文集》，深圳：海天出版社 2018 年版。

张惠：《悼哲人之长往，怀斯文之永存》，《饶宗颐纪念文集》，深圳：海天出版社 2018 年版。

李立超：《匆匆一瞥竟成永别——一位深大学子眼中的饶宗颐》，《饶宗颐纪念文集》，深圳：海天出版社 2018 年版。

魏沛娜：《饶宗颐：情系深圳大学数十载》，《饶宗颐纪念文集》，深圳：海天出版社 2018 年版。

杨健：《忆饶公》，《饶宗颐纪念文集》，深圳：海天出版社 2018 年版。

汪德迈：《沉痛悼念恩师饶宗颐——在饶公葬礼上的祭文》，《饶宗颐纪念文集》，深圳：海天出版社 2018 年版。

荣新江：《承继先哲之业　开拓学术新涯——追忆"通儒"饶宗颐先生的教诲》，《饶宗颐纪念文集》，深圳：海天出版社 2018 年版。

胡从经：《悲怆与感恩——悼饶宗颐教授》，《饶宗颐纪念文集》，深圳：海天出版社 2018 年版。

王岳川：《忆饶宗颐：君子不器　依仁游艺》，《饶宗颐纪念文集》，深圳：海天出版社 2018 年版。

阎守诚：《怀念饶宗颐先生》，《饶宗颐纪念文集》，深圳：海天出版社 2018 年版。

胡晓明：《饶宗颐教授的新经学构想》，《饶宗颐纪念文集》，深圳：海天出版社 2018 年版。

彭林：《饶宗颐先生推动经学重建的几件往事》，《饶宗颐纪念文集》，深圳：海天出版社 2018 年版。

李晓红：《东方文化的骄傲——饶宗颐先生，您一路好走!》，《饶宗颐纪念文集》，深圳：海天出版社 2018 年版。

陈致：《菁莪毓士度金针——饶公与浸大饶宗颐国学院》，《饶宗颐纪念文集》，深圳：海天出版社 2018 年版。

单周尧：《胸罗四库，艺高一代——浅谈饶公的书法艺术》，《饶宗颐纪念

文集》，深圳：海天出版社 2018 年版。

郑培凯：《追忆饶宗颐先生，"望之俨然，即之也温"》，《饶宗颐纪念文集》，深圳：海天出版社 2018 年版。

郑会欣：《追忆与饶公最后几次活动》，《饶宗颐纪念文集》，深圳：海天出版社 2018 年版。

潘耀明：《饶公与文学馆藏》，《饶宗颐纪念文集》，深圳：海天出版社 2018 年版。

程介明：《追忆饶宗颐》，《饶宗颐纪念文集》，深圳：海天出版社 2018 年版。

潘国驹：《纪念国学大师饶宗颐》，《饶宗颐纪念文集》，深圳：海天出版社 2018 年版。

聂振文：《奖掖后学　提携晚进——追忆饶宗颐先生》，《饶宗颐纪念文集》，深圳：海天出版社 2018 年版。

净因法师：《深情忆饶公：以"玩"的精神做学问》，《饶宗颐纪念文集》，深圳：海天出版社 2018 年版。

陈韩曦：《心自在　意不磨——以饶宗颐生命精神悼念饶公》，《饶宗颐纪念文集》，深圳：海天出版社 2018 年版。

王国华：《陶铸古今自在人》，《饶宗颐纪念文集》，深圳：海天出版社 2018 年版。

陈寅：《国学大师饶宗颐曾为深圳特区报题写刊头》，《饶宗颐纪念文集》，深圳：海天出版社 2018 年版。

欧明俊：《敬悼饶宗颐先生》，《饶宗颐纪念文集》，深圳：海天出版社 2018 年版。

郭亨斌：《我所认识的饶宗颐教授》，《饶宗颐纪念文集》，深圳：海天出版社 2018 年版。

李荣：《饶宗颐先生的"古史重建"》，《饶宗颐纪念文集》，深圳：海天出版社 2018 年版。

谭徐锋：《饶宗颐：孤独的君子》，《饶宗颐纪念文集》，深圳：海天出版社 2018 年版。

刘文菊：《饶宗颐〈偶作示诸生〉赏析》，《饶宗颐纪念文集》，深圳：海天出版社 2018 年版。

柴如瑾：《追忆一代通儒饶宗颐》，《饶宗颐纪念文集》，深圳：海天出版社 2018 年版。

刘慧：《追忆一代国学大师饶宗颐：孤山不老　西泠不老》，《饶宗颐纪念文集》，深圳：海天出版社 2018 年版。

路艳霞：《国学大师饶宗颐每一"小步"都踏出大局面》，《饶宗颐纪念文集》，深圳：海天出版社 2018 年版。

黄璇、吕少群、刘俊海：《弟子追忆饶公"纯品"人生》，《饶宗颐纪念文集》，深圳：海天出版社 2018 年版。

郑成航：《一代宗师饶宗颐的追忆与怀想：他如行星远离人间》，《饶宗颐纪念文集》，深圳：海天出版社 2018 年版。

叶锋：《国学大师饶宗颐辞世：追忆他与温州的情缘》，《饶宗颐纪念文集》，深圳：海天出版社 2018 年版。

吴燕如：《国学泰斗饶宗颐与厦门的渊源》，《饶宗颐纪念文集》，深圳：海天出版社 2018 年版。

陈谋：《"南饶北季"再失饶!》，《饶宗颐纪念文集》，深圳：海天出版社 2018 年版。

宋金绪：《友人追忆饶宗颐艺术风采：内地游学启新程》，《饶宗颐纪念文集》，深圳：海天出版社 2018 年版。

陈韩曦：《宗影自兹去，颐音依旧在——清明追忆饶宗颐教授》，《瞻彼泰岱——缅怀饶宗颐教授》，广州：花城出版社 2018 年版。

陈贤武：《展题签　泪满襟　怀饶公》，《瞻彼泰岱——缅怀饶宗颐教授》，广州：花城出版社 2018 年版。

程羽黑：《饶宗颐学术精神：世界化与中国化》，《瞻彼泰岱——缅怀饶宗颐教授》，广州：花城出版社 2018 年版。

丁和：《往事二三忆饶公》，《瞻彼泰岱——缅怀饶宗颐教授》，广州：花城出版社 2018 年版。

林枫林：《追忆饶公：寒夜幻梦》，《瞻彼泰岱——缅怀饶宗颐教授》，广州：花城出版社 2018 年版。

莫道明：《送别国学大师饶宗颐》，《瞻彼泰岱——缅怀饶宗颐教授》，广州：花城出版社 2018 年版。

单霁翔：《缅怀文化巨人饶公》，《瞻彼泰岱——缅怀饶宗颐教授》，广州：花城出版社 2018 年版。

沈建华：《综文史于一途　辨道艺非两歧》，《瞻彼泰岱——缅怀饶宗颐教授》，广州：花城出版社 2018 年版。

沈建华：《记饶公二三事》，《瞻彼泰岱——缅怀饶宗颐教授》，广州：花城出版社 2018 年版。

谭徐锋：《国学大师饶宗颐的人生大揭秘》，《瞻彼泰岱——缅怀饶宗颐教

授》，广州：花城出版社 2018 年版。

谭徐锋：《国宝级饶宗颐传奇人生——低学历进港大　大红绿俏老翁》，《瞻彼泰岱——缅怀饶宗颐教授》，广州：花城出版社 2018 年版。

羽戈：《饶宗颐之命》，《瞻彼泰岱——缅怀饶宗颐教授》，广州：花城出版社 2018 年版。

曾楚楠：《玄香和泪写哀笺》，《瞻彼泰岱——缅怀饶宗颐教授》，广州：花城出版社 2018 年版。

陈履生：《学艺融通　成果耀眼》，《瞻彼泰岱——缅怀饶宗颐教授》，广州：花城出版社 2018 年版。

陈民镇：《一代通儒饶宗颐耕耘过的那些领域》，《瞻彼泰岱——缅怀饶宗颐教授》，广州：花城出版社 2018 年版。

刘释之：《为学必先敦品——品读百岁饶宗颐的诗画境界》，《瞻彼泰岱——缅怀饶宗颐教授》，广州：花城出版社 2018 年版。

沈建华：《他为我们留下丰厚学术遗产——追忆饶宗颐先生学术研究二三事》，《瞻彼泰岱——缅怀饶宗颐教授》，广州：花城出版社 2018 年版。

张演钦、罗韬：《一代南宗饶宗颐》，《瞻彼泰岱——缅怀饶宗颐教授》，广州：花城出版社 2018 年版。

赵建永：《饶宗颐与北大诸师——从首届"汤用彤学术讲座"讲起》，《瞻彼泰岱——缅怀饶宗颐教授》，广州：花城出版社 2018 年版。

赵建永：《神交千里心相照——从未刊信札看饶宗颐、汤一介、刘大钧诸先生的学术交往》，《瞻彼泰岱——缅怀饶宗颐教授》，广州：花城出版社 2018 年版。

郑炜明：《饶宗颐教授的学术历程述要》，《瞻彼泰岱——缅怀饶宗颐教授》，广州：花城出版社 2018 年版。

欧明俊：《论饶宗颐先生的古典诗词艺术美研究》，《天一阁论坛（2017）——"中国传统文化中的审美观"国际学术研讨会论文集》，桂林：广西师范大学出版社 2018 年版。

关健英：《论饶宗颐诗学的审美与生命精神》，《天一阁论坛（2017）——"中国传统文化中的审美观"国际学术研讨会论文集》，桂林：广西师范大学出版社 2018 年版。

陈娟珠：《华梵大学文物馆珍藏饶宗颐教授书画暨晓云法师禅画》，《天一阁论坛（2017）——"中国传统文化中的审美观"国际学术研讨会论文集》，桂林：广西师范大学出版社 2018 年版。

专著或论文集：

饶宗颐著，陈韩曦、翁艾注译：《苞俊集》，广州：花城出版社 2018 年版。

饶宗颐著，陈韩曦、翁艾注译：《总辔集》，广州：花城出版社 2018 年版。

李焯芬：《国学大师饶宗颐的人生智慧》，香港：新雅文化事业有限公司 2018 年版。

杨斌：《上座传经事已微——饶宗颐新加坡大学执教考》，香港：香港大学饶宗颐学术馆 2018 年版。

黄志忠、王庭聪主编：《选堂余韵：饶宗颐与惠州文化情缘》，北京：中国文联出版社 2018 年版。

刘洪一主编：《饶宗颐纪念文集》，深圳：海天出版社 2018 年版。

饶宗颐图书馆主编：《瞻彼泰岱——缅怀饶宗颐教授》，广州：花城出版社 2018 年版。

艺术图录：

刘伟忠、林克伦主编：《莲莲吉庆　饶荷盛放》，香港：香江艺术出版社 2018 年版。

范淳奇主编：《百岁选堂作品集》，香港：中国书画艺术出版社 2018 年版。

邓伟雄、孙少荣、雷雨等主编：《安吉长年——永远怀念饶宗颐教授纪念展图录》，香港：云泉篆艺术集团有限公司 2018 年版。

洪楚平、邓伟雄主编：《涤清神宇——饶宗颐茶禅弦韵艺术作品集》，广州：岭南美术出版社 2018 年版。

邓伟雄、雷雨主编：《笔融墨合——选堂、迟园合作画集》，香港：集古斋有限公司 2018 年版。

邓伟雄、候少群主编：《艺聚南海——饶宗颐书法集珍》，香港：中华书局（香港）有限公司 2018 年版。

2019 年

期刊论文：

施议对：《饶宗颐一家之学与文史百科之学》，《江西师范大学学报（哲

学社会科学版）》2019 年第 1 期。

史爱兵、曹福强：《太和之境——饶宗颐艺术心灵探微》，《河北大学学报（哲学社会科学版）》2019 年第 1 期。

朱万章：《饶宗颐与国博的缘分》，《粤海风》2019 年第 1 期。

孟昭毅：《饶宗颐比较神话学与主题学研究》，《北方工业大学学报》2019 年第 1 期。

罗朝蓉、赵玉田：《饶宗颐〈古村词〉的古典化意象》，《韩山师范学院学报》2019 年第 1 期。

邵小龙：《凿破壁垒　照见颇多：饶宗颐的中国文学研究——以〈文学与神明〉为中心》，《五邑大学学报（社会科学版）》2019 年第 1 期。

余秋雨：《饶宗颐的香港》，《美文：青春写作》2019 年第 2 期。

郑炜明、陈民镇：《饶宗颐关于复兴中华民族文化的思想研究》，《当代中国史研究》2019 年第 2 期。

陈民镇：《阅读饶宗颐：从天啸楼到梨俱室》，《语文世界（中学生之窗）》2019 年第 4 期。

逯富红：《饶宗颐的风趣幽默》，《山西老年》2019 年第 4 期。

陈友义：《拓殖成就：饶宗颐先生对红头船精神的高度概括》，《潮商》2019 年第 4 期。

慕津锋：《饶宗颐赠送梁羽生的一幅书法》，《语文世界（中学生之窗）》2019 年第 5 期。

施志咏：《饶宗颐学术年表》，《国学》2019 年第 1 期。

魏振：《饶宗颐》，《西泠艺丛》2019 年第 5 期。

郑少斌：《温丹铭对饶宗颐的影响》，《客家文博》2019 年第 2 期。

西岛慎一、堀川英嗣、王亚峰：《泰斗级大家饶宗颐》，《书法》2019 年第 7 期。

吴二持：《饶宗颐、张树人〈广济桥史料汇编〉的桥史文献价值》，《潮商》2019 年第 10 期。

王源源：《百岁国学大师饶宗颐养生有道》，《家庭医学》2019 年第 12 期。

方磊：《赖少其与饶宗颐交游钩沉》，《东方收藏》2019 年第 23 期。

王奎光：《饶宗颐论王国维的"隔"与"不隔"》，《文教资料》2019 年第 34 期。

关术勇：《梁漱溟和饶宗颐对中国传统文化发展路向的探索》，《学术交流》2019 年第 12 期。

专著或论文集中的文章：

柴剑虹：《重温饶公五信》，《敦煌吐鲁番研究》（第 18 卷），上海：上海古籍出版社 2019 年版。

王素：《鉴千秋三致意　参万岁一成纯——深切缅怀饶公选堂先生》，《敦煌吐鲁番研究》（第 18 卷），上海：上海古籍出版社 2019 年版。

谷辉之：《选堂先生与敦煌的两件往事》，《敦煌吐鲁番研究》（第 18 卷），上海：上海古籍出版社 2019 年版。

郑会欣、王鹏：《饶宗颐先生敦煌吐鲁番学论著目录》，《敦煌吐鲁番研究》（第 18 卷），上海：上海古籍出版社 2019 年版。

毛蕊：《论饶宗颐先生的〈楚辞〉研究》，《中国楚辞学（第 26 辑）——二〇一五年中国淮阴屈原暨楚辞学国际学术研讨会论文》，北京：学苑出版社2019 年版。

硕博论文：

夏志欢：《饶宗颐〈佛国集〉研究》，云南大学硕士学位论文，2019 年。

蒋梅：《"以学养书"的饶宗颐书法艺术》，西南大学硕士学位论文，2019 年。

专著或论文集：

饶宗颐：《选堂集林·史学卷》，济南：山东画报出版社 2021 年版。

饶宗颐著，郑炜明编：《饶宗颐香港史论集》，香港：中华书局（香港）有限公司 2019 年版。

曾宪通编：《选堂书札（致曾宪通）》，上海：中西书局 2019 年版。

李焯芬、邓伟雄、郑炜明主编：《饶宗颐的故事》，香港：香港大学出版社 2019 年版。

施议对、施志咏编纂：《文学与神明：饶宗颐访谈录》，北京：北京联合出版有限公司 2019 年版。

陈韩曦编：《饶宗颐诗词用典》，广州：花城出版社 2019 年版。

陈娟珠：《饶宗颐教授与华梵大学》，香港：香港大学饶宗颐学术馆 2019 年版。

艺术图录：

洪楚平、邓伟雄主编：《遍游六艺——百年巨匠饶宗颐书画艺术》，广州：

岭南美术出版社 2019 年版。

邓伟雄、邹宛廷、雷雨主编：《君子风华——饶宗颐教授铭绘汪士雄竹刻集》，香港：云泉篴艺术集团有限公司 2019 年版。

2020 年

期刊论文：

庄平贤：《饶宗颐诗歌中佛语及佛教意象的妙用》，《文学教育（上）》2020 年第 1 期。

陈伟明：《饶宗颐学术与艺术理论研究》，《文艺生活（中旬刊)》2020 年第 1 期。

樊锦诗：《饶宗颐治敦煌学》，《全国新书目》2020 年第 1 期。

刘文菊：《饶宗颐与冼玉清的学术交谊考略》，《佛山科学技术学院学报（社会科学版)》2020 年第 1 期。

王奎光：《饶宗颐评王国维词论三题》，《文教资料》2020 年第 6 期。

陈伟明：《略论〈广济桥史料汇编〉的文献价值》，《大众文艺》2020 年第 4 期。

林伦伦：《饶宗颐总纂〈潮州志〉为何未见方言志？——兼谈吴珏先生的潮州方言研究成就》，《韩山师范学院学报》2020 年第 2 期。

朱明歧：《饶宗颐先生与字砖》，《字砖研究》2020 年第 0 期。

吴小安：《特殊的年代、特别的地方和特别的学人——饶宗颐与新加坡》，《读书》2020 年第 5 期。

孔令彬：《饶宗颐与无锡国专关系考》，《汕头大学学报（人文社会科学版)》2020 年第 6 期。

史少秦：《韩愈"道统"论缘起辨微——以陈寅恪与饶宗颐的争论为中心》，《管子学刊》2020 年第 3 期。

邵小龙：《试论饶宗颐的道教研究》，《五邑大学学报（社会科学版)》2020 年第 3 期。

李泰衡、胡孝忠、罗慧：《饶宗颐的易学成就与文化自觉》，《周易研究》2020 年第 5 期。

赵松元、陈展鹏：《饶宗颐题画诗略论》，《汕头大学学报（人文社会科学版)》2020 年第 9 期。

吴鋆：《清新淡雅　隽秀脱俗——饶宗颐〈花卉四屏〉赏析》，《老年教育（书画艺术）》2020年第10期。

赵松元：《〈选堂气象·饶宗颐研究论集〉后记》，《汕头大学学报（人文社会科学版）》2020年第11期。

胡晓明：《万古中流去复还——〈饶宗颐研究论集〉序》，《汕头大学学报（人文社会科学版）》2020年第11期。

吴承学：《〈选堂气象：饶宗颐研究论集〉序》，《汕头大学学报（人文社会科学版）》2020年第11期。

陈民镇：《饶宗颐先生与经学研究》，《中国经学》2020年第2期。

何祥荣：《饶宗颐骈文中的儒释道美学思考》，《骈文研究》2020年第0期。

林炜璇：《"甲骨第五堂"饶宗颐》，《潮商》2020年第12期。

陈民镇：《甲骨之选堂：饶宗颐先生与甲骨学研究》，《饶宗颐国学院院刊》2020年第7期。

专著或论文集中的文章：

林伦伦：《选堂教授的韩师缘》，《饶学研究》（第4卷），广州：暨南大学出版社2020年版。

陈德好：《饶宗颐教授与华侨史研究》，《饶学研究》（第4卷），广州：暨南大学出版社2020年版。

罗慧、孙沁：《〈江南春集〉足本校订》，《饶学研究》（第4卷），广州：暨南大学出版社2020年版。

陈贤武：《读〈潮安饶氏家谱〉札记》，《饶学研究》（第4卷），广州：暨南大学出版社2020年版。

郭伟川：《饶宗颐教授与中泰文化交流——兼谈选堂先生与郑午楼博士之间的友谊》，《饶学研究》（第4卷），广州：暨南大学出版社2020年版。

刘文菊、邓骏捷：《饶宗颐与冼玉清交谊文献爬梳》，《饶学研究》（第4卷），广州：暨南大学出版社2020年版。

黄继澍：《饶宗颐与〈方志〉专刊》，《饶学研究》（第4卷），广州：暨南大学出版社2020年版。

专著或论文集：

饶宗颐：《梨俱室书画论稿》，北京：北京联合出版公司2020年版。

黄兆汉：《饶宗颐教授的为人与做人及门53年的实际体悟》，香港：香港大学饶宗颐学术馆2020年版。

闵定庆、方冰瑶编著：《潮州〈西湖山志〉校笺》，北京：中国社会科学

出版社 2020 年版。

赵松元、殷学国、陈伟主编：《选堂气象》，北京：中国社会科学出版社 2020 年版。

赵松元主编：《饶学研究》（第 4 卷），广州：暨南大学出版社 2020 年版。

2021 年

期刊论文：

刘家亮：《山水画"西北宗"说源流考》，《齐鲁艺苑》2021 年第 1 期。

李旭：《一代通儒饶宗颐的"北流缘"》，《文史春秋》2021 年第 3 期。

胡碟：《论饶宗颐〈瑶山集〉的情感世界》，《名作欣赏》2021 年第 14 期。

胡碟：《论饶宗颐〈瑶山集〉的"诗史"品质》，《名作欣赏》2021 年第 14 期。

李学勤：《论三重证据法与三星堆的意义——饶宗颐先生三文"读后记"》，《中国文化研究》2021 年第 2 期。

郭伟波：《广东爨体书法的守正与创新——以秦咢生、饶宗颐为例》，《西泠艺丛》2021 年第 7 期。

吴銮：《略谈"饶荷"蕴含的文化内涵》，《大众文艺》2021 年第 16 期。

陈韩曦：《术涵八域　学富五车——记饶宗颐教授》，《中国民族博览》2021 年第 17 期。

邓伟雄、郑炜明：《饶宗颐学术艺术年表》，《中华书画家》2021 年第 11 期。

邓伟雄：《别开天地——对饶宗颐教授近年绘画创作的一些看法》，《中华书画家》2021 年第 11 期。

冯其庸：《乾坤清气一鸿儒——饶宗颐的书画艺术》，《中华书画家》2021 年第 11 期。

专著或论文集：

饶宗颐：《选堂集林·敦煌卷》，济南：山东画报出版社 2021 年版。

饶宗颐：《中外文化钩沉》，北京：商务印书馆 2021 年版。

陶钢、陶桃：《饶宗颐在广西》，济南：山东画报出版社 2021 年版。

陈韩曦：《饶宗颐传》，广州：广东人民出版社 2021 年版。